第五部队

之

海盗公敌2

纷舞妖姬◎著

中国友谊出版公司

自 序

《海盗公敌》第二集，终于要出版了。得到这个消息，心中扬起了浓浓的喜悦。回首看看2013年，总结自己过去一年的成绩，就是写出了这本描写索马里海盗的小说，外加应邀给一个很尊敬的大哥当编剧，拍出了一部描写现代中国特种兵的电影《战狼》。

虽然工作成绩并不算如何出众，但是2013年，觉得自己过得很充实。在写《海盗公敌》这部书时，我用了一年时间去搜集资料，甚至一度想要亲自到索马里去采风，最终却没有成行。但是在担任《战狼》电影的编剧时，却意外地发现，剧组中竟然有一位一年前就带队冲到索马里，并成功拍了一部纪录片的偶像。他最自豪的就是，在深入刚果拍片子时，一位在当地手握生杀大权的将军，专程警告偶像刚果太过危险，劝他离开，但是当这位将军知道偶像刚刚从索马里海盗大本营出来的时候，将军对着偶像竖起了大拇指，坦率地言明，索马里那种地方太危险，他不敢去。

面对这样一位偶像级前辈，我必须感叹，世界真的很奇妙，也许就是因为大家身上有着相同的一点点东西，才会聚到一起，再次验证了物以类聚、人以群分的道理。

而最让我惊喜的，还是把天天坐在电脑前，码字写书玩网络游戏吃送上门快餐垃圾食品，已经变成资深宅男的我，想办法拽出来，一起合作了《战狼》这部电影的大哥。当时他打电话给我，我一下就听出了他的声音。不管怎么说，从初中开始，我就看这位大哥的功夫片，他最近拍的一部描写现代中国特种兵的电视剧，更是家喻户晓。

根本无须多言，合作就开始了。

稍一接触，就发现这位大哥是个有情怀的人。他一直想要拍出中国军人的最完美形象，为了让自己更能胜任军人这种角色，他用了很长的时间进入部队，接受严酷的军事训练。在知道他的经历后，我心中涌起的第一个想法就是，机会果然只属于有准备的人！

在后面的好几个月时间里，我一边写这本书，一边写《战狼》的剧本。大哥坚持认为，想要真正表达出中国军人的意志与情怀，就不能把这部电影交给不了解军人情怀的纯粹商人去做，所以他既是主演，又是导演，同时还和我一样是这部电影的编剧。大家各有各的坚持，经常为了剧本的内容吵得面红耳赤，也经常为了某一个片段，用几天的时间，窝在一起一个字一个字地推敲，到最后，终于把剧本弄出来后，大家齐齐傻眼了——剧本长达五万字，比正常的剧本，长出一倍有余！剩下的工作，就是痛苦地删减，哪一段都觉得真棒，哪一句话都觉得精彩。这种水磨功夫，让一向自称为意识流写作的我，累得几乎成为一条死狗的同时，也受益匪浅，就算是对日后的写作，都有了一点点风格的改变或者说是成长。

2013年已经过去了，《战狼》也已经拍摄完成，开始掰着手指等它上映。《海盗公敌》第二集终于可以出版，第三集的稿子，已经在手蓄势待发。希望这部书，能够让大家喜欢，可以陪大家在文字的海洋中，有热血沸腾的激昂，也有酸酸楚楚的情动。

另外告诉大家一个好消息，就在昨天，描写第五部队创始人雷震抗日传奇经历的小说《第五部队》，已经找到了一位最适合拍摄它的制片人。这是一部我投入时间最长、耗费心血最多、最希望拍成影视剧的作品。同时该作品也会在今年年内再版，这次的新版本会在原版基础上增加大量篇幅的新内容。这些内容是我当年创作《第五部队》时已经想好的故事，只是因为种种原因没能够写入作品之中，不得不说是一个遗憾。这一次通过跟制片人的交流，又激起了我想把当年那些原本的内容加入小说中的热情，并通过此次再版得以实现。

希望到了2015年，我蓦然回首时，可以骄傲地对每一个人说：这一年，我没有荒废。

纷舞妖姬

2014年3月29日凌晨5点写于北京

目录

CONTENTS

第五卷　老子天下第一

第六卷　海中的“罂粟花”

第四卷

目标，索马里

第二十七章　单兵突击

被爆炸形成的冲击波吹开的浓烟，还没有来得及再次覆盖整个小镇上空，仓库燃烧的火焰就照亮了大半个天空，映得天与地之间一片触目惊心的血红。在这一片铁血交融中，随着翻滚的火焰，一切都变得忽明忽暗，战场上的师少鹰就像一台人形战车，在小镇的街道上横冲直撞。

“蒋雯羽，你曾经不止一次地告诉我：‘师少鹰啊，你的性格太偏执，如果出生在战争年代，也许你会成为一个战斗英雄，可是很不幸，你出生在和平年代，大家都要循规蹈矩，都要夹起尾巴做人，绝不能太锋芒毕露，更不能咄咄逼人！’更不知道有多少人对我说过：‘师少鹰啊，你这样是不行的。你既然离开了缅甸，进入一个和平社会，就应该学会审时度势，学会忍一时风平浪静，退一步海阔天空，否则，你只会碰得头破血流。’”

当再一次拿起枪，以抛弃自己曾经的一切为代价站在异国他乡的战场上，经历了太多的大悲大喜、大怒大狂，终于面对眼前这场必须冲锋冲锋再冲锋的殊死绝境时，师少鹰彻底爆发了。

“什么叫‘忍一时风平浪静，退一步海阔天空’？我出生在强存弱汰的世界里，到处都是地雷，到处都是枪支和毒品，为了保护自己，我们每一个人都会拼命让自己变得更强。因为生活教会了我们一个道理——在这个世界上没有用忍让换来的尊敬，更没有用谦卑换来的尊严！我不想对着弱者趾高气扬，也不想对着强者卑躬屈膝，我不想墙倒众人推，也不想落井下石，我不想和人拉帮结派……我师少鹰明明无所依仗，却依然想挺起自己的胸，做一个堂堂正正的人，难道这就错了？错得无可救药，错到罪大恶极了吗？！”

7岁就在父亲手把手的教导下开始玩冲锋枪；11岁就开始参战；14岁就敢带着村子里的人和其他村子展开血战；16岁远赴欧洲，进入一支著名的雇佣兵部队，在实战中接受特种训练。不知道用多少子弹和鲜血才终于磨砺出来的斗志，在这个时候终于重新回到了师少鹰身上。师少鹰一次次地扑倒、一次次地翻滚，把射向自己的子弹险之又险地甩在身后。他看起来就像是一个永远不会中弹的幽灵，更像是一头彻底发了疯、发了狂的猛虎，他不停地怒吼、狂叫，用这种方式让自己的斗志和气势一直保持在巅峰状态，对着面前的敌人发起了猛烈的冲锋。

司空伯文呆呆地望着师少鹰。这个男人在战场上横冲直撞势如疯虎，明明是在那里放声大笑，全身上下散发着浓浓的血腥与强势，可是听着他的吼声，看着他在火光中越发显得孤独的背影，司空伯文却像是看到一个因为太过执拗不愿意随波逐流所以受尽了委屈、失去了事业、失去了爱情、想要哭却又倔强得根本不愿意流下一滴眼泪的孤独灵魂。

也是直到这个时候，司空伯文才终于知道了他们这位年轻的房东那绝不平凡的过去。

他活得这么不如意，依然坚持着没有回去，大概就是因为他刚才喊出来的那个叫“蒋雯羽”的女人吧？

枪声戛然而止，师少鹰已经清扫完这一片区域，再次打量了一番四周。师少鹰转过身走到司空伯文面前，对着司空伯文弯下身体，确定司空伯文在自己的背后趴稳抱实后才又重新挺直腰，背着司空伯文踏着满地的鲜血与弹壳，沿着刚刚肃清的道路向前走。

自己单独向前冲锋，在打出一条通道后再返身带上自己的同伴，如此周而复始。

“师少鹰，你已经为我做得够多、做得够好了。”

司空伯文痴痴地看着师少鹰那张熟悉的脸，她看得是那样专注、那样痴迷。她似乎想要借助火光，把师少鹰的一切都刻进自己灵魂的最深处，就算是历经转世轮回也永恒不灭。

就算司空伯文是一个军事方面的外行，她也能看得出来，只要师少鹰携着那股势如疯虎的杀气一路向外冲，也许他真的可以杀出生天，但是他带着一个失去了行走能力的女人，就必须放弃他唯一的优势，一点点地向前挪。一次次遭遇战斗、一次次拼死对抗，在体力与斗志不断下降的同时，四周的敌人也越来越多。可以预见，在浓雾重新覆盖整个小镇之前，他就会身陷重围，最终战死沙场。

每一次师少鹰大踏步地走回来，用看似轻松的样子把司空伯文重新背到身上，就算他竭力想要掩饰，甚至强行让呼吸显得不太急促，但是趴在他的背上，司空伯文仍然在这种亲密的接触中，能清楚地感受到这个男人的身体正在微微发颤。

他不但累了，而且似乎很疼，很疼。

“求求你不要管我了，自己冲出去吧！再这样下去，你会死的，你真的会死的。师少鹰，如果真的有投胎转世，下辈子我当你的女人，哪怕是当你身边一个没有名分的情人也行……”

师少鹰伸出一根手指，打断了司空伯文的喃喃低语。他侧过头，微笑着道：“你知道不知道，我心里有一个很……嗯，变态的愿望？

“我小时候找到一个收音机，试了又试，后来发现把它挂在十几米高的树上，竟然还能收听到广播电台，有一段时间的每天下午，都会有播音员读长篇故事的节目，当时他们读的是一部叫作《逆水寒》的小说，里面有一段内容让我现在都记忆犹新。”

在师少鹰的童年时代，一群没有电脑、没有网络、没有电视、没有图书、娱乐项目少得可怜的孩子，小心翼翼地爬到十几米高的大树上，脸上带着新奇与欣喜，围着一个小小的半导体收音机，聆听里面发出的声音。就算是噪音太重，电流刺刺啦啦让人听得心烦，他们也乐此不疲。一个小女孩由于体力不足，无法爬上那么高的大树，急得在树下团团直转。她仰着一张小脸，不停地发出乞求：“少鹰哥哥，一会儿你下来，给我讲讲你听到的故事，好不好？”

回忆起这段难忘的人生经历，师少鹰的脸上露出了一丝温柔的微笑，但是旋即，又被近乎猥琐的神色所代替，他嘴里在啧啧轻叹：“一位江湖老大的部分手下叛乱，龙头老大在猝不及防之下身负重伤，有一部分仍然忠诚于老大的武林高手一路护送着他逃跑，而叛乱者死追不休。结果有一男一女两个忠实的部下，虽然他们两情相悦，却一直保持着纯洁的男女关系，为了掩护老大逃走身陷重围，最后放火点燃了房屋，然后在火焰中做起了爱做的事情。从生物学的角度来看，当受到适当的疼痛刺激时，却可以增加那方面的快感。我真的很好奇，一边被火烧，一边拼命做爱做到死，究竟是什么滋味？可惜，人的生命只有一次，就算我师少鹰愿意赔上自己的命去体验，也没有一个我喜欢又能够玩命的女人愿意陪我一起做这项试验。”

师少鹰四下一打量，然后第四次把司空伯文放到了一个相对安全的角落，他弯下腰盯着司空伯文的眼睛，他的目光就像是两把蘸了油漆的刷子一路向下滑，最后落到了司空伯文绝对称得上有料的胸脯上。他舔了舔自己的嘴唇，用微微干涩的声音道：“你不是说想当我的女人吗？不用等下辈子了，如果我们也身陷重围冲不出去了，那咱们也‘逆水寒’一下，一边躲在屋子里放火，一边做爱，一直做到死为止，怎么样？”

听着如此赤裸裸的挑逗求欢，毫无准备之下，司空伯文原本过度苍白的脸上猛然浮起一抹艳丽的红云，在跳跃的火光中，看起来美极了。迎着师少鹰带着穿透力的目光，虽然身体虚弱得连站都站不起来，可是一种女人想要在自己喜欢的人面前展现自我、彰显美丽的天性，却让司空伯文下意识地挺起了自己的胸脯。

炽热的眼泪忍不住再次从司空伯文的眼眶中奔涌而出，把她一路上小口小口喝进胃里的淡水，又毫不吝啬地喷洒到空气中。

在已经燃烧的房屋里，两个本来就彼此欣赏的男人和女人一起做着爱直到死亡来临……他绕了这么大一个圈子，甚至说出了每一个男人内心深处也许都有，但是绝大多数男人都不敢表露出来的“变态”欲望，最终不过是想告诉她一句话：不离不弃，生死与共！

在他的描述下，似乎就连死亡也变得让人期待起来。

抓起师少鹰的右手，司空伯文把他的无名指送到自己的嘴里，先是轻轻地吮了一口，然后突然用力一咬。正所谓十指连心，面对这突如其来的“袭击”，师少鹰痛得倒吸了一口凉气，差一点当场跳脚，可是很快他的注意力就集中到了别的位置……司空伯文带着师少鹰的右手顺着自己的脸庞一路向下滑，一直滑进了衣领，毫无阻碍地落到了她的胸脯上。

他的手，真的好烫。

她的心跳，真的好急。

聆听着师少鹰变得有些急促起来的呼吸，感受着这个男人因为自己的动作而缓缓升腾起来的欲望，司空伯文低声道：“去吧，我等你！”

第二十八章　烈焰狂涛

眼前猛地豁然开朗，借着火光看清楚眼前的一切，师少鹰停下脚步，他把步枪扛到了肩膀上，然后缓缓挺直了自己的腰。

出现在师少鹰面前的，是小镇因为人口激增被迫“扩建”的镇民用来集会的广场。虽然因为大量难民涌入，小镇变得寸土寸金，就连广场都被难民搭建的窝棚侵占了很多，但是无论人口如何拥挤，民众也需要一个能够聚集和放松的平台，这个广场依然有着一两百平方米的空间。

就在这样一个广场上，师少鹰看到了两挺重机枪、七挺轻机枪、三十多支自动步枪、两门RPG火箭筒，外加一辆后斗上加装了重机枪、车身驾驶舱部位还焊接了钢板的皮卡汽车。如此强大的火力，足以形成一道避无可避的死亡弹雨，瞬间把师少鹰打成一个筛子。

就在师少鹰霍然停步的同时，他刚刚经过的那条小巷两侧的民房里，突然探出十几个黑洞洞的枪口，配合广场上的火力点，彻底封杀了师少鹰所有的生存可能。

师少鹰轻轻地吸着气，刚才这些武装叛军还像一群没头苍蝇般到处乱跑乱撞，转眼就对他玩了一出请君入瓮的好戏。唯一的解释就是对方临阵换将，由一名真正有实战经验的老兵接替了原指挥官的职务。

让师少鹰无法理解的是，虽然他早就和这些武装叛军结下了不可调和的血海深仇，而且刚才还炸毁了仓库，更让对方受到了无法承受的重创，但以激进分子的本性，在他踏入陷阱自投罗网后，竟然没有立刻开枪把他当场击毙，再来个乱刀分尸，他们究竟想要干什么？

对面有人举起一个扩音喇叭不知道在喊些什么，想来无非是提醒师少鹰，他已经身陷绝境，绝不可能再杀出重围，立刻举手投降之类的话。借着火光，师少鹰突然看到了一张似曾相识、现在因为愤怒和怨恨已经扭曲得几乎不成人样的脸。师少鹰略一思索，就从记忆中翻出了这个男人的资料。

法官——那个站在人群中咬牙切齿、看起来恨不得立刻冲上来吃师少鹰的肉、喝师少鹰的血、全身都因为愤怒和激动而不停颤抖的男人，赫然就是小镇上已经死了四个且现在仅存的最后一个法官！

听着扩音器传来的呜里哇啦自以为威严的吼声，看着法官那张狰狞得再没半点人样的脸，感受着面前几十个人一起对自己迸发出来的杀气，师少鹰在心里发出了一声低叹，他只怕是没有机会退回去和司空伯文一起做爱一直做到死了。

至于投降？

谁向恐怖分子投降，谁他妈的就是天字第一号大傻×！

苏联在侵略阿富汗时，有些士兵被阿富汗游击队俘虏，阿富汗游击队当然没有理会《日内瓦公约》，而是用砍刀砍掉那些士兵的四肢，还“体贴”地每砍断一条手臂或者大腿，就用草木灰替那些士兵止血，最后再把削成“人棍”的士兵丢到路上，任由苏联军队把这些士兵活着带回军营。

普通士兵都能获得这种“人棍”级待遇，师少鹰还真有点好奇，如果真的举手投降成为对方的俘虏，会得到什么样的“优待”？

雇佣兵本来就是一群游走于法律之外的武装团体，《日内瓦公约》不会保护雇佣兵，同时也不会限制雇佣兵。在师少鹰曾经加入的雇佣兵小队里，他们的军医甚至随身携带着一套由各种手术器材组成的刑讯工具……就是因为太明白这一切，师少鹰这样的人才绝不会在战场上成为敌人的俘虏。

望着那名小镇里最后的法官，师少鹰左手抱着自动步枪的枪柄，在众目睽睽下，伸出右手对着法官竖起自己的中指，做出一个全世界通用的挑衅手势，同时，师少鹰嘴里还加了一声配音："发克油(Fuck you)！"

虽然英语水平实在太差，但是最经典的美国国骂，师少鹰还是能说上几句的。

在小镇上拥有绝对权威、对普通人可谓是拥有生杀大权的法官，狠狠地盯着师少鹰。连他自己都必须承认，就算今天能亲手杀死师少鹰，也休想忘记这个男人那双洋溢着不屈与张扬，似乎连天塌下来都不会流露出屈服的眼睛。他更无法忘记这个男人的下手无情，在他和身边这个小镇上留下的永远不可磨灭的伤痕！

法官真的无法想象，对方明明只有一个人，为什么还敢、还能对着他们足足几百人防守的小镇发起如此惨烈、如此张扬，又如此自寻死路的攻击？

现在他明明身边人多势众占尽上风，可是对面那个男人却依然敢对他亮出一个挑衅的手势。最让法官无法接受的是，两个人的目光狠狠对撞在一起，只是甫一接触，在他的心里竟然会涌出不敢与之对视的感觉！

看着法官仅仅坚持了不到十五秒钟，就不由自主地转头避开了自己的目光，师少鹰放声大笑。可是笑着笑着，师少鹰的身体却突然微不可察地轻轻一颤。

司空伯文！

在他身后不远处，还有司空伯文。司空伯文实在是太虚弱了，虚弱得连一把手枪都无法使用，所以他根本没有给司空伯文留下自卫的武器。

面对几十支指向自己的轻重武器，汗水缓缓渗出了师少鹰的手心，他只要举枪射击，自然会被乱枪打死，走得痛痛快快，可是司空伯文怎么办？师少鹰简直不敢想象，面前的这些人如果把愤怒发泄到司空伯文身上，那个连自杀力量可能都没有的女人，究竟会面对怎样的非人对待？

师少鹰表现得太过张扬放肆，激怒了对面已经胜券在握的武装叛军，手持扩音器的人喊话声音突然变得高亢而急促起来，连带着几十名手持自动步枪的武装叛军齐齐向前踏出一步。虽然根本听不懂对方在喊些什么，但是嗅着空气中几乎凝成实质的凌厉杀机，师少鹰清楚地知道，如果他再不丢下手中的武器，对方就要下令开枪了。

“师少鹰……”

身后突然传来了一个虚弱而熟悉的声音。也许是远远听到了广场上由扩音器传出的喊话声，明白师少鹰已经身陷绝境，在看似不可能的情况下，司空伯文竟然借助两只手的力量，一点点爬起来，一路扶着过道两侧民居的墙壁，慢慢走了上来。

也许是因为司空伯文手无寸铁没有任何威胁，也许是小镇上新上任的指挥官认为一个女人会软化师少鹰的斗志，所以下达了不要开枪的命令，道路两侧民居里的武装叛军沉默着，任由司空伯文一路慢慢走到了师少鹰的身边，直至抓住了师少鹰的右手。

男人有力的手臂环在了自己的腰上，司空伯文如释重负地咳出一口不堪负荷的低喘，随着双膝一软，她全部体重都压到了师少鹰的手臂上。她抬起头望着师少鹰的脸，认真地说道：“我真的很开心，我最后还是走到你身边了……”

听着她的低语，看着这个女人脸上露出的得意笑容，师少鹰只觉得鼻子微微一酸，他最终还是失败了，他还是没有保护好这个女人。

“抱紧我，两只手抱紧我，千万不要松手。”

司空伯文把头靠在师少鹰的胸膛上，聆听着他胸膛里那有力的心跳，前所未有的平静涌上了心头，她低声道：“那个一直瞪着眼睛的人好讨厌啊……”

“那我们就带着他一起上路好不好？”

司空伯文没有睁开眼睛，喃喃地道：“好。”

抛掉手中太过沉重的自动步枪，看着因为自己这个动作明显松了一口气、脸上随之涌起一片狰狞、带头向自己大踏步走过来的法官，师少鹰双手抱紧了司空伯文，把下巴枕在司空伯文的肩膀上，用微不可闻的声音耳语道：“我给自己准备了一公斤TNT炸药，加上我身上背的子弹和手雷，足够拉着我们身边五十米范围内的所有人一起完蛋。起爆装置在我的腰带右侧，等他走过来就炸死他！”

司空伯文把自己的脑袋藏进师少鹰的怀里，拼命嗅着属于师少鹰的体温，拼命记着师少鹰的气味，似乎想要把师少鹰的一切都深深刻进自己灵魂的最深处。

如果人死如灯灭自然是一了百了，可是如果人死了真的有阴曹地府、有十八层地狱，哪怕喝下孟婆汤会忘掉所有的前尘旧事，她也要记住这一刻的感觉，也要记住这个男人带给自己的温暖。否则，下一世她投胎转世，又怎么还会记得这份情，又怎么还会记得她曾经欠了这个男人太多太多的情？

“十步，九步，八步……”

法官的脚步声越来越近，司空伯文脸上带着无悔此生的微笑，伸手按向了师少鹰腰间的起爆器。贪婪地嗅着属于这个男人的味道，司空伯文在心中发出了一声低语：“别了……”

至于他究竟是自己的朋友、兄弟，还是情人，到死，司空伯文都无法对这段关系做出精准的定位。带着微微的遗憾，司空伯文的手指终于落到了起爆器的按键上，就在她准备用力按下去的时候，她的手却突然被师少鹰一把抓住。还没有搞清楚究竟发生了什么事，师少鹰已经抱着她狠狠扑向地面。

“嗒嗒嗒……”

密集得几乎连成一线的“卡特林”四管旋转机枪扫射声猛然从空中传来，机枪子弹居高临下打到地面上，打得火星和飞沙足足溅起半尺多高，射速超过每分钟四千发的12.7毫米口径机载旋转重机炮扫射形成的弹雨，在深暗的夜里看起来就像是一道暗红色的火焰，带着迅雷不及掩耳的速度，瞬间就在地面上狠狠地划出一条五十多米长的弹幕。

没有人可以形容这一幕的灿烂。面对这绝对意外的攻击，刚才还占尽上风，还在耀武扬威地拿着一只扩音器对着师少鹰指手画脚，甚至已经在心里想着如何当着那个亚洲男人的面，轮奸虐杀那个亚洲女人的武装叛军，根本来不及做出任何反应，他们的身体就猛然爆裂。以他们站立的位置为圆点，他们的血、他们的肉、他们的骨，以及他们身上所有黏黏腻腻的玩意儿，都朝着四周飞溅出去。

两团火焰突然在空中拉出两道近乎笔直的轨迹，狠狠地撞到了那辆装有重机枪的皮卡汽车上。在所有人目瞪口呆的注视下，还加装了防弹钢板的皮卡汽车就像是一个玩具般被爆炸形成的冲击波狠狠掀起一米多高，在抛到地上后又连滚了两三个跟头。只要看看汽车被炸得支离破碎的模样，绝对不会有人认为在驾驶舱里的人还有任何生存的希望。

师少鹰抱着司空伯文扑倒在地上，在两个人身体触地的瞬间，他猛地用力一扭，用自己的肩膀率先接触到地面，承受了两个人扑倒形成的冲击力，然后抱住司空伯文迅速翻滚。就在他们滚到相对安全的墙角的同时，一架全长十八米、高将近七米、螺旋桨直径十七米，早在1973年就装备苏联军队，到今时今日已经在全世界各种战场上经历了四十多年硝烟考验，却依然活跃在战场最前沿的米-24武装直升机带着隆隆的声响从他们头顶掠过。

“王牌！”

这就是师少鹰对直升机驾驶员最中肯的评价。借助小镇南方升腾的火焰隐蔽机身，在锁定目标后再从小镇南方居高临下发起致命一击，能做到这一点的驾驶员，在第一时间就捕捉到最有效的目标，只用了一梭子子弹和两枚火箭弹就制造出相当的混乱。能做到这一点的人，纵然不是直升机空战中的超级空战王牌，也是身经百战、能把武装直升机玩得如臂使指的一流高手！

“不会吧？”

心里还在对直升机驾驶员的技术大加赞赏，师少鹰的眼珠子猛地瞪得滚圆，心脏更是被吓得差一点当场停止跳动。

就在直升机掠过他们头顶的同时，一个椭圆形的物体从直升机上抛投下来。看着那个中间胖胖、两端尖尖，通体泛着灰色金属质感，百分之百不是什么能够促进社会安定繁荣、增加人间友爱与关怀的玩意儿，对米-24这种武装直升机有着相当了解的师少鹰，在第一时间就想到米-24武装直升机在全负荷状态下可以携带的高爆炸弹！

一百公斤重量的炸弹！

如果这玩意儿投下来，简单地说，包括师少鹰、司空伯文和法官在内的所有人都死定了！

他们会被携带着绝对高温的冲击波撞中，身上的衣服在零点几秒内就会被冲击波的高温烧毁，紧接着他们的皮肤会焦化，然后整个人会被冲击波生生撕碎，尸体变得七零八落，但是却不会血肉横飞，因为在身体被撕碎的同时，他们身上的鲜血就已经被烧干。

不要说是他们这些广场上的人，就算是在爆炸中心一百五十米以外、两百米以内，躲在战壕里的人都会被生生震死！在心里计算着这枚炸弹爆炸形成的冲击波与杀伤力，师少鹰真的无法想象，究竟是谁如此丧心病狂，竟然敢在人口如此密集的区域使用这种大规模杀伤性武器。

“轰！”

眼睁睁地看着那枚椭圆形的炸弹落到地面，可是爆炸声却并没有想象的那么惊天动地。随着一声和迫击炮炮弹爆炸差不多的轰鸣声撞进在场每一个人的耳膜，大量四氯化锡被冲击波抛投到空中，浓浓的白色烟雾转眼就覆盖了整个广场，然后迅速向四周扩散。

这个时候，师少鹰真的想对着苍天高喊上三句“大慈大悲观世音、圣母马利亚、撒旦大哥万岁”，他想跳起来手舞足蹈一番，用来抒发内心深处那种“山重水复疑无路，柳暗花明又一村”的感动，他更想拿个镜子仔细看看自己是不是身披彩霞、头戴光环，否则这种狗屎到极点的“主角不死光环”怎么会如此凑巧地落到了他的身上！天可怜见，那架米-24武装直升机上投下来的竟然不是高爆炸弹，而是一枚军用烟幕弹！

难道说，是因为他几个月前去爬泰山，在古代皇帝都专程跑去祭天的泰山山顶那个道观里，不但花两百元钱烧了三炷高香，明明知道是上当受骗，又仍然心甘情愿地往功德箱里投了整整三百元人民币？对了，对了，在去年，他跑到上海市抽空和几个朋友一起逛了老城区的城隍庙，烧香时清楚地看到，有两只喜鹊从自己的头顶飞过……

不管是什么原因，军用烟幕弹的效果肯定要比师少鹰在土坑里放树枝要迅速和有效不止百倍。随着白色烟雾以广场为核心向四周翻腾，短短几秒钟时间，四周就烟雾弥漫，能见度降到最低。

沉闷的爆炸声依然在小镇各个角落不断响起，赫然在短短几分钟的时间内，那架武装直升机就向小镇连续投掷了十枚军用烟幕弹！

第二十九章　格斗

一个站在广场外围的叛军士兵，只觉得头顶一痛，一支拥有三棱箭头、通体由精钢打造的重型弩箭就撞碎了他的头骨直接贯入大脑。这支能够直接猎杀大象的弩箭显然是在近距离发射的，他被弩箭带着不由自主地向后仰天摔倒，可是他的身体还没有接触地面就已经进入了永远的沉睡。

就在这名叛军士兵身边，一名负责操作重机枪的机枪手瞪大双眼，看着同伴的身体，思维的惯性让他傻愣了七八秒钟才如梦方醒。他张开的嘴还没有来得及放声呼喊，一把两尺长的黑色开山刀划破烟雾，对他狠狠地劈了过去。

“嗞……”

空气中传来水囊被划破般的声响，这一刀不但劈断了那名机枪手的颈部大动脉，同时也砍断了他的气管，彻底封杀了他所有呼救与反抗的可能。渴望生存的本能让那名机枪手下意识地用自己的双手死命捂住了脖子上的伤口，但是他的颈部大动脉已经被砍刀直接劈断，鲜血在心脏一缩一张的搏动下就像是喷泉似的向外喷，他的两只手又怎能捂得住？

就在生命最后十几秒钟的时间里，机枪手看到一个身高至少有两米，长得犹如一头成年公熊般雄壮，动作却比猿猴更灵活，脸上留着浓密的络腮胡，怎么看都凶相毕露、杀气腾腾的男人，左手端着一把军用复合型狙击弩，右手拎着一把刀锋上沾满鲜血的开山刀，头也不回地从他身边冲过。

在那个男人身后，还紧跟着两个全副武装的白人。当跑到机枪手身边时，两名全副武装的白人霍然停下脚步，其中一个人先把步枪挂在背后，再接管架在沙包上的重机枪，掉转枪口对准了广场方向。

另外一名白人打开身上的背包，从里面取出几枚定向反步兵地雷，把它们逐一安置在广场外围的通道两侧。

就算是行动中出现意外行踪暴露，这三名借助烟雾掩护潜入广场、发起突袭式攻击的入侵者，也可以先用架在沙包上的重机枪进行火力压制，然后在撤退时，利用遥控器引爆布置在道路上的定向反步兵地雷进行层层阻击。

看到这一幕，全身失血过多、摇摇欲坠的机枪手脸上露出挣扎的神情，他真的想提醒广场里那些同伴要小心，可是他什么也做不到，只能瞪着一双大大的眼睛，软软地扑倒在沙包垒成的机枪掩体上，任由自己的鲜血慢慢浸透身下的黄沙。

在这支小队冲进广场的同时，师少鹰也动了。

师少鹰刚刚冲进广场，就发现一把开山刀对着自己迎面猛劈下来，师少鹰毫不怀疑，如果被这么一刀劈实了，自己的身体会被一劈两半。由于身体冲刺速度太快，已经无法再做出闪避动作，师少鹰右手一扬，手中的多功能格斗军刀就像是一条隐藏在黑暗中终于捕捉到战机的毒蛇，悄无声息却绝对高速地直刺过去。

师少鹰的右手被人一把握住，为了封杀师少鹰这致命的一击，对方劈出的那一刀，无可避免地在速度和力量上大打折扣，也被师少鹰成功地一把抓住手腕。

师少鹰很快就发现，他犯了一个大错误。这个能使用一把巨型开山刀的男人，身高至少超过了两米，体重最起码有一百公斤，双方这种近距离角力，无论是在体型、体重还是体力上，他都处于绝对劣势。对方只是右手狠狠地向回一拉，就硬拽得师少鹰的身体重心偏移，紧接着师少鹰觉得胸部一紧、脚下一空，赫然是在身体失去平衡后，被对方用肩膀顶住胸部，来了一个漂亮的过肩摔！

把师少鹰摔倒在地后，男人踏前一步第二次扬起了手中的开山刀，从始至终他都没有松开师少鹰的右手。因此，面对他居高临下劈出的第二刀，师少鹰甚至连做出闪避的余地都没有，但是师少鹰在肩部接触到地面的同时，两条腿就迅速弹起，猛地绞住了男人的脖子，借助被甩到地上还没有完全消失的惯性，将男人狠狠地斜甩出去。

“叮！”

空气中传来金属物品撞在一起的脆响，两个连对方的脸都没有看清楚就彼此痛下杀手的格斗高手，心里都发出一声轻“咦”。他们两个人谁都没有想到，在刚才那种互相对摔了一记、身体平衡已经被彻底破坏的情况下，他们还能同时再次挥刀。

两个人从地上爬起来，都不约而同地向后退出两步，然后用左手迅速拔出自卫手枪。可是在拔出手枪，并用夸张的动作刻意将子弹上膛的弹簧声传进对方的耳朵后，两个人借助烟雾的掩护，做出来的动作却一模一样……不发一枪，迅速卧倒！

现在整个广场上已经乱成一团，由于烟雾太浓什么都看不到，每个人的神经都崩到最紧张状态。在这种人人自危，都竖直了耳朵握紧了武器的要命时刻，无论是谁开枪，哪怕只是惊慌过度导致枪支走火，受到枪声刺激，广场上几十个人就会当场炸窝，至少有一半人会下意识地举起手中的武器对着枪声传来的方向扣动扳机。

简单地说，在这种要命的环境下，谁先开枪就谁先死，而且会死得惨不忍睹。

足足等了半分钟，对面都没有传来枪声，师少鹰在心里发出一声低叹：“真他妈的狡猾啊！”

丢掉手枪，从地上拾起一支AK自动步枪，支起步枪上的刺刀，师少鹰自信满满地再次猛扑上去。就算对方身高超过两米，就算他手中拎着一把巨型开山刀，但是别忘了在冷兵器时代，枪可是百兵之祖，就凭这一寸长一寸强，师少鹰就有足够的自信在对方身上捅几个透明的大洞。

冲到对方面前，师少鹰已经积蓄到极限的杀气，却不由得一滞。对方竟然和自己一样，不知道从哪个倒霉蛋的手里抢了一把AK步枪。他们手中端的都是上好的刺刀和在近距离肉搏战中杀伤力惊人的步枪。

发现对方换了武器，两个人甚至没有尝试再拼一回刺刀，就一起停下脚步，心照不宣地又各自退后两步，把身体彻底隐藏在烟雾中。

在各种自动化武器杀伤力越来越强的现代战场上，身为特种兵，和敌人拼刺刀往往就代表了死亡。最重要的是，不到最后关头，没有人愿意和一个格斗技术同样精湛的对手进行这种没有任何花巧的正面对决。

师少鹰略一思索，悄悄蹲下身体，从地上拎起一个伤口不停往外冒着鲜血但还没有死透的叛军士兵，他手中的AK步枪就是从这个恰好从自己身边跑过的倒霉蛋手里抢过来的。师少鹰右手拎着上好刺刀的步枪，左手抓住叛军士兵，猛力把手中的道具向前一推，几乎在同时，他整个人就像是一头发现目标的猎豹般猛扑出去。

“啪！”

“叮！”

空气中传来重物相撞的沉闷声响，两把装在步枪上的军用刺刀在空中对撞得火星飞溅。他们两个人竟然都选用了相同的战术，各自推出一个受伤的士兵吸引对方的注意力！

就在攻入广场的男人准备退后一步重新调整战术时，师少鹰却并没有像前几次一样后退，他整个人突然猛撞过来，两把刺刀架在一起的步枪随着两个人之间距离迅速缩短，由直刺变成了横举在胸前。

已经做好后退几步重整旗鼓的准备，所以失去先下手机会的男人眼睁睁地看着师少鹰冲进自己的怀里，手一伸将步枪上的刺刀卸下来，对着他的胸膛猛刺过来，他的脸色终于变了。

“叮！”

空气中再次传来金属的脆鸣声，但这一次并不是冷兵器对撞在一起发出的轻响，而是一枚挂在战术背心上的手雷被男人直接拽下来。与此同时，男人拉开了上面的保险栓。

师少鹰手中的刺刀，停在了对手的胸口，没有再刺下去。

如果他坚持往下刺，可以直接捅穿对方的心脏，但是师少鹰也必须知道，人类的心脏受伤并不会立刻致命，至少还能继续生存十三秒钟。对于一个身经百战且意志坚定的老兵来说，十三秒钟已经足够抱紧他，用手中的手雷把两个人一起炸死两遍！

男人也没有抛出手雷，锋利的刺刀就顶在他的胸膛上，他胸前的皮肤已经感受到刺刀特有的锋利与冰冷，如果还有一线生机，他也绝对不希望使出这种两败俱伤的方法。

一把刺刀、一颗手雷，两个在短短两分钟时间里就反复进行了几次交锋，几次紧贴着死神擦肩而过的老兵一起瞪大了眼睛望向对方的脸。他们真的想看看，在这个小镇上究竟遇到了哪路神仙，能把自己逼到这种进退两难的境地。

两个大男人几乎拥抱在一起，在这种近在咫尺的“亲密”中，四道目光狠狠地对撞在一起，随之，他们脸上都涌起了浓浓的愕然。眨了眨眼睛，再次确认对方的身份后，他们一齐呼出了一口长长的闷气，一齐收回手中的武器，一齐退后两步，然后一齐低声呼道：

“师少鹰……你小子怎么在这里？”

“希马尔……你小子怎么在这里？”

凝视着对方的脸，两个男人的眼睛都亮了。

他们都有自己的坚持与行事准则，两个男人各执己见，在摩加迪沙国际机场走上了不同的路，可是因为拥有一个相同的目标，两个人在各自的路上绕了一个大圈，几经坎坷，最后还是在终点重逢了！

第三十章 人在江湖

“那架米-24武装直升机，是你搞过来的？”

他们已经利用烟雾和黑暗的双重掩护，顺利撤出阿尔戈夫小镇。在几名全副武装的雇佣军的保护下，希马尔可以轻轻松松背着司空伯文一边撒腿猛跑，一边气也不喘几口地回答师少鹰的问题：“那些青年党武装叛军因为司空小姐试图逃跑，单方面关闭谈判渠道，无论我怎么请求，哪怕提出增加赎金，他们都拒绝再进行沟通。我索性带着现金雇船进入吉布提，再转道也门，在那里找到了曾经和我一起在海军陆战队服役，这些年一直在非洲战场上打滚的兄弟，当了一回他们的老板。”

希马尔狠狠地向地上吐了一口口水：“我呸！那帮孙子只要现金，光是把汇款兑换成现金，再按照他们的要求跑到黑市把小头全部换成大头，就几乎把我累成一条死狗！”

说到这里，他们匆匆跑过一道小山坡，希马尔的脚步没有停，对着小山坡的方向挥了挥手臂，两分钟后两个同样全副武装的雇佣兵，扛着一门俄罗斯制造的AGS-30式自动榴弹发射器，追上了他们这支作战小分队。

师少鹰真的要对这支人数并不多，但是已经展现出足够实力的雇佣军刮目相看了。

AGS-30自动榴弹发射器绰号“火焰风暴”，从表面看起来就像是一挺变异版的重机枪，用三角支架固定，使用能够填装30发榴弹的弹鼓，有效射程高达1200米。

这种武器的前身是AGS-17型自动榴弹发射器，苏联之所以研制这种武器，灵感或者说是主要研制方向就是想要克制人海战术。换句话说，这种中近程陆军班用火力支援武器，最大的特点就是打击没有装甲保护、数量众多、冲锋起来就像一窝蜂般猛扑过来的步兵！

这两名装备了AGS-30自动榴弹发射器的士兵，占据有利地形架起武器，担负的就是掩护撤退的火力压制任务。一旦希马尔他们营救人质在撤出小镇时被几百名武装叛军追杀，那门自动榴弹发射器就可以用抛射或者平射的方式，以每分钟65发的惊人高速，把弹匣内30毫米口径、有效杀伤半径超过14米的高爆破榴弹发射出去。

那两名操作榴弹发射器的雇佣兵，身材和希马尔比也不遑多让，北极熊式的强健体魄，让他们在轻而易举扛起十七公斤的榴弹发射器和两支自动步枪之余，还足足背了八个三十发容量、单个重量将近14公斤的弹匣。

他们只是两个人，身上就携带了240发高爆榴弹。这种远超单兵负重极限的弹药携带量，让他们拥有了超过五分钟的持续高强度中近程火力打击能力，在240发榴弹发射完之前，那些乱哄哄追出小镇的武装叛军绝对不可能在没有空中掩护和火炮压制的情况下，越过这两人一炮组成的封锁线！

看到眼前这一幕，师少鹰被震撼了。他就算是能背起超过60公斤的负重，也绝不可能像身后的两个雇佣兵那样跑得面不改色。这种体质上的先天差距或者说是种族差异，绝不是多吃几只中华养生鳖或者每天在训练场上挥汗如雨就能改变的。

师少鹰甚至开小差地在想象，当年被一代宗师霍元甲打败的俄国大力士，大概就是眼前这两只北极熊的模样。

加入两名新成员的小队在希马尔的带领下，踏着满地的碎石与砂粒，迅速向和直升机会合的预定地点撤退。

在黑暗的沙地里，六双穿着军用皮靴的大脚一次次抬起，又一次次重重地落下。一开始脚步声还显得有些杂乱无章，可是当他们彼此熟悉了对方的节奏与韵律，没有人去主导，也没有人刻意去配合，他们这些身经百战、比任何人都清楚了解团队价值与意义的老兵，已经开始下意识地彼此配合、彼此包容，直至他们的脚步甚至呼吸都渐渐混合在一起，形成了一个听起来如此单调却又如此协调的整体。

紧跟这样一个团队，听着身边那些连名字都叫不出来的雇佣兵悠长而有力的呼吸声，感受着这些同伴身体里蕴藏的惊人爆发力与韧性，说不出来的熟悉感慢慢涌上了师少鹰的心头，让他连意识都有了片刻的恍惚。师少鹰真的已经忘记，他有多久没有再感受到这种难以言喻、只可能属于军队的默契与安全感了。

“喂！”熟悉的感觉让师少鹰彻底放松下来，他脱口问道，“你刚才说的什么小头美元大头美元的？”

希马尔用看待白痴般的眼光回头瞄了师少鹰一眼，但是看在两人已经暂时结为队友的分上，他还是回答道：“20世纪80年代就开始印刷，到现在依然可以流通使用的老版一百美元面额的钞票，上面印的富兰克林头像很小，被称为小头像；后面新印的百元钞票，头像放大了很多，所以就被称为大头像。小头像钞票由于流通时间长，各种版本的假钞数量极多，在验钞机普及率太低的非洲第三世界国家，很多地方都不收小头像的美钞，而只要假钞数量相对较少的大头像美钞。在索马里干着无本生意的海盗以及这些青年党武装叛军也在其列。你不会连这个都不知道吧？”

对在全世界乱跑、追逐战乱与天灾的战地记者来说，这种老版美元钞票与新版钞票的区别，大概就应该像是生活常识一样平淡无奇和必不可缺，但是对师少鹰这种在很多方面无异于刘姥姥走进大观园的“土老帽儿”来说，却是绝对新奇与意外的知识。

正在队伍中高速奔跑的师少鹰突然身体一顿，他霍然转头，几乎在同时他手中的武器已经闪电般掉转方向，锁定了他们刚刚跑过的一片沙滩，那里竟然悄无声息地站起了一个全身披着迷彩布和伪装网的狙击手，就连他的步枪上都用杂草和同颜色的胶带缠着，只要他往沙地上一趴，立刻就能和周围的环境融为一体。

师少鹰周围临时队友的脸色都很平静，只是有人对着师少鹰竖起手指，打出一个“OK”的手势。

在这种水平距离一公里内，垂直落差还不到三十米的开阔地带，这名一直潜伏在沙坡棱线附近的狙击手，是游离在他们这支小队之外的超级猎鹰。他不但可以为小队提供火力支援，也可以在远离交战地带的沙坡上仔细观察战局，通过步话机向队长报告情报，协助队长做出正确的判断。

狙击手并没有跟上小队，而是和小队保持大约三十米的距离，悄无声息地跟在队伍的右翼。随着这名狙击手的加入，他们这支武装成员数量已经达到七人的作战小分队，自然而然地产生了某种队形变化。

一开始跟着希马尔冲进小镇，擅长渗透与突击作战的两名雇佣兵加快脚步跑到队伍的最前沿，他们已经戴上夜视镜，在队伍前方一左一右两翼散开，和身后的队友之间构成了一个攻守兼备的“Y”字形。

两名斥候在队伍前方，一旦和敌人在近距离爆发遭遇战，他们可以左右掩护，为后面的队员架起自动榴弹发射器进行火力压制赢得必要的时间。

但是……

再次仔细打量了一眼他们这支呈“Y”字形向前推进的队伍，师少鹰微微皱起了眉头，他拎着手中那挺从阿尔戈夫小镇武装叛军手里缴获的班用轻机枪，从左侧脱离小队，以相同的奔跑速度游走在队伍左翼。

看到这一幕，队伍里那些来自俄罗斯海军陆战队的雇佣兵虽然还是一言不发，但是他们眼睛里那股因为对自己力量的绝对自信，自然而然对师少鹰这个外来者产生的排斥终于消失了。

如果说刚才师少鹰发现了他们当中最擅长潜伏与隐藏的狙击手还有运气的成分，那么在这个时候，这个临时队友的选择已经足够说明，他绝对不会比在场的任何一个人差！

至于早已经和师少鹰彼此熟悉起来、刚才还在浓烟中进行了一次近距离生死白刃战的希马尔，他的反应则是坦率和直接了很多。他扭过头对着师少鹰露出一个大大的笑容，然后竖起大拇指，做出一个“你好棒”的手势。

在外行人看来，师少鹰这种不和周围队友打招呼就擅自脱离队伍的行为，过于我行我素，缺乏集体精神。可是真正拥有丰富实战经验的老兵却明白，能不能在最短时间内，在一个陌生的团队中找到属于自己的位置，最大化贡献出自己的力量，这才是检验一个特种兵是否合格的试金石！

如果只是对付在城市中进攻躲在房间里的目标，或者在阵地战时进攻守在坑道里的敌人，以六人为编组的特种部队小分队已经足够胜任。但是在复杂多变、随时可能爆发遭遇战的开阔式地形当中，一个指挥官手下最少需要八名队员才能把火力搭配和人员结构最优化，制定出符合战场实际需要的战术与队形。

他们这支特种作战小组，只有一门自动榴弹发射器拥有高强度火力打击能力，一旦近距离和敌人狭路相逢，就算是在两名斥候的掩护下架起榴弹发射器，也无法形成多点火力打击。由于火力网纵深不足，火力射击死角太多，根本无法分散敌人的注意力。一旦让敌人反应过来，两名操作自动榴弹发射器的士兵就很容易遭到对方的全力反击！

师少鹰拎着手中那支班用轻机枪，游走在队伍左翼，这就弥补了希马尔他们因为队伍成员数量不足而产生的漏洞。

一旦前面的斥候和敌人交手，师少鹰会立刻寻找火力视野良好的射击点，架起手中的班用轻机枪，从左翼支援两名斥候进行火力压制。

这挺班用轻机枪使用的是七十五发容量的弹鼓，七十五发子弹不间断地扫射出去，不但可以在最短时间对敌人造成最大火力杀伤，还能虚张声势混淆敌人视听，让敌人指挥官做出错误的判断。

一旦两名雇佣兵架起自动榴弹发射器，师少鹰手中的班用轻机枪就可以和自动榴弹发射器一左一右进行交叉射击，配合两名使用自动步枪的斥候，完成火力点从“Y”到“X”的转变。（妖少战术小讲解：Y，指的是三个火力点，两名斥候是Y的前两端，自动榴弹发射器是Y的底部，这样的队形，看起来就像是一个英文字母Y；X，指的是四个火力点，两名斥候为X的前两端，师少鹰手中的班用轻机枪和自动榴弹发射器一左一右，形成X的后两端。如果大家仔细思索就应该明白，X和Y相比，虽然只多了一个火力点，但是在火力交叉覆盖和掩护上，对敌人的打击却强了不止一倍，而且拥有更多变化。借用物理学来解释，三角形稳定，四角多边形不稳定。）

一旦他们在遭遇战中站稳脚跟，跟在队伍后面的狙击手就可以气定神闲地躲在暗处，先狙杀敌人的指挥官，再狙杀敌人的重型火力操作员，以高精度“点”的打击，配合他们“扇”的交叉，以达到“面”的突破。

就是因为有师少鹰的加入和迅速定位成功，他们这支因为成员数量不足、必然存在战术漏洞的作战小组，终于变得无懈可击起来。

整支小队终于带着司空伯文赶到预定的撤退地点，手表上的指针已经指向早晨五点半，远方的天空中已经隐隐透出一丝鱼腹般的惨白。这里明明距离赤道只有两百多公里，但是夜风却清凉舒爽得让人精神为之一振，大大冲淡了因为高速奔行而带来的燥热。

仰首眺望，在夜幕的掩护下，一架既可以在战场上实施火力压制又可以担任人员输送任务、全身涂满虎皮花纹的米-24雌鹿武装直升机，在空中划出一道优美的轨迹，以他们站立的位置为目标斜斜降落下来。

螺旋桨高速旋转，直冲到地面的气流吹得砂粒飞溅，打在脸上火辣辣地痛。

他们一起登上这架可以搭载八名步兵的米-24雌鹿武装直升机。司空伯文被安置在机舱内最舒服的位置，此时正披着一条军绿色毛毯，小口小口地轻啜着驾驶员不知道从哪里弄出来的热饮，脸上已经浮起一片淡淡的红晕，精神也随之好了很多。看着这一幕，师少鹰终于长长地松了一口气。

师少鹰抱着怀里的轻机枪坐在一个舷窗旁，遥遥望着阿尔戈夫小镇南侧仍然在翻腾的火焰，身体一松懈下来，身上二三十道擦伤和划伤，再加上几天前从高空跳入海面造成的挫伤，混合在一起的疼痛立刻就明显起来，他全身每一处都在疼，疼得就连他的右手小尾指都在微不可察地轻轻颤抖。为了让自己好过一点，师少鹰慢慢地吸着气，把身体微微蜷曲起来。

身上的伤虽然很疼，但是他很年轻，毕竟还会好的。

最重要的是，结束了，他和司空伯文在索马里的旅行，终于可以结束了。

师少鹰回过头，凝视着司空伯文那低垂的脸，还有她那长长的、正在轻跳的眼睑。从他们两个人踏进摩加迪沙国际机场、师少鹰被捕入狱的那一刻开始，到现在只不过短短十几天的时间，可是他们两个人就经历了不知道多少次的生死抉择、多少次的险死还生。看司空伯文现在的样子，柔柔的、弱弱的，仿佛是一株让人疼惜的小花，可是师少鹰知道，别看现在是这个样子，等到她身上的伤好了、体力恢复了，一旦遇到合适的新闻项目，她还是会振作精神，像个不怕死的先锋官般毫不犹豫地扑上去。

我们生活在这个世界上，除非是找一个孤岛躲进去，永远自给自足，永远不和外界接触，否则，我们需要赚钱养家糊口，需要事业上的发展让自己的生活品质得到提高，需要获得旁人的认可与尊敬……无数的欲望与希望，组成了一个把所有人都陷进去无法自拔的世界。让所有人都在这个被称为“红尘”的旋涡中，日复一日、年复一年地努力与挣扎，直至死亡来临才能彻底终结。

树欲静而风不止，这大概就是所谓人在江湖身不由己吧！

第三十一章　空中飞熊

一只有力的大手重重地落在师少鹰的肩膀上，希马尔紧挨着师少鹰坐到了椅子上，两个男人一起通过舷窗望着直升机外面的世界。在这么近的距离，看看希马尔明显充血的双眼，还有他脸上不能掩饰的疲态，不用问也知道，希马尔这些天过得并不比师少鹰轻松。

能在这么短的时间内，把一支雇佣兵连带一架雌鹿武装直升机带进索马里，就算这个国家内战不断，陷入四分五裂的状态，也绝对不是一件容易的事情。

希马尔伸手抚摸着直升机的舱壁，脸上露出了一个如释重负的表情，想要请雇佣兵进入一个战乱地带营救人质，绝对是世界上最奢侈的烧钱行为之一。就算他请的都是曾经在同一支部队服役的兄弟，大家顾念旧情，在雇佣金方面打了一个相当优惠的折扣，但是加上购买武器装备和按小时租用这架直升机的花费，仍然把几十万美元的赎金花得干干净净，就连希马尔当了几年战地记者，好不容易攒下来的一点老婆本，也一起贴了进去。

如果这架直升机在行动中被击落或者是被击伤，按照合同，希马尔这个雇主要照价赔偿。万能的真主在上，米-24雌鹿武装直升机的售价可是高达550万美元，就算是扣掉折旧什么的，别说是被击落，哪怕是飞过来几颗子弹，打坏了一些重要电子元件或者仪器，也足够让希马尔赔得倾家荡产。

全金属半硬壳式机舱突然倾斜起来，这种被称为“空中步兵战车”的重型武装直升机，在沙地上起飞的动作堪称一绝——先把尾翼启动，利用尾翼的动力让直升机的尾部向上翘起10度，让整架直升机头下尾上，只由直升机的首轮接触地面，支撑住整个重量，然后在沙地上利用主螺旋桨转动形成的动力，推动整个机身单轮滑跑。

如果有人在这个时候站在一边看到这一幕，九成九会失声惊呼，因为随着机身开始倾斜，十几米长、高速旋转的螺旋桨几乎打到了地面上。

不对！

高速旋转的螺旋桨已经打到地面突起的几块碎石子，否则的话，在黑暗中绝对不会突然闪出一片又一片让人看了就觉得触目惊心的火星。

以坚固耐用而闻名世界，把苏联军工产品“简单就是美”这种哲学发挥到极致的直升机，就算是主螺旋桨打在地面的石子上，也没有像一般人想象的那样机毁人亡。在驾驶员的操作下，整架直升机继续用这种头下脚上的奇特姿态在沙地上滑行了四十多米，直到取得足够的上升动力后才终于在两台大功率发动机的轰鸣声中腾空而起，一直倾斜的机舱也随之恢复平衡。

不是直升机驾驶员脑袋进水，在深入敌后的战场上还想要玩什么花样特技，他之所以使用如此玩命的“滑翔”式助力起飞，最大的原因就在于，米-24雌鹿武装直升机的“飞行步兵战车”设计概念，早已经在实战中证明并不完美。

米-24雌鹿武装直升机如果满载弹药和燃料，垂直爬升性能就会严重下降，尤其是在沙漠里起飞，飞溅起来的砂粒更会让直升机的爬升效果受到影响。想要解决这个设计上的缺陷，要么减少武器弹药或者人员携带量，要么就必须使用这种在阿富汗战场上由一些王牌飞行员发明出来的“阿富汗特色”距离滑跑起落！

纵观全世界，也只有那些在俄罗斯部队中经过非人历练、技术好得要命又胆大妄为得要命的俄罗斯王牌飞行员，才敢在远离后勤基地，没有补给、没有维护的非洲战场，驾驶这样一架本来就有设计缺陷又服役时间超长、无论如何维护都发动机严重老化、机械性能指数早已经跌到安全线以下的米-24雌鹿武装直升机，带着一支特种作战小分队深入敌后，执行这种和死神姑奶奶站在钢丝绳上跳华尔兹的任务！

希马尔从怀里取出一只俄罗斯银制酒壶，扭开壶盖大大地灌了一口酒，然后把酒壶递给师少鹰。由于发动机的声音太大，就算是坐在师少鹰身边，希马尔交流的方式依然是在吼：“驾驶这架飞机的兄弟名字叫维克多，他在第一次车臣战争期间，曾经驾驶武装直升机攻击车臣恐怖分子，在投掷完所有弹药和僚机一起返程时，突然遭遇车臣叛军的高射机枪攻击，僚机被当场击落。维克多把直升机停在距离高射机枪阵地两公里外的山谷里，自己带着突击步枪返回去，把高射机枪阵地上的七名叛军杀光后，救回被俘虏的僚机驾驶员顺利返航。他因此得了一枚一级军功章，被所有人尊称为‘空中飞熊’！”

一个俄罗斯男人，肯把自己随身携带的烈酒拿出来与你分享，就代表他已经把你当成了最好的朋友。接过扁扁的银酒壶，师少鹰一仰脖子，把里面剩下的半壶烈酒喝得点滴不剩，然后对着直升机驾驶舱方向，诚心诚意地竖起了一根大拇指。

看到师少鹰这个动作，希马尔笑得就像是一个刚刚得到老师表扬的小学生。可是他很快跳了起来，脱口叫道：“我操，差一点忘了正事！”

希马尔打开一只摄影包，从里面取出一套专业照相器材，用熟练的动作迅速在照相机上安装了一套可以在夜间进行远距离拍摄的镜头，然后冲到机舱右壁半扇舱门旁，举起手中的照相机，对着火焰冲天的阿尔戈夫小镇就是一阵噼里啪啦的猛拍。

看到这一幕，眨了好几下眼睛，师少鹰才终于反应过来。希马尔已经不再是职业军人，而是一个四处跑单帮、有新闻素材就能赚钱、否则就只能一个人喝西北风的游侠型战地记者！从职业素养上来看，他和司空伯文属于同一类人，他又怎么会错过眼前这场以他们自己为主角的大新闻实况报道？

照相机在希马尔的快速按动下发出一连串轻响，就在照相机快门再一次闪动，把眼前画面录入胶片的同时，地面上一条突然溅射、在黑暗中显得特别醒目的火舌在瞬间就刺痛了希马尔的右眼！

眼睁睁地看着一团火焰，以惊人的速度在空中划出一道美丽的直线猛撞过来，在这个要命的时候，身为战地记者的希马尔还下意识地按下了一次快门，将这一幕拍摄下来，然后才猛然惊醒，嘶声狂吼：“小心，有火箭弹！”

就在希马尔放声狂吼的同时，整架直升机突然以逆时针方向旋转，在看似绝不可能的情况下，这架自身重量再加上武器弹药和搭乘人员，总重量超过十吨的空中步兵战车，竟然在空中连续翻滚，做出了理论上只有战斗机才能做出的滚桶式翻滚动作！

这个时候，时间仿佛静止了，高速飞行的火箭弹从距离机身不足20厘米的位置擦肩而过，它又险之又险地钻过了螺旋桨高速旋转形成的圆形桨幕，带着一去不复返的锐气，继续飞向更遥远的天空。

面对这突如其来的变化，已经完成任务正坐在步兵舱里休息并没有系上安全带的雇佣兵，包括师少鹰和希马尔在内，都无可抗拒地被狠狠甩到对面舱壁上，随着机身的翻转，连续碰撞了三次后又被甩回原来的位置。

好不容易机舱勉强恢复平衡，师少鹰刚刚挣扎着站起来，还没有找到司空伯文，整架直升机突然又狠狠地向上扬起，然后又迅速向左侧倾斜下坠。面对这种过度剧烈的动作，师少鹰无可抗拒地又被狠狠甩到地板上。

感受着他们乘坐的这架直升机一路左斜着向地面坠落，“pick up（失速）”这个由于平时根本用不到，在记忆中被尘封了不知道多少年的英文单词，突然从师少鹰的脑海中涌起。

米-24雌鹿武装直升机在发动机功率不足的情况下，猛然做出快速爬升之类的激烈机动动作，就会进入“失速”状态。在这种状态下，飞行员就算是猛拉操纵杆，试图让飞机重新爬升起来恢复高度，飞机也会做出相反的动作，猛地向下沉。

说白了，就是直升机无法承受过于剧烈的机动动作，暂时失控了！想要摆脱这种被苏联飞行员称为“pick up”的失速状态，唯一的方法就是放弃所有高强度机动动作，改用“温柔”而“平缓”的动作操纵直升机，直到直升机重新恢复正常。

这一套方法说起来简单，但是想想看，现在地面上有人正在用火箭筒对着他们射击，第二发火箭弹随时可能会打过来，就算维克多是一名王牌飞行员，想要在失速状态用温柔而平缓的动作闪避开火箭弹，谈何容易！

师少鹰双手在地板上狠狠一撑，整个人斜跳起来，身体还在空中，他就大手一伸，死死地抓住了希马尔刚才为了拍摄相片打开的那半扇舱门。转过头望着那些摔得头昏脑涨正在爬起来的雇佣兵，师少鹰放声喝道：“谁有致盲弹？”

几个来自俄罗斯海军陆战队的雇佣兵都瞪大了眼睛望着师少鹰，脸上露出了疑惑的神色，他们显然听不懂师少鹰在说什么。

这个时候师少鹰真的想对九天诸神发誓，如果这个世界真的有什么穿越，真的可以一个雷劈下来，就回到十几年前重新经历一遍自己曾经的人生，他一定会好好学习英语，不，连日语、俄语、德语、法语都会学得滚瓜烂熟。至于什么“超级”外语翻译机，滚他妈的一边去吧！

“小子，接着！”

就在这个时候，身后突然传来了一个熟悉的声音！希马尔把自己的身体卡在一个相对稳定的角落，他摘下防弹衣上的致盲弹，拔掉保险栓后直接把它抛向了师少鹰。

师少鹰左手死命抓住舱门，右手在空中一捞，抓住那枚闪光弹，看也不看就把它直接抛了出去。

把自己身上的两枚致盲弹，也就是CS游戏中特警和悍匪都喜欢使用的闪光弹全部抛给师少鹰后，看到自己的同伴还没有反应过来，希马尔瞪圆了眼睛，嘶声叫道："快把你们身上所有的致盲弹都给那小子！把保险栓拔掉，他已经没有第三只手做这种事了！轮流给他，千万不要乱，否则我们就死定了！"

"小子，接着！"

"小子，接着！"

……

机舱里轮流响起了相同的提醒，一枚枚拔掉保险栓的致盲弹从那些雇佣兵的手中抛过来，师少鹰把它们接住后，连看都不看就直接抛出了机舱。

这种特种兵在战场上经常使用，可以让敌人在短时间内眼睛失明的非致命武器，投出去后在空中爆炸，究竟能对地面上那个扛着火箭筒并随时可能会对他们发射出第二枚火箭弹的敌人造成多大的影响，师少鹰不知道。但是师少鹰清楚地知道，在这种直升机严重失速的时候，只要对方再次锁定直升机，并按下了火箭筒的发射扳机，他们这里的所有人就死定了！

说是垂死挣扎也罢，说是随机应变也罢，这已经是他们这架飞机上一群身经百战的特种兵可以做的最后努力。

半跪在山坡上，肩膀扛着一门RPG火箭筒斜斜扬起，已经再次锁定目标的一个男人，他脸上胜券在握的自信笑容才刚刚展开，一团比一百颗太阳同时升起更炽烈、更灿烂的强光猛然在空中扬起，在黎明将至的黑暗中，这样的强光越发显得凌厉起来。

就算是因为距离太远，已经大大超出了致盲弹的有效覆盖范围，但是他正在瞄准直升机，眼睛正对着致盲弹爆炸的方向，加上在黑暗当中，为了对光线更敏感，人类眼睛的瞳孔会比平时放大几倍。师少鹰抛出第一颗致盲弹，在空中突然爆出的强光，瞬间就刺痛了男人的瞳孔，让他眼睛迅速涌起一层淡淡的血红。

就算眼睛已经闭起来，眼泪却止不住地从眼睛里流淌出来，男人在心里对自己的眼睛状况做出判断，眼睛还没有睁开，他就扛着火箭筒迅速撤出战场，干脆利落得丝毫不拖泥带水。

如果师少鹰可以看到这个男人在撤出战场时脸上露出来的表情，他的心脏一定会在瞬间沉到最谷底。

他明明已经失手，脸上露出来的却是充满胜利意味的笑容。在撤出这片战场前，他甚至还扬起右手摆了摆，对着仍然在空中努力挣扎试图摆脱失速状态的直升机，做出了一个“再见”的手势。

无论是职业军人还是恐怖分子，他们在战场上对敌人做出这种手势，唯一的解释就是一个……胜负已分！

第三十二章　死局

直升机连续向左侧斜坠了两百多米，在距离地面仅150米的时候，终于重新恢复稳定。在皎洁的月光下，看着下面混杂有天然石晶，泛着点点晶莹质感的沙丘，就连维克多这位“空中飞熊”都心有余悸地吐出一口长气。

就在维克多上推操纵杆，准备驾驶直升机向上爬升的时候，在一片看似没有任何危险的沙丘上，突然冒出了几个幽灵般的身影。在队长的指挥下，几名士兵合力扯开伪装网，露出了一辆停在沙丘平坦地带的皮卡汽车。在这辆皮卡汽车的后斗上，赫然架着一挺12.7毫米口径的车载重机枪。

“嗒嗒嗒……”

十厘米长的弹壳不断从枪膛里飞跳出来，弹跳着、翻滚着，在空中划出一道道袅袅升起的白烟，飞出七八米远，才终于带着不甘心的叹息坠落到松软的砂粒上。双手抓着射击柄的士兵，随着重机枪扫射，全身都被带得像是抽筋一样不停地轻颤，由于没有戴防护帽，每一发子弹射出去，那沉闷的枪声都像是钢针般狠狠地刺进他的耳朵，刺得他耳膜生疼。

可是看着重机枪子弹在空中形成一道道在白昼都清晰可见的红色弹道，狠狠撞向下坠了两百多米，已经近在咫尺的武装直升机，这名操作重机枪的士兵，脸上露出的却是近乎疯狂的狰狞。

面对这突如其来的近距离机枪扫射，就算是号称“空中飞熊”的王牌飞行员也来不及做出机动闪避动作。重机枪子弹准确无误地打到直升机底部的防弹装甲板上，发出一连串犹如爆豆般密集的“叮叮当当”声，突然间维克多身上传来一阵刺痛，鲜血很快就渗透了他身上的飞行服，赫然有一发子弹打穿飞机侧翼的防弹钢甲，旋转着飞进驾驶舱，在擦伤他的手臂后，又撞到直升机最脆弱的仪表盘上。

看着仪表盘上冒起一阵白烟，感受着死亡逼近的滋味，维克多心里升起的第一个想法就是：“不可能，绝不可能！”

维克多能够接受在他们起飞后，有人用RPG火箭筒向直升机发起的攻击。战场本来就是由无数必然与偶然因素组成，那些青年党武装叛军本是一群乌合之众，根本没有什么军纪可谈，因为某种原因，有个扛着火箭筒的家伙在外面游荡彻夜不归，在意外发现了直升机后又向他们开了一炮也并非不可能。也正是因为这样，维克多才会在看似大局已定的情况下，始终保持着高度警惕，在第一时间就观察到火箭筒发射时炮口迸射出的火焰，迅速做出横向滚桶式闪避动作。

但是那辆汽车潜伏的位置却犹如铁锁横江，直接卡在了维克多驾驶直升机做出翻滚动作，失速被迫下坠终于勉强恢复控制后，那最脆弱、最缺乏自我保护能力的罩门！

维克多绝不相信，那辆汽车的出现也是偶然！

还有那挺正在向他们扫射的重机枪，在空中打出的弹道形成了一道亮丽到极点的火龙。操纵重机枪的机枪手根本不需要瞄准，只需要看着弹道调整射击方向，子弹自然就会像狂风骤雨般扑面而来，能形成这种现象唯一的原因，就是对方在子弹链中，每隔三发或四发普通子弹就加装了一发比普通子弹要贵得多的曳光弹！

没错，索马里青年党武装叛军得到基地组织的物资支持，所以无论是在武器装备还是伙食药品方面，都要比索马里政府军好，但是这绝对不代表他们可以毫无节制，甚至在战场上胡乱使用曳光弹之类的特种子弹！

如果说对方早有预谋……

想到这里，一股难以言喻的寒意就那样突然袭上心头，让维克多不由自主地打了一个寒战。维克多这个在俄罗斯第一次车臣战争期间，积极参战，甚至敢在敌占区降落并拿着突击步枪去营救僚机驾驶员，一向胆大妄为的疯子，看着自己正在微微发颤的双手，他惊讶地发现，自己在战场上，竟然……怕了！

如果真的是早有预谋，一切都不是偶然，那么对方躲在暗处一直没有露面的指挥官，在希马尔和师少鹰还没有撤出小镇时就已经判断出，他们这支深入敌境的特种小分队会选择在哪个位置和直升机会合，同时也判断出，面对火箭弹攻击，一位王牌飞行员需要做出什么样的闪避动作才能避免当场机毁人亡的命运。对方甚至还知道，米-24雌鹿武装直升机在做出翻滚动作后，面对随之而来的“pick up”失速状态，并计算出一个王牌飞行员用“温柔”而“平缓”的方法终于控制住直升机后，下坠的角度、方向甚至是高度，然后在直升机下坠的势能与发动机提供的动能达到一个绝对平衡点的瞬间，使出了最后的撒手锏！

身为一个拿人钱财为人消灾的雇佣兵，维克多身经百战，早已经学会用平淡的态度来面对死亡，但是他真的不敢也无法想象，那个躲在背后布置全局的敌人指挥官，究竟拥有多么丰富的实战经验？对他，还有他驾驶的米-24雌鹿武装直升机有着多么深入骨髓的了解，才能布下这么一个环环相扣的绝命死局！

面对重机枪扫射，维克多身后的步兵舱里已经被打得千疮百孔，重机枪子弹轻而易举地撕破直升机步兵舱位置的装甲板，空气中到处都是子弹“嗖嗖”乱窜的破风声。

一发旋转的流弹就紧贴着师少鹰的脸庞飞过，师少鹰脸部的皮肤甚至已经感受到这枚在空中高速飞行的弹头内部所蕴藏的炽热温度，还没有搞清楚为什么会突然又受到重机枪扫射，师少鹰身后就传来“啪”的一声，犹如木棍被铁锤砸断般的脆响。

在师少鹰身后不足20厘米的位置，一个在飞机做出横向翻滚时，距离司空伯文最近，直接伸手把司空伯文抱进怀里，用自己的身体保护住司空伯文的雇佣兵，依然保持着紧紧抱住司空伯文的动作，可是他的右臂却没了。

12.7毫米口径重机枪子弹的威力实在太恐怖，就算是打穿直升机的护甲，速度大减依然余势未消，又打断了那个用身体保护住司空伯文的男人的右臂。

鲜血就像喷泉似的从碎裂的断臂上喷涌而出，远超常人能够承受极限的痛苦，让那个雇佣兵的脸色在瞬间变得像纸一样苍白。迎着希马尔的目光，他已经疼得连舌头都在打战，却依然在脸上挤出一个比哭还要难看十倍的笑容，用微微发颤的声音笑着说：“放心，嫂子没事，一根头发都没伤到。”

被男人抱进怀里，所以在机身翻滚时几乎毫发无损的司空伯文已经呆住了，她伸出手想要捂住这个男人胳膊上的伤口，可是他的伤这么严重，血流得这么猛，仅凭双手又怎么可能捂得住？

“他妈的！他妈的！他妈的！”

希马尔眼睛里瞬间蒙上了一层怵人的血红，他冲到机舱的射击口，举起手中的自动步枪对着山坡上那辆皮卡汽车就是一阵近乎疯狂的扫射。

眼睁睁看着夹杂着曳光弹的重机枪子弹劈头盖脸地射过来，希马尔全身的每一个细胞都在放声狂叫，希望他立刻闪避，因为就算是白痴都知道，用区区一支自动步枪，在如此近的距离，和一挺大口径重机枪对射，无异于自寻死路。可是在这个狭路相逢勇者胜的对决当中，希马尔竟然选择了不动，他的手指扣住扳机，用连发的方式一口气就将弹匣里所有的子弹都倾泻了出去。

重机枪子弹迎面打过来，从希马尔的耳边飞过，发出嗖嗖的声响，就在地面那挺重机枪因为射完子弹，扫射声戛然而止的同时，希马尔清楚地看到，在重机枪前方闪出几片亮亮的火星。

看到这一幕，希马尔猛地发出一声狂吼：“我操！”

那些该死的武装叛军虽然装备差得离谱，却有自己动手改造武器的习惯，他们在那挺重机枪上面，用电焊的方式加装了最起码有两厘米厚的防弹钢板！

一旦让对方更换了子弹箱，再次用重机枪对着他们进行近距离扫射，他们最终的结局必然是被打得凌空爆炸，死得惨不可言！希马尔把步枪丢到地上，扭头望着步兵舱里的其他人，嘶声吼道：“把榴弹发射器给我！”

希马尔的话音未落，步兵舱里突然传来一声清脆的枪响，皮卡车上躲在防弹钢板后面看着副射手更换好弹药箱，狠狠一拉枪栓，抬起枪口准备再次对着直升机扫射的主射手，突然看到眼前有一道快得迅雷不及掩耳的暗红色流光闪过。当他还没有搞清楚是怎么回事，锋利到极点的痛苦就狠狠钻进他的眉心直刺大脑，他的身体向后一仰，带着喷溅而出的鲜血一头栽下汽车。

在不断晃动甚至是不断转动的直升机上，有人只用了一枪，就穿过防弹钢板与瞄准基线之间的缝隙，打中了躲在防弹钢板后面的机枪手！放眼整支小队，有资格做到这一点的，当然就是他们中间那位能够同时担任火力掩护与信息支援工作的狙击手！

就算身上沾满了同伴的鲜血，狙击手的脸色依然沉静如水，他半跪在射击孔前，双手稳定得无懈可击，静静地等着直升机在空中旋转了一圈，拥有夜视功能的瞄准镜捕捉到副射手身影的瞬间，枪声再次从步兵舱里响起。爬到射手位置上试图操纵重机枪再次对直升机扫射的副射手，身体狠狠一颤，伸手摸着自己被子弹打穿的脖子，他脸上露出了怪异到极点的表情，呆呆愣了七八秒后，才一头栽下汽车。

看到这一幕，希马尔长长地吐出一口闷气，嘶声狂叫道：“亚勒，干得漂亮！”

虽然因为师少鹰和狙击手亚勒的出色表现，让他们没有再遭受持续性打击，但是这样的行动并不能逆转直升机受到的伤害。

在近距离被一挺大口径重机枪扫射，直升机的发动机被打坏一台，尾翼受损，空气滤清器堵塞，蓄电池过热，辅助操作系统损毁。输油管破裂，最多再过20秒钟，飞机上的火焰就可能顺着输油管点燃外面的备用油箱，到了那个时候，他们唯一的结局就是在直升机凌空爆炸中被炸得支离破碎。

这就是师少鹰他们乘坐的直升机，经过维克多检查后得出的结论！

仪表盘上散发着刺鼻到极点的浓烟，驾驶舱里的警报器在“嘀嘀嘀嘀”地响个不停。在这个关键时刻，维克多的眼睛里却突然露出近乎疯狂的光芒。

“我承认你够牛×！你把我和这架直升机算得够准，一出手就掐住了我的要害，甚至让我第一次尝到了害怕的滋味。但是如果你真的认为，用一门火箭筒外加一挺重机枪就能让我举手投降，那你就错了，错得离谱、错得要命！告诉你，你的对手可是‘空中飞熊’维克多！”

在放声狂吼中，维克多在直升机距离地面还有七十多米，摔下去足够把所有人摔成一堆肉泥的关键时刻，竟然伸手直接关闭了直升机上另外一台还能正常工作的发动机，切断了燃料供应。

“在几十年前，我们米-24飞行员就有人在明克斯机场表演过以280公里的时速飞进机场，然后关闭所有发动机，利用米-24直升机出色的自旋着陆功能安然着陆的技术。你不会以为我维克多连几十年前的老前辈都不如吧？”

失去动力，原本应该直接坠落的直升机，在这个时候竟然神乎其神地保持着匀速下降状态，没错，就是匀速下降，而不是下坠！明明整架直升机的两台发动机都已经在空中停车，可是不知道为什么，直升机的螺旋桨似乎仍然在某种力量的推动下不断旋转！

“直升机在空中停车后，主轴上的单向轴承使旋翼自转，由此沿旋转平面吹来的气流N和自斜下方上吹来的气流F，两者合成相对气流S，S吹向旋翼产生与S相垂直的升力H，和与S平行的阻力Z，这两者的合力形成空气总浮力V，V就是气流S与旋翼相对运动产生的动力，再把V分解为与主轴线重合的动力VY，和与主轴线垂直的动力VX，而这两者当中的VY抵消了大部分直升机的重量，使直升机可以垂直下降，VX却可以和旋翼的旋转方向一致，使旋翼加速旋转，让我可以保持对飞机最基本的控制。”

因为过度兴奋，维克多的脸已经涨得通红，身边没有一个人，他却在不停地说着。同时他的大脑更以绝对的高速状态运转，将各个数据、各种方程式，一遍又一遍地反复计算，直至找到不容有一丝错误的答案，再通过自己的双手和紧握的操纵杆，把它们传送到整架飞机！

“现在我的旋翼转速加快，相对旋翼旋转方向的气流N已经加强了1.5倍，现在自下向上吹的气流F合成的气流方向S，与旋翼翼弦线夹角减小。所以，我必须调整机身倾斜度，想办法让总空气动力V与主轴线重合时，VX减至零，只有这样，才能保证直升机恒速下降！”

……

到了这个时候，就算是走进机舱也不可能再听懂维克多嘴里说的这些太过专业的词语，更不可能再为他提供哪怕是一点点的帮助。

这注定是一场只属于维克多一个人的战争。

直升机的机尾在空中以180度的幅度不断左右摆动，一次次借助旋翼自转的上升力与控制力，小心翼翼地调整着飞机的每一个细节，让它可以在下坠形成的螺旋桨自转中，取得足够的上浮力来减小下坠速度，并把这种平衡一直持续下去。

当这架总重量超过十吨的超级武装直升机以人类和机器都可以承受的速度迫降到还算软松的沙地时，一切都恢复了平静。双手松开操纵杆，望着驾驶舱前方那轮冲破地平线，正在冉冉升起的朝阳，维克多突然放声大笑。笑着笑着，不知道什么时候，眼泪已经从他的眼眶里流了出来。

没错，在二十多年前，就有苏联王牌飞行员当众表演驾驶米-24雌鹿武装直升机空中停车，然后靠自旋翼成功着陆的特技。可是那位王牌飞行员驾驶的直升机，在表演前必然经过维修班反复检修，把各项功能指数都保持在最优状态。

相信就算是交换立场，让那位飞行员再坐到这架相同型号，但是因为使用时间太长已经严重老化，更被重机枪打得千疮百孔，甚至连最致命的尾翼都受到一定损伤的直升机上，他也未必敢再做出这种赌上生命的疯狂行为吧！

虽然观众少得可怜，虽然他今天的壮举也许永远不会被外界知道，更不会载入世界王牌飞行员史册。可是，能够在死亡的威胁下破釜沉舟，不但突破了自己的极限，甚至打破了世界王牌飞行员的极限，做出太多太多已经载入史册的王牌飞行员们不能做、不敢做的壮举。带着自己这一辈子最亲密的兄弟，一起闯出了一条生路，爬上自己这个领域的世界屋脊最巅峰，一边一览众山小，一边品尝着胜利这杯美酒最甘最醇的味道，哪怕这一辈子只有一回，对于维克多来说，真的已经足够了！

第三十三章　致命错误

“还能不能飞起来？”

希马尔走进驾驶舱，在问这个问题时，就连他自己心里都没有抱什么希望。但是现在他们这支中途坠落，没有任何后援和补给的雇佣兵特战小队，除了要保护身体极度虚弱的司空伯文，还要带上一个手臂被子弹削断，基本上失去作战能力的同伴，想要从地面活着撤出去，成功的概率可以说是……无限接近于零！

但是维克多却没有直接摇头：“我需要到外面检查一下机身受损状况。发动机被打坏了一台，有三分之一仪表不能再正常工作，但是只要螺旋桨和尾桨没有被打坏，我们就至少有三成机会重新爬起来。”

三成机会，虽然概率仍然太低，但是在这种前进无路后退无门的关键时刻，已经无异于柳暗花明又一村。希马尔沉声道：“立刻行动，我们的时间已经不多了。”

他们坠落的地点距离阿尔戈夫小镇只有区区七公里的距离，就算是没有交通工具，最多只需40分钟，那些武装叛军就会蜂拥而至。真到那个时候，当场战死已经是他们这群雇佣兵最好的结局。

拎着一只工具箱跟着希马尔走出机舱，看着被子弹打得千疮百孔的机身，维克多脱口叫道：“Shit！（他妈的！）”

但是紧跟在维克多身边的希马尔，听到这句粗话，却长长地吐出一口闷气，身边的这位兄弟还有心情爆粗口，那就说明这架直升机还有救。

“你要破产了。”维克多用同情的目光望着希马尔，伸出五根手指，“被打成这个样子，想要完全修好，最起码也要50万美元，这还是我能想办法找到一些二手配件才能获得的最好结果。”

希马尔轻轻地耸了一下肩膀，无论是破产还是欠债，这两者都有一个共同的前提，那就是他们得活着离开索马里，活着回到外面正常的世界，否则，套用一句话：“一切都是浮云！”

“把机舱里包括座椅在内，所有能拆的东西都拆下来丢掉……”维克多挥舞着手中的长柄工具钳，在舱壁上敲得当当直响，“保留一份最基本的作战单位，其余的弹药全部丢掉，把这两门蜂巢式火箭发射器拆下来。对了，把步兵舱下面的防弹装甲板也拆掉，剩下的那台发动机老化严重，根本没有办法带着这么多的重量重新飞起来。”

从直升机上每拆掉一样东西，希马尔的财政赤字就会再红一分，但是希马尔却没有任何犹豫，他用力点头，拿着一本小小的作战笔记本，把维克多提出的要求逐一记录在上面。

维克多突然道：“我记得你平时喜欢抽古巴的大雪茄，现在你身上还有吗？”

希马尔点点头，从自己的军装口袋里取出一支古巴哈瓦那原产，比大拇指还要粗，为了保证烟叶的原汁原味，外面还包裹了一层锡纸的雪茄，把它递给维克多。

但是维克多却并不满足，他一边用挑剔的眼光打量着手中的雪茄，一边说道：“你是一个标准的烟鬼，这种雪茄在你身上最起码还有五六根，把它们都给我。”

珍而重之地把七根雪茄放进自己的口袋里，维克多绕着直升机走到了另外一端，仔细打量了一眼虽然受损却勉强可以修复的直升机尾部旋翼，他的脸上露出了一丝淡淡的笑意，就像他自己刚才说的那样，他是维克多，“空中飞熊”维克多。只要还有一台发动机可以使用，主螺旋桨和尾翼旋桨没有受损，他就可以让眼前这架被打得破破烂烂，几乎变成一堆废铁的直升机重新爬上天空！

就在这个时候，在三四百米外突然传来了一声清脆的枪声。维克多脸上还带着胜券在握的笑容，他的胸前突然传来啪的一声碎响，紧接着尖锐到极点，让人连呼吸都要为之停顿的痛苦和巨大冲击力，带着他不由自主地一头栽倒。

看着刚才还站在自己身边的兄弟，现在飞行服的胸口部位却多了一个弹洞，希马尔在第一时间就猛扑上去，抱住维克多，不顾一切地拼命往直升机下方的阴影位置翻滚。可能是觉得没有一击必中的把握，那名躲在暗处的狙击手没有再开枪，希马尔成功地抱着维克多躲到了直升机的下方，可是希马尔的心里却没有半点胜利的喜悦，有的就是犹如被北冰洋的海水劈头盖脸浇下来般的绝对寒意。

在直升机临时迫降到地面后，包括师少鹰在内，至少有三个人已经走出机舱，对四周进行搜索和警戒，可是那名狙击手没有开火。他就像是一只最狡猾的猎狐，静静地潜伏在太阳升起的东方，利用阳光把自己彻底隐藏起来，直到维克多这个身上穿着飞行服，无论对敌我双方来说都是最关键的目标出现，才突然发起攻击，一枪命中目标，彻底击碎了希马尔他们最后的希望。

RPG火箭筒、重机枪、狙击手……这三者环环相扣，希马尔不但在里面看出了步步杀机的凌厉，更嗅到了一股只可能属于沙场老将的稳重。

只有真正身经百战，见惯了鲜血与死亡，已经学会了谦虚谨慎的沙场老将，才会在战前把自己的敌人预估到最强，并有针对性地做出各种布置。也许在年轻人看来，他们这些沙场老将太过谨小慎微、太过步步为营，总是会把各种大好的机会白白浪费。但实际上，他们这种在战场上老谋深算几乎不会犯错，一旦逮到机会就会发起最凌厉进攻的指挥官，才是最可怕的对手！

而且，对方真的是太熟悉他们了，熟悉他们的每一种战术，熟悉他们的每一个优点和缺点。也正是因为这样，对方才能甫一出手，就将他们从空中击落并逼入了绝境！

“嗒嗒嗒……”

自动步枪射击的声音在周围响起，是师少鹰他们在开火压制远方的狙击手，很快，两名扛着自动榴弹发射器的兄弟也冲出机舱。面对压制力如此强悍的武器，那名狙击手如果还敢再开第二枪，无异于自寻死路。

那么多的兄弟在并肩作战，可是希马尔却找不到半点相互依靠带来的温暖与安全感。

维克多左胸中弹，那可是人体最致命的心脏位置。没有了维克多，他们根本不可能在短时间内修好这架直升机，退一万步来讲，就算他们真的可以误打误撞地让这架直升机恢复动力，但是请问，除了维克多这位“空中飞熊”级的飞行员，又有谁能驾驶着一架仪表被烧坏了至少三分之一的直升机成功起飞，又带着所有人活着降落？

如果他们放弃直升机，带着伤员用自己的双腿和手中的武器试图杀出生天，他们又要面对那位还未曾谋面就把他们逼入绝境的沙场老将。还要躲过多少次致命攻击，才能搏出一线生机？

“咳咳咳……”

一直被希马尔护在身体下面的维克多突然发出一连串剧烈干咳，在希马尔瞪大眼珠子不敢置信的注视下，左胸口中弹，按理来说就算心脏没有被子弹打碎，也应该身受重伤昏迷不醒的维克多竟然睁开了眼睛，冲口而出的第一句话就是：“我操，疼死老子了！”

希马尔连眨了好几下眼睛才如梦方醒，他再次打量了一下维克多身体中弹的位置，直到这个时候他才注意到一个细节，虽然飞行服已经被打破，但是在弹孔位置竟然没有流出鲜血。

难道说……

希马尔伸出双手抓住维克多身上的飞行服用力一撕，看着里面的衣服，就算是心里已经有了几分猜测，希马尔的脸色仍然在瞬间就变得有若见鬼：“你丫的是个飞行员，飞行员啊，你见过哪个飞行员会在飞行服里面还穿着一件防弹衣？我操，竟然还是防弹效果最好，足有二十多公斤重的五号防弹衣！别人叫你‘空中飞熊’，你真当自己是陆空两栖步兵了？”

胸部被子弹打中，虽然防弹衣里的特种陶瓷抵挡了绝大部分冲击力，但是也绝不会像电影里演的那样，只要穿上防弹衣，就像是无敌光环罩身般可以无视子弹冲击。只笑了几声，胸口的疼痛就让维克多忍不住倒吸了一口凉气：“嘿嘿嘿……有备无患，有备无患你懂不懂？你也说了我是飞行员，又不需要像你们一样在外面用两条腿跑路，我就算是在身上套一件防弹衣，又有什么不可以的？你看，今天这件防弹衣不就救了我一命？”

“穿防弹衣好啊！哈哈哈，穿防弹衣好啊……”

看着面前这位一本正经的兄弟，希马尔再也忍不住，趴在直升机底下放声大笑。那位素未谋面的敌人再老谋深算、再谨小慎微，只怕他老人家想破了脑袋也不会想到，在世界上还有一位王牌飞行员，不但可以驾驶着十吨重的武装直升机做出横向翻滚动作，可以玩出空中停车自旋下降特技，而且还能化腐朽为神奇地在飞行服里面再加穿一件五号防弹衣吧！

就是因为出现了维克多这个思维过于怪异，技术水平却又高得要命的家伙，那位躲在黑暗角落里遥控指挥一切，当真称得上步步为营算无遗策，几乎已经把他们成功逼入绝路的沙场老将，看似无懈可击的计划，终于在最后关头出现了一个也许只是无足轻重，也许会像推骨牌般导致全盘逆转的致命失误！

第三十四章　以死亡为老师的实战艺术

师少鹰还没有钻到直升机下面就听到了希马尔的笑声，看清楚维克多身上那件五号防弹衣，就连师少鹰都必须先心有余悸地长长吐出一口闷气，再翻翻白眼暗中对着“空中飞熊”维克多叫上一声变态，才开口道：“告诉他，躺在地上千万不要动，现在那个狙击手还躲在暗处观察我们的反应。”

希马尔用力点头，在把那段话翻译给维克多听后，他回过头正视着师少鹰，沉声道：“你比我们先到阿尔戈夫小镇，而且和他们交手了那么久，我相信作为一个优秀的职业军人，你在行动前应该早就对周围的环境了如指掌。”

在这个时候，时间就代表了生命，最残酷的战场准则就是强者生存，根本没有谦逊客气的空间。师少鹰毫不迟疑地点头，从口袋里摸出一张A4大小的纸。当他把这张纸平铺在希马尔面前，并用小石子压住纸张的四个边角时，希马尔的眼睛亮了。

那是一份师少鹰亲手绘制的地形图，师少鹰手边连一把直尺都没有，整张地图画得非常粗糙，没有半丝美感，但是在它的上面却标注了在方圆20公里内，一旦成为战场，所有最有价值不仅能有效保护自己，同时还可以最大化打击敌人的地略要地以及这些地点的标高、坡度、土质结构等关键数据。

希马尔忍不住抬头再次看了一眼师少鹰，他本来还一直以为，师少鹰能一个人把拥有几百名武装叛军守护的小镇整得天翻地覆，固然是勇气与实力的证明，但是中间也必然掺杂了太多的运气。可是看着这份地图，希马尔终于明白，师少鹰凭什么能活到现在。

师少鹰从地上拾起一根小草棍，用它轻点着手绘地图，说道："现在我们迫降的位置在这里，距离阿尔戈夫小镇有9.8公里。从理论上讲，小镇上的敌军指挥官想要收拢一群乌合之众，再徒步赶到这里，至少需要40分钟的时间，但是我认为，面对一个如此老谋深算的对手，我们再遵守这个常规'理论'就是在找死！"

"15分钟！"这就是师少鹰做出的推论，"最多再过15分钟，他们的先头部队就会赶到。"

希马尔的脸色变得难看起来，15分钟，就算维克多有三头六臂，也根本不可能在这么短的时间内把这架直升机修好。希马尔真的不愿意想象，没有了直升机，他们这支带着两名伤员的作战小队如何活着撤出战场。

整支小队在希马尔的带领下走出直升机步兵舱，在他们每个人的身上，都尽可能多地背上了直升机里可以找到的各种物资。由于都清楚他们面对的现状，小队里的人都闭紧了嘴巴，没有人愿意说话。

希马尔身上的步话机里传来狙击手亚勒的声音："四个轮胎都被扎破了。"

希马尔对着步话机轻"嗯"了一声，他就知道敌人指挥官不会留给他们一辆可以使用的汽车。一辆四个轮胎都被扎破的汽车，就算勉强还能开动，但在这种到处都是碎石子的沙漠地里，最多只能开出去两三公里，轮胎钢圈就会变形。相比之下，把汽车从山坡上开下来，和他们利用汽车向前走区区两三公里能够节约下来的时间与体力几乎等同。

再次深深地看了一眼面前这架满是弹孔的直升机，希马尔低声道："走吧！"

所有人依然沉默着，紧跟在希马尔身后徒步向东南方向走去。没有人知道他们究竟要撤到哪里才能得到补给和支援，他们更不知道用什么方法才能找到交通工具，离开这个国家。他们身上的皮肤、发色和眼睛，就是最醒目，甚至是最刺眼的标志，让他们无论走到哪里都会成为众矢之的。

就算没有身后强敌如蛆附骨似的追杀，他们无论走到哪里，遇到的都是充满敌意的眼睛，他们走在路上随时可能受到冷枪袭击，只要他们敢反抗，随时都会演变成一场和当地土著之间不死不休的拼杀。

就是因为明白这一点，一股低迷的气息，自然而然地在他们这支小部队中弥漫开来。

在距离直升机大概600米的位置，一个身上披着伪装布，手边还放着一支加装了狙击镜的五六式半自动步枪，静静地趴在丘陵上，用望远镜监视着希马尔他们行踪的狙击手，脸上露出了一个几乎不含半点情绪的微笑。他喜欢一旦扣动扳机，瞄准镜里的敌人就会被一枪毙命的绝对快感，他更喜欢看到敌人脸上露出犹如丧家之犬般的仓皇。

但就是因为喜欢，他才会潜伏得更深，隐藏得更好，守候得更有耐心。

在前苏联侵略阿富汗时，世界各国都尽其所能，给予了阿富汗各种物资支援。

这名在21世纪战场上依然使用SKS半自动步枪的狙击手，早已超出了一个职业军人在战场上的黄金年龄。他被太阳晒得黝黑的脸庞上，布满了因为生存环境过于恶劣慢慢印刻下的皱纹。不知道为什么，他看起来就像是一块自盘古开天地以来就静静地与沙漠为伍，随着风吹雨打，表面早斑驳不堪却依然沉静得没有一丝波澜，静静打量着日出日落的岩石。

也许就是因为和周围的一切显得太协调，他明明就趴在那里，却很容易让人不由自主地忽略了他的存在。

早已经习惯了在风与沙的世界中生存，无论在什么时候，他总是习惯性地微微眯起自己的双眼，但是当他因为某种原因霍然睁开双眼时，鹰一样锐利的眼神在瞬间就会像刺刀一样，锐利得要命，更冰冷得要命。

他的名字叫瓦杜德，在阿富汗叫这个名字的人特别多，翻译过来的意思就是“热爱大家的人”。

瓦杜德曾经远赴俄罗斯，协助车臣军队抵抗俄罗斯军队的围剿。经历了第二次车臣战争回国后，瓦杜德在本·拉登建立的基地组织训练营中，成为一名高级课程组的狙击教官。

在随后长达两年的时间里，瓦杜德的人生陷入了最低谷，无论如何努力，他都没有练成一个合格的狙击手。虽然在基地组织里，大家都是本·拉登领导下最亲密的兄弟和战友，没有人对他冷嘲热讽，但是周围所有人不自觉地对瓦杜德流露出来的怀疑眼神，仍然让拥有高傲自尊心的瓦杜德感觉受了伤害。

时间回到2001年，美国因为“9·11”事件，对阿富汗塔利班政权和基地组织发动了可以永载史册的反恐战争，基地组织受到前所未有的重创，超过半数的训练营在美军高强度持续空袭中覆没。瓦杜德所在的训练营也没有幸免，在某一个夜晚被美军的AC-130幽灵炮艇机连续轰炸，整个营地连带教官在内足有150多人遇难，只有瓦杜德在那场空袭中生存下来。

和组织失去联系的瓦杜德，独自一个人在阿富汗北部的沙漠里游荡，在那里他亲眼见证了一场骇人听闻但直到七年后才被披露出来并通过英国《泰晤士报》报道出来的屠杀事件……在2001年11月，有将近2000名已经放下武器的塔利班战俘被忠于乌兹别克军阀阿卜杜拉·拉希德·杜斯塔姆的武装人员枪杀。

当时杜斯塔姆将军配合美国特种部队，在阿富汗北部的沙漠里，对基地组织和塔利班武装军队频频发起猛攻，他手下俘虏了大量放下武器的塔利班士兵。在这位将军的授意下，他们把大量俘虏关押进密封的集装箱里，很多塔利班士兵因此而窒息死亡。另外一些战俘在被关进木箱，失去反抗和逃跑的能力后，被杜斯塔姆的手下架起机关枪乱枪击毙，尸体连同箱子也一起被焚烧。

一场以反恐为目标的正义战争，它的追随者未必都是正义先锋，做出来的也未必都是正义之举，杜斯塔姆将军用血淋淋的屠杀把这个哲理演绎得淋漓尽致。事后，美国政府也承认杜斯塔姆将军的行为有些过激，并公布了屠杀的数据——有几十名遇害者。

但是在2002年，美国国务院情报机构11月23日提供——到了今时今日已经随着杜斯塔姆将军倒台和流亡而正式解密的一份数据却清楚地写明，有大约2000名战俘死于那场大屠杀。

目睹了那场灭绝人性的大屠杀，却无力营救自己同胞的瓦杜德停下了自己游荡的脚步，在阿富汗北部的沙漠上，展开了一场一个人的复仇战争。

瓦杜德习惯使用的SVD狙击步枪在遭遇轰炸时没有带出来，他想尽办法才找到一支SKS半自动步枪。这款在第二次世界大战中设计并制造，1946年正式装备苏联军队的武器，真的很老了，老得掉了牙，老得就连基地组织都不愿意拿它作为训练武器。

瓦杜德用了三天时间才将这支步枪重新整理出来，并做了精心调校。他就带着这支也许比自己年龄还要大的步枪，独自游走在阿富汗战场上。利用自己出神入化的狙击战术，不断狙杀着任何一个敢于出现在他视野范围内的杜斯塔姆将军派系的成员。

一直到了2002年2月，整个阿富汗的反恐枪声都已经归于平淡时，瓦杜德依然像个幽灵般，独自一个人游荡在沙漠里，他从敌人的尸体上获得食物和清水，夜晚来临，他只能裹着一张薄薄的毛毯，钻进土穴里躲避沙漠夜晚那可能冻彻骨髓的寒冷。在每天只有五六个小时的睡眠当中，他不知道要被冻醒多少次、疼醒多少次，更不知道有多少次因为风吹草动而被突然惊醒，下意识地又握紧了自己手边的枪。

当孟坦带着一支小队穿过美国特种兵和英国狙击手的封锁，避开杜斯塔姆将军手下的防线，终于在一个基地组织的地下秘密军火补给站找到了回来补充五六式步枪子弹的瓦杜德时，就连孟坦这个经历了九年抗苏战争，可谓是见惯生死的战斗英雄都被眼前这个同胞惊呆了。

三个月，整整90天！

正常人可能无法想象，在阿富汗北部，到了夜晚，气温低于零下30摄氏度。在绝对滴水成冰的沙漠里，一个人单独战斗了那么久，他究竟承受了多么沉重的压力？

三个月的战斗，再优秀的狙击手也不可能毫发无伤，瓦杜德全身上下早已伤痕累累，其中绝大多数都是被迫击炮轰击时留下的擦伤，还有他长时间趴在雪地里时造成的冻伤。如果说，瓦杜德身上还有哪个部位被他小心保护，到现在依然灵活而有力，那就是他的双手，一双在战场上杀敌无数，到现在依然犹如岩石般稳定得无懈可击，就连手指甲都被他用军刀削得整整齐齐的狙击手的手！

在这场独自一个人坚持长达三个月的战斗中，就连瓦杜德都不记得，自己究竟亲手狙杀了多少个敌人。他手中那支SKS半自动步枪的枪托上，密密麻麻已经再也找不到半丝空隙的127道刀痕，每一条就代表一个在瓦杜德手中消逝的真实生命。而其中那三个特别明显的星星标志，是他在沙漠中游荡时，和来自英国的狙击手狭路相逢，最终活着离开战场，为自己留下的勋章！

望着眼前这个早已瘦得不成人样，衣服破破烂烂，因为长时间忍受着疼痛与寒冷的煎熬，睡眠严重不足，眼睛就像血一样红，动作却依然灵活，眼神中更透出一股自信到极点，锋利到极点杀气的男人，孟坦缓缓张开了手臂："孩子，战争已经结束，本·拉登先生已经顺利突围，跟我们一起回家吧！"

看到瓦杜德依然站在自己面前，瞪着他那双充满警惕、比鹰隼更敏锐的眼睛，握着手中那支半自动步枪，没有半点放松，孟坦轻轻叹了一口气："我知道，在训练营担任教官，让你受委屈了。你的狙击技术，每一项都来自你的天分，还有在战场上面对死神威胁后的反抗。也许在战场上要死一千，甚至一万个人，才能在死亡的淘汰中产生一个像你这样的人。你明白应该如何做，才能最有效地保护自己而消灭敌人，可是你却不知道如何用语言把这种拥有太多自身特质的经验表达出来，更无法把它们变成训练课目，用在一群没有上过战场、根本不懂什么叫死亡的学员身上。如果非要让我对你的狙击技术做一个总结的话，那就是……以死亡为老师的实战艺术！"

听着孟坦的话，瓦杜德的身体不由自主地狠狠一颤。虽然经历过一次次死亡的考验，但他比任何人都清楚，身为一名狙击手，必须保证自己的情绪稳定，眼泪更是一种会让狙击手送命的软弱玩意儿，可是眼泪仍然忍不住大颗大颗地从眼眶里流淌出来，在他布满伤痕还带着浓浓硝烟味的脸庞上划出了一道道醒目的泪痕。

直到遇见孟坦这位沙场老将，瓦杜德这个从来没有接受过狙击训练，为了生存在战场上自发自觉进行战斗的一流狙击手，才终于找到了一个能够真正懂他、爱他、关心他的人！

迎着孟坦那双历尽人世沧桑、见惯物是人非却依然温暖的眼睛，看着孟坦脸上那只会对亲人绽放的温柔微笑，听着他声音中那没有半点掩饰的欣赏，所有的委屈、所有的不甘、所有的痛苦、所有的骄傲，在瞬间都被彻底融化，瓦杜德只觉得眼前的一切越来越模糊，眼皮也越来越沉，最后终于双腿一软倒在孟坦的怀里，陷入了甜甜的沉睡。

就是在那一天，瓦杜德最尊敬并愿意为之奉献出自己生命的人，除了本·拉登之外，又多了一个。

他视本·拉登为领袖，视孟坦为自己的老爹！

瓦杜德的目光通过望远镜，落到了师少鹰的脸上，他仔细看着师少鹰的一举一动，观察着师少鹰脸上的每一个表情："就是你杀了老爹的亲侄子，我的亲兄弟沙伊达，并用肮脏的手段让他死后灵魂也得不到安息，无法进入主的怀抱！"

很多人认为，可以在没有观察员的情况下独立完成各种作战任务的王牌狙击手，就是具备了在战场上自我保护的能力和独自在野外生存的技能。实际上，对一个狙击手来说，他们最大的敌人是寂寞！

狙击手为了狙杀一个目标，往往需要一动不动地潜伏几个小时，甚至是几天。他们必须在潜伏的同时，保证自己的精神一直处于半紧张状态，绝不能因为一时松懈甚至是睡着了，放任目标从自己的枪口下离开。

瓦杜德这个无师自通的狙击手，集中精神和排除枯燥的方法就是对着自己锁定却不能攻击的目标，在心里像个话痨般不停地说话："你叫师少鹰对吧，现在摩加迪沙政府军已经对你发布了通缉令，我看到过你的相片。师少鹰，我可以保证，你死定了！但是你可以放心，我不会对你开枪，你的命是属于老爹的，我非常乐意看到你被老爹逮住后，用刀子一刀接着一刀，削掉你身上所有的肉。老爹可是我这一辈子见过的最擅长用刀动刑的高手，他可以把你四肢上的每一块肉都削得干干净净露出骨头，意识却依然清醒得要命！然后他会把你挂在沙漠上，自然会有秃鹫嗅到血与肉的香味，围上来把你给活活啄死。”

走在队伍当中的师少鹰突然莫名其妙地打了一个寒战，抬起头看着天空中一只展翅飞翔的秃鹫，他的心里没来由地产生了一种想要举枪把那玩意儿射下来的冲动。

第三十五章　与时间赛跑

师少鹰一行人慢慢走出了自己的视野，瓦杜德却没有站起来一路跟踪上去，他将一只耳机塞进自己的右耳里，按下耳机线上的重拨键，十几秒钟后，卫星电话接通了。瓦杜德的声音很低很低：“老爹，一切如您预计，他们在失去飞行员后，向东南方向撤退了。”

“这些人能连续躲过前面两次攻击，他们绝不简单。”耳机里传来了老爹孟坦熟悉的声音，“千万小心，沙伊达已经死了，我绝不希望在这里又失去一个心爱的孩子和战友。”

瓦杜德轻轻地吸着气：“明白，主与您同在！”

“主与你同在，我的孩子！”

说到这里，此次通话结束了。

瓦杜德依然静静地潜伏在自己选的狙击点上，他每隔五分钟就用手中的望远镜观察周围17个位置。这些位置已经被他提前用铅笔标注在自己随身携带的小册子上，如果师少鹰一行人留下狙击手试图伏击他，只有选择那17个位置才能有效地潜伏和射击。

而这17个位置所有的细节都被记录在手册上，哪怕出现了一个颜色相同，只有篮球大小的物体，都绝逃不出瓦杜德比鹰更锐利的双眼！也只有做到这一点的狙击手，才能在战场上最大化地生存下来，要知道狙击手最可怕的敌人就是狙击手。

半个小时后，远方的空气中隐隐传来了爆炸的声响，应该是老爹接管指挥的阿尔戈夫小镇武装军队和师少鹰他们交火了。

判断出爆炸声就来自西北方，再次观察了一遍17个最适合做狙击点的位置，瓦杜德从口袋里取出一只气球和一根胶皮管。他把气球放到了自己在潜伏前就挖好的一个小沙坑里，然后慢慢用胶皮管对着气球吹着气，直到气球鼓成了和自己头部相同的大小，然后把气球拽到自己的脸边，一边用慢得几乎看不出来的速度往后挪动身体，一边用气球取代了自己头部原来的位置，继续把自己身上那块伪装布撑起到原来的高度和形状。

世界上绝大多数狙击学校都会提醒自己的学员，不要选择太高的位置做狙击点。太高的位置固然可以获得良好的狙击视野，但是别人向上仰望，狙击手身后的背景就会变成太过单纯的蓝天，在这种缺乏掩护和伪装的背景下，狙击手在开火后太容易被发现。

也只有在好莱坞电影中，那些身披主角光环，就算是在几十米距离内被重机枪扫射都可以毫发无伤，神挡杀神佛挡杀佛，看似无所不能的俊男美女级杀手们，才会动不动就躲在高楼上，以蓝得深邃而纯粹的天幕为背景去刺杀目标，然后又在几十名特种兵外加几架直升机的围追堵截下有惊无险地扬长而去。

但是瓦杜德却非常喜欢选择居高临下的狙击点，其中最大的理由就是，因为地势高，别人就算是仰起头，也只能看到他身体的极少一部分。

用了整整20分钟，瓦杜德才向后挪出一米的距离，并用那只气球，外加一块伪装布接替了自己原来潜伏的位置。

瓦杜德从口袋里取出一颗鸡蛋大小的泥丸，在上面浇了一点点水，再把这颗泥丸捏碎，撒到气球旁边。

这颗泥丸是瓦杜德精心制作的道具，它是由稻草、黏土和生石灰调和而成的，浇上水后就会持续散发出接近人体的温度。如果真有狙击手躲在附近，想要狙杀瓦杜德，而他们又装备了先进的热源扫描设备，他们手中的仪器很快就会捕捉到这点热源，并发现躲藏在沙坡上的“瓦杜德”。

以狙击手的专业眼光，一旦警觉起来并确定大概方位，他们很快就会确定

“瓦杜德”的具体位置，他们甚至可以看清楚，在热源附近，那根从伪装布下面探出来的枪管……瓦杜德身上除了带着气球、泥丸，还专门多带了几根做了伪装的枪管。

瓦杜德能在阿富汗以北的沙漠里，以狙击手对决的方式成功击毙三名在世界顶级狙击训练学校接受过地狱式训练的英国狙击手，就是用了这种说起来平淡无奇，却融入了太多太多非凡天分与智慧的小技巧。

就如孟坦说的那样，瓦杜德这种拥有非凡天分，又能从敌强我弱的绝对逆境战场上一次次活下来，直至以死神为老师成长起来的狙击手万中无一！他在战场上一点点摸索，直至形成自己独特风格的狙击技术，无法复制，更无法普及，所以在训练营，即使用了两年时间也没有培养出一名合格的徒弟。

瓦杜德用了整整五十分钟才走到距离直升机五十米的位置，打量了一眼那架被打得千疮百孔，已经被抛弃的米-24雌鹿武装直升机。瓦杜德脸上没有任何情绪波动，他停下向前的脚步，围着直升机慢慢绕了一圈，他仔细观察着周围的一切，就算是地面上一根从碎石子中挣扎着生长起来的杂草、一块有点尖锐又有点和周围环境格格不入的小石子，都会让他出神地凝视一会儿，这样一圈走下来，又用了四十分钟。

从潜伏地点到直升机，直线距离仅仅500米，瓦杜德一共用了90分钟的时间，才终于站到了直升机的舱门前，平均10秒钟向前移动一米。

直升机的舱门大开着，在舱门附近还散落了几块不知道谁匆忙撤退时掉落的压缩饼干。站在舱门前，瓦杜德轻轻吸着气，空气中除了熟悉的血腥气味之外，还有一股什么东西燃烧后留下的焦煳味道。瓦杜德略一思索，就找到了这股味道的来源……抛弃直升机撤退，飞机上的人一定烧掉了所有能暴露自己身份的资料。

瓦杜德脸上缓缓露出了一个嘲讽的笑意，就算是笑，他脸上的肌肉动作都要比正常人慢上几拍，看起来有种说不出的怪异。

师少鹰一行人已经被老爹孟坦带队盯上，他们竟然还想活？

把加装了狙击镜的SKS半自动步枪挂在背后，拔出随身携带的两支自卫手枪，瓦杜德踏着直升机的金属梯，一级一级慢慢地往上走。他脚上穿的皮靴每次重重地落到金属梯上，已经有些老化的金属梯就会发出一连串的咯吱咯吱声。这种声音在四下无人的环境中，显得分外刺耳。

可是瓦杜德却似乎很喜欢这种声音，他沿着金属梯往上踏出一步，停留十几秒钟后，又会再往上走一级，如此反反复复地做了十几遍。当瓦杜德第十六次向上一步，踏到金属梯台阶上，又停顿了十几秒钟后，他整个人突然像一头发现猎物的黑豹，带着令人目瞪口呆的高速与敏捷，猛冲进步兵舱。

还没冲进步兵舱，瓦杜德的身体就猛然向后仰躺，凭借自己全力冲刺形成的惯性，以跪坐的姿势滑进步兵舱，在将自己身体中弹的概率降到最低的同时，他双手紧握的两支自卫手枪也一左一右指向步兵舱的两侧。

步兵舱里静悄悄的，没有伏兵，有的只是一具师少鹰他们留下来的尸体。

在冲进步兵舱整个人还没有跪倒的第一时间，瓦杜德就清楚地看到了一具平放在步兵舱正中间，从脚到胸口部位还罩着一块军绿色毛毯的尸体。

这具尸体身上覆盖的毛毯被鲜血渗透，在胸口部位形成一块直径10厘米长的黑褐色血斑，说明这具尸体在生前受到的致命伤来自左胸口的心脏部位。瓦杜德慢慢站起来，当他比鹰更锐利的目光落到尸体脸上时，他已经压紧手枪扳机，处于半击发状态，一旦遇到突发事件能用最短时间把子弹射出枪膛的双手食指，缓缓松开了。

尸体头上戴着一只飞行员专用头罩，氧气面罩遮住了他的半张脸，但是瓦杜德在一个小时前曾经用狙击镜锁定了他，并且射出了一发子弹，他当然记得，这具尸体就是刚刚被他击毙的直升机驾驶员！

叮当，叮当，叮当……

一阵来自赤道的风沿着洞开的舱门吹进来，瓦杜德身后突然传来一串窸窸窣窣的金属轻鸣。瓦杜德非常熟悉这种声音，那是把铜制子弹壳绑在绳子上，被风吹动相互碰撞发出的音乐篇章。单枪匹马在野外生存时，瓦杜德也经常把子弹壳用相同的方法绑在细绳上，在自己附近拉起一道警戒网。一些职业军人，也经常用子弹壳做成的风铃来装饰自己的房间。

就在瓦杜德下意识地微微转头，用眼角的余光打量那串挂在步兵舱左侧的子弹风铃时，他的注意力突然被两件挂在墙壁上的衣服吸引了。

那两件衣服，左边的一件是来自俄罗斯军工厂的皮制飞行服，在左胸口部位有一个弹孔；右边的一件却是用尼龙材料制成，里面还填装了大量特种防弹陶瓷片，能够用复合防弹方法有效减弱子弹动能的防弹衣。和飞行服相同的是，在这件防弹衣的左胸口部位，也有一个子弹留下的弹洞，可能是为了提醒瓦杜德的注意，有人还专门用醒目的白色颜料在弹洞位置画了一个圆圈。

看着眼前这两件本来应该风马牛不相及的飞行服和防弹衣，尤其是看清楚防弹衣中弹部位那枚被人刻意又塞回去的SKS半自动步枪子弹弹头，瓦杜德的眼角不能自抑地轻跳起来，一种难以言喻的绝对冰冷，在瞬间就直接涌遍了他的全身。

他已经确定步兵舱左翼安全，在发现这两件衣服并且被一些细节吸引后，他出于一名狙击手的谨慎迅速转身，背对着安全方向，把大部分注意力都放到了面前。当他终于看清楚防弹衣上那枚弹头后，他才明白，那具看似无害的尸体，对他而言有多么致命！

在这个时候，瓦杜德真的是想哭又想笑，他机关算尽、他小心翼翼，他在战场如履薄冰，在敌强我弱杀机四伏的战场上，他一次又一次用自己天生的谨慎与日益丰富的实战经验避开了死亡威胁。他真的没有想到，他最后竟然会犯这样一个低级错误，竟然会被人用装死的方法骗过，最终死得这么冤枉、这么憋屈！

一个穿了五号防弹衣的飞行员、一个敢躺在地上装死伏击狙击手的飞行员，他身后那个家伙，究竟是一个什么样的怪胎啊？

突然，瓦杜德的身体不能自已地轻颤起来，他想起自己在一个小时前，给老爹孟坦报告的情报，老爹那么信任他，当然确定敌人的飞行员已经被他击毙，师少鹰一行人已经失去了逃出索马里的交通工具。可是，敌人的飞行员用一件防弹衣逃过大劫，躺在这里伏击瓦杜德，一名飞行员伏击一名狙击手，无论如何这都是在赌命，他这么做唯一的解释就是，他们绝不会放弃这架直升机！

老爹孟坦看似无懈可击的围剿计划，在这名穿着防弹衣的变态飞行员成功伪装和瓦杜德的报告下，终于出现了一个足以让师少鹰一行逆转最终战局的可怕漏洞！

一切都想明白了，可是瓦杜德也清楚地知道，身后那个变态得要命、胆大妄为得要命的飞行员，不会再给他向老爹孟坦报告的机会。

“砰！砰！砰！”

维克多手中的枪响了，就在枪声响起的瞬间，瓦杜德闪电般转身，他是阿富汗勇士，是一个立志要像老爹孟坦那样成为阿富汗雄鹰的男人，对他们这些男人而言，在战场上被子弹从背后打中是一种耻辱！

一朵朵艳丽的血花从瓦杜德的胸口迅速绽放，维克多瞪大了双眼，他在这么近的距离连开了三枪，明明胸膛已经被打得血肉模糊，可是这个狙击手却依然不肯倒下，他在维克多的注视下，慢慢转身，一步步走向了舱门方向。

维克多真的无法想象，究竟是什么力量支撑着这个男人一步步走下了直升机，在地上留下了一条如此触目惊心的血痕。

瓦杜德痴痴地望着阿尔戈夫小镇方向，他最信任、最尊敬，愿意用生命去捍卫的老爹孟坦，就在那里指挥军队围追堵截师少鹰一行人。当他再也没有力量去支撑自己的身体时，他的双膝一点点弯曲，直至跪在了地上：“老爹，对不起，我要让您伤心了。老爹，对不起，我没有办法再追随您，我要随着这阵风，踏入天国的大门了……”

意识越来越模糊，前所未有的无力感让他眼前的一切越来越淡，直至被黑暗吞噬，再也不剩半点色彩，同时瓦杜德胸膛里的心脏也终于停止了跳动。就算是死了，他的身体依然保持着忏悔的动作不肯倒下。

维克多走上去，从瓦杜德的身上搜出了卫星电话。在这个过程中，维克多的动作很轻很轻，甚至可以说是几近于温柔，这对于号称“空中飞熊”，就算是和女人上床也粗鲁得要命的维克多来说，简直是一件不可思议的事情。

反对霸权主义没有错，想要自己的国家独立富强，自己的同胞昂首挺胸站在世界之林，这样的初衷当然也没有错。

但是，他们选错了方法！

当本·拉登和他的追随者举起手中的武器，用屠杀平民来彰显自己的存在、用炸弹袭击来宣扬自己的主张时，他们就注定成为人类公敌。人类文明绝不会向恐怖分子妥协，更不会向恐怖主义低头！

基地组织和美国对抗了几十年，在战争中涌现出大量像瓦杜德这种对领袖拥有极度忠诚又身经百战的优秀战士。但是他们也许永远也不会明白，用恐怖袭击这种已经践踏了人类社会文明最后底线的行为，注定不能建立出一个理想的“天国王朝”，他们越骁勇善战、越忠实地执行领袖命令，距离他们的梦想就会越遥远！

有人说，阿富汗是距离蓝天最近却距离天堂最远的国家，这句话，绝对有道理。

看着跪在地上，痴痴地不肯倒下的瓦杜德，维克多心中除了惋惜，还是惋惜。

检查了一下电话的通信记录，维克多在没有关闭电源的情况下，拆开手机把里面的海事卫星电话卡取了出来。这样就算是有人再往这台卫星电话拨号，得到的也只是卫星定位中断，无法连接的提示。虽然只是小手段，但是在战场上，却至少能为他们争取到几分钟时间。

做完这一切，维克多深深吸了一口气，猛地飞扑向面前的米-24雌鹿直升机。

他在和瓦杜德的周旋中已经消耗了太多太多时间，他真的不知道现在远方的希马尔一行人是否已经被十倍甚至是百倍于己的敌军追上，展开了最惨烈的交火，他更不知道希马尔一行人现在是否还都活着。维克多唯一知道的是，从这一刻开始，他必须用自己的双手和时间去赛跑，他跑得越快，那些兄弟生还的概率就越高！

用手中一切可以动用的工具修理直升机上的机械损伤，管道被子弹打断了没有后备零件，没有关系，在维克多的口袋里有他从希马尔那里要来的古巴名牌雪茄，这些雪茄外面都包裹着薄薄的上等锡纸，把它们拆下来裹到管道上，再用打火机烤一烤锡纸，让它们和管道之间再也没有缝隙，顺手再把嘴里嚼了几分钟的口香糖抹上去。虽然这么拼凑起来的玩意儿从假冒伪劣角度来看，就算是专造假冒伪劣产品的商人估计也要瞠目结舌自愧不如，但是不管怎么说，管子也算是连通了，也算是接好了，对吧？！

至于这玩意儿还能飞多久，会不会飞着飞着就中途爆炸，问上帝他老人家去吧！

紧急迫降的时候，着陆角度不佳，空气滤清器被沙子堵塞了。机舱里不是有一只高压氧气瓶吗？把它拿出来；再把滤清器外面可以有效抑制进气噪声，减少谐振的隔板用最粗暴的动作直接两扳手砸下来；然后举起氧气瓶对着滤清器就是一阵狂吹。虽然这样不可能把滤清器里的沙子全部吹干净，但是这玩意儿最大的作用就是有效减少发动机吸入气缸当中的颗粒，减少活塞与气缸之间的摩擦损伤，现在凑合着用，也可以支撑上几百公里了！

尾翼被一发子弹擦到，其中一只翼片扭曲得厉害，拿个梯子爬上去，用锤子狠敲几下，再用钳子正正角度，应该也能够勉强恢复控制。要不然的话，你真以为俄罗斯军工产品“简单就是美”这句话是在胡扯？

因为在紧急迫降的时候被子弹打坏了仪表盘，造成蓄电池组局部短路，虽然电池勉强没有被烧掉，但是现在却烫得要命，有些位置甚至已经出现了鼓包，就算是晾了一个半小时，现在伸手摸上去，仍然有些烫手。这套祖宗可不能忽略，要是直升机飞到半空，它们一起罢工，仪器全部失效，那才是天大的笑话。

一个人又没有机械助力，想要把这些电池组搬下来似乎力有未逮，维克多索性把可以找到的所有清水，连带自己的那泡尿一起浇到了电池组上，然后又摸了摸，似乎已经没有刚才那么热了……

某些教授专家如果看到这一幕，一定会对维克多群起而攻之，从理论上、从指数上、从经验上来批驳维克多的胆大妄为和胡拼乱凑。但这就是俄罗斯空军地勤人员的招牌，这就是苏联军队在长达九年的阿富汗战场上，一切以实用出发，自然而然产生的维修方法！

在阿富汗战争初期，苏联空军地勤人员修理米-24的修复率只有70%，但是到了战争后期，随着地勤人员的维修经验越来越丰富，直升机的修复率已经超过了令人目瞪口呆的90%！

战争打到中后期，苏联经济体系基本崩溃，军队绝不可能像美国空军那样用烧钱的方法败家。直升机一旦在战场上被击落，维修队展现出来的行动效率和勇气，就算是世界老牌特种部队也要看得瞠目结舌。

整架直升机坠落，如果还能整机修复，那自然是上上大吉，维修队会在敌占区抢占有利地形，一边警卫一边抢修飞机。抢修完成后，再全员退入修好的直升机，一起飞回老巢。如果直升机已经无法再次升空作战，或者损伤太严重，必须把直升机运回基地大修，他们就会先把直升机上一些无关紧要又特别特别沉的部件拆下来，再用最多只能吊2500公斤的米-8直升机把飞机最重要的部件外加外壳一起空运回基地！

无论是把飞机修好飞回到基地，还是用米-8直升机把残骸吊回去，维修队都必须在阿富汗游击队赶过来并架起毒刺式肩扛地对空单兵导弹之前完成这一系列工作，否则他们根本不可能活着撤出敌占区。

坚强、勇敢、团结，富有冒险精神，一切以实效出发，绝不会故步自封被规矩所束缚……这就是在二十多年前，曾经和美国进行世界争霸，双方各领风骚互有胜负的苏联军队！

没有人会想到，正在挥汗如雨做着如此变态维修工作的维克多，心里正在想着的一句话却是：“师少鹰，你这个小子真是够乒乓球的！”（称赞某一个人很厉害、很牛×时说的话！）

第三十六章　精神诡雷（上）

能让维克多这样一个变态角色称赞，唯一的解释就是师少鹰比他更变态！

更加准确地说，伏击狙击手的计划就是师少鹰一手制订的。

在90分钟前……

维克多一走下直升机就遭遇狙击，希马尔、维克多外加不请自到的师少鹰三个人挤在直升机下面，就是在那短短几分钟的时间里，师少鹰提出了一个消灭对方狙击手的计划。

听完师少鹰的计划，希马尔心里的第一个感觉就是师少鹰这个小子肯定和维克多有仇，否则的话绝不会想出这种借刀杀人的招数！维克多通过希马尔的翻译，知道师少鹰的计划后也忍不住瞪大了双眼。

没错，他是很强悍，也时常能弄出点惊人之举，可是让一个飞行员用装死的方法去伏击一个连观察员都不需要就能独立完成狙击任务的王牌狙击手，就算那个飞行员是号称“空中飞熊”的维克多，也太扯淡了吧！

“如果不干掉那个枪手，我们在面对蜂拥而上的杂牌军陷入混战时，迟早会被他一枪一个全部灭光，就算维克多还活着，还能想办法修好飞机，我们也根本不可能坚持到那个时候！”

师少鹰说的是事实，希马尔和维克多根本无法反驳。

一大批乌合之众里面，偏偏掺杂一个连观察员都不用就可以独立射杀目标的王牌狙击手，这无异于绵里藏针，最容易刺痛人的手掌，更何况这根针还特别长、特别尖！

“你们再看这枚弹头，再看看它里面这粗糙的弹芯，这很可能就是第二次世界大战期间很牛×、冷战时代还行、21世纪被淘汰的SKS半自动步枪子弹，到了现在还使用这种步枪和子弹，说明了什么？”

不等希马尔和维克多回答，师少鹰就断然道：“穷！”

希马尔和维克多两个人猛然睁大了眼睛，齐声道：“那个狙击手来自阿富汗！”

也只有阿富汗这个因为几十年不间断战争而极度贫穷的国度，才可能产生拿着SKS式半自动步枪，严重和时代脱节却偏偏能枪枪致命的狙击手！

“狙击手？”

听着这个词语，师少鹰轻轻摇头：“他的枪法相当不错，潜伏的技术也相当有效，在某些方面甚至比受过专业训练的王牌狙击手更棒！但是在我看来，他充其量只能算是一个特A级射手，还没有资格担任狙击手。”

维克多脸上露出迷茫的神色，希马尔这个海军陆战队出身的军人仔细思索后，脸上却露出了恍然大悟的表情。枪枪致命的枪法、精湛的潜伏，的确是王牌狙击手必备的素质，一个在战场上通过摸索渐渐成长起来的优秀射手，也许能够在战场上战胜那些接受过正规狙击训练的狙击手，但是在他们中间，仍然有着一段不能用个人经验弥补的知识断层！

这种知识源自军队有狙击手开始，上百年的积累与沉淀，到了今时今日已经成为一个系统的学科。而某一项知识一旦成为学科，它的底蕴和内涵绝不是一个天才用几年时间就能通过实战和自我摸索获得的。

从正规军队里选拔出来的预备狙击手，刚一进入狙击学校，教官就会反复提醒他们，狙击手在战场上必须注意的禁忌。教官会随时随地向被称之为“菜鸟”的预备狙击手们提问，直至狙击手的各种注意事项，一条条、一项项，全部刻入这些学员的大脑，形成他们在战场上近乎本能的直觉反应。

狙击手的任务是在战场上有效杀伤敌人，打击敌军士气，一些装备了大口径反器材步枪的狙击手，还会担任攻击一些敌方的轻型装甲目标以及掩护部队进攻或撤退的任务；在必要的时候，狙击手也可以在远距离通过观察担任情报发送员的工作。但狙击手绝对不是斥候，更不是看到什么特殊目标就要渗透进去进行目标排查与探测的侦察兵！

从正规狙击学校走出来的狙击手，哪怕他们面前摆满了黄金，他们也绝不会伸手去拿。如果上级命令他们狙击一个少校，在他们抵达狙击位置后，哪怕看到少校身边站着一个官阶更高的少将，他们也不会私下更改目标，用一发子弹解决了任务目标后，他们更不会再试着开第二枪去捞取更大的功勋。

也许这么做看起来有点木讷、有点不懂变通，但是在瞬息万变、充满各种已知和未知危险的战场上，简单，本来就是一种最有效的生存方法。

“他们这些来自阿富汗的老兵，早已习惯了在战场上收缴战利品以战养战。”说到这里，师少鹰眼睛里缓缓扬起一股幽幽的冷意，“想想看吧！一架外表几乎完好无损的武装直升机，敞开大门停在那里，无论是出于在游击队培养出来的习惯，还是他们在索马里战场上对武装直升机这种空中力量的需要，那名从来没有接受过正规狙击训练，必要的时候又能当狙击手，又能当侦察兵的超级射手，在确定我们已经全队撤出，危险已经远离自己后，就会从潜伏的位置站起来，占领直升机，正式确定他是这份战利品新主人的关系！”

听完希马尔翻译过来的话，维克多脸上露出了思索的表情，希马尔却忍不住提出了否定意见："就算那名狙击手真的忍不住走过来，我们留维克多一个人伏击他，胜算还是太低。而且你不觉得，让维克多扮成尸体躺在步兵舱里，这种方法太笨拙？你就不怕那名狙击手很可能会对着维克多先开上一枪，以确定维克多是否真的死了吗？"

"如果是你或者我留在步兵舱里，很可能真的会挨上一枪，可是维克多却不会。"师少鹰的目光落到了维克多飞行服那个醒目的弹洞上，"如果你是一个狙击手，确定自己一枪命中目标心脏，又在并不意外的情况下看到目标尸体，还会向尸体上补一枪，去浪费子弹吗？尤其是，这个目标还是一位飞行员！飞行员还要穿防弹衣，这也未免太不符合常理、太不符合逻辑了吧？尤其是那名飞行员驾驶的还是有'空中坦克'之称的重型武装直升机，除非他脑袋进水重症白痴，否则的话，又怎么会在身上套那么一层铁壳儿？"

听了希马尔诚实的翻译，维克多小同学低下了头，有了一种躲到墙角画圈圈的冲动，但是揉着自己被子弹撞得生疼的胸口，他脱口叫道："有一半机会赢，足够了！"

第三十七章　精神诡雷（中）

在维克多挥汗如雨地抢修直升机时，距离直升机紧急迫降位置大约15公里处，师少鹰和希马尔他们刚刚做出一次妙到毫巅的反向穿插，将身后的追兵还有前面负责堵截的部队同时甩开，成功避免了和几十倍于己的敌人交火。

但是每一个人的脸上除了汗水和不能掩饰的疲态之外，没有半点笑容。

敌军指挥官是一个行军布阵的老将，他将小镇上剩余的四百多名叛军士兵拆分出八队，以两支小队为追击主体，对师少鹰他们展开了如蛆附骨般的持续追杀，而另外六支小队却在他用手机遥控指挥下，提前赶到各个战略要点，配合追击部队布下了一个又一个天罗地网。

叛军的急行军速度明显比他们要慢得多，但是对方的指挥官硬是凭着对整个战场近乎完美的掌控力，用手中八颗棋子慢慢编织出一张巨网，逼得师少鹰他们无法直线迅速脱离，只能不断迂回。除非有奇迹发生，否则一旦希马尔他们体力消耗到一定程度，移动速度比身后那些杂牌军还要慢，那位坐镇阿尔戈夫小镇遥控指挥全局的沙场老将就会立刻发动最终决战，指挥手中的八支小队同时从四个方向包抄上来。到了那个时候，一场还没有开始就早已注定结果的阵营殊死战就会在旷野中展开。

队伍里每个人都沉默不语，但是他们的心里却在想着一个相同的问题："以我们现在的状态，还能躲过几次围剿？"

一次？两次？抑或是奇迹般的三次？

没有人愿意用血淋淋的事实来验证答案。为了防止暴露，他们甚至不敢使用无线电和维克多联系，在他们面前的是一个又一个不可预知的未来，渐渐毒辣起来的太阳，还有那群一直对他们穷追不舍、恨不得吃他们肉喝他们血的武装叛军。

师少鹰停下了脚步，回首凝视着后方，不知道有多少次，猎狗兴奋的狂吠已经与他们近在咫尺，对他们来说，这些犬吠无异于死神的钟声。

师少鹰冷然轻哼："就凭几条不知道从哪儿牵出来的哈巴狗，就想要我师少鹰的命？！"

师少鹰伸手从背包里翻出一只表面被他用钉子戳出几个小洞的方形铁盒，刚一打开盒盖，一股过分夸张得不知道用了多少化学制品调配成的玫瑰香味就开始在空中飘散。师少鹰拿出来的，是他在摩加迪沙市场上买到的玫瑰线香。

嗅着空气中那股浓郁的气味，再看看铁盒上那几个够显眼的小洞，希马尔的脸色变了。那些追兵就是凭借那几只嗅觉灵敏的猎犬，以气味为线索一路追踪，他们只有利用风向和快速移动，摆脱那些猎犬的鼻子，才可能有一线生机。可是看师少鹰的样子，明明知道敌人在利用猎犬追踪，身上却非要带这么一只被他故意戳出小洞的玫瑰线香的盒子，摆明了就是要给身后追兵留下最明显的线索！

如果不是和师少鹰曾经在监狱里相处了一段时间，又亲眼看到师少鹰为了救司空伯文单枪匹马冲进武装叛军云集的大本营，希马尔说不定已经毫不犹豫地拔枪，当场把师少鹰这个内鬼击毙！

师少鹰捏碎一根玫瑰线香，将碎渣均匀地撒在一根布条上，然后取出他从直升机上下来时，一直背在身后的一枚阔刀反步兵定向雷。他把地雷埋在路边一堆碎石子里面，将那根充斥着太过浓郁香味的布条和地雷的引线连接在一起，任由半根布条暴露在地面上，随着微风吹拂而随意摆动。

看到这一幕，希马尔脸上的表情稍稍见晴，但是他仍然无法理解，师少鹰为什么非要在身上带那么一盒玫瑰线香。被敌人追得团团乱转，几次差点被逼上绝路，难道他就是为了弄这么一个诡雷？

布下那枚诱发型诡雷后，师少鹰站起身迅速追上队伍，他一边大踏步向前走，一边拔出身上的多功能格斗军刀，用上面的卡槽将一枚步枪子弹弹头扭下来，将弹壳里的大部分火药倒在一张白纸上。

用拇指和食指把包裹了火药的白纸搓成圆筒状，反复几次直到纸筒被搓紧捻实后，他又用剩下的火药做出一根药信。这样，在师少鹰的手中就有了一枚从外表上看来和“美观”彻底无缘但威力还算马马虎虎的鞭炮。嗯，从“威力”上讲，它和过年时人们常放的“啄木鸟”级鞭炮等同。

举起手中那枚自制鞭炮，师少鹰对希马尔道：“请大家照它的样子多做几个，我有用。”

在希马尔的注视下，师少鹰又从铁盒里取出一根线香，比画了一下它的长度，去掉其中一小截，然后把它绑到鞭炮的药信上。做出这么一个小道具后，师少鹰抄起身上的工兵铲对着地面用力挖下去，几下就在砂粒与碎石子混合的地面挖出一个直径20厘米的浅坑。

师少鹰将鞭炮放到土坑底部，用一块石头支起鞭炮的引信和线香，使它们和坑底保留着大约一厘米的高度，再用打火机点燃线香，这样线香就不会因为贴紧地面而中途熄灭。

师少鹰拿出一枚挂在胸前作战背心上的手雷，拔掉保险栓后把它侧放到鞭炮上面，用一块石头小心翼翼地压住手雷保险片，再用树枝架在坑壁上，重新撒上沙子和碎石子，直至从表面上看起来和周围没有什么区别。

希马尔一直静静地看着师少鹰布置这个陷阱，以他的眼光当然可以看出来，等到线香燃到底部，鞭炮爆炸的力量就会推开压在手雷上的石块，已经拔掉保险栓的手雷就会爆炸。这个陷阱应该属于延时诡雷的范畴。

用鞭炮制造延时诡雷，这也算是有特色的战争产物，但是希马尔却忍不住摇头："我知道你肯定提前预测过线香的燃烧速度，可以基本预估出它的爆炸延长时间，但是在战场上用延时诡雷攻击敌人，必须要拥有一定规模或者拥有威力巨大的爆炸物，否则的话命中率太低，根本无法有效杀伤敌人。"

师少鹰没有回答，他回头看了希马尔一眼，眼睛里的意思昭然若揭……少年，你真相了。

师少鹰用一根一端尖锐的树枝在撒满砂粒和碎石子的陷阱表面，刺出一个直径不到一厘米的通风孔，使陷阱里的线香不会因为缺氧而自然熄灭，做完这最后一个步骤后，他站起来拍掉手上和身上沾的砂粒，淡然道："我们来自两个不同的国家，我们接受过的军事训练不同，我们拥有的经验与战术不同，甚至就连我们对战争的观念都不同。这么多的不同，让我们之间有太多环节需要彼此熟悉和磨合，但是现在我们最缺的就是时间，我更没有精力无论做什么都要向你一五一十地解释清楚。"

师少鹰凝视着希马尔的眼睛，沉声道："我们是串在同一根绳上的蚂蚱，想要活下去，就必须彼此无条件地完全信任，否则只会一起完蛋！"

希马尔沉默了，他在扪心自问：自己为什么不能收起一个职业军人的骄傲，完完全全信任面前这个男人，任由这个男人主导全队的方向与未来？不能有一丝犹豫，更不能有半点怀疑。

临阵换将，兵家大忌！

换上一个彼此还不熟悉，还没有时间磨合，无论是在观念上、经验上、战术上、技术上，都有所不同的外来者为将，更是大忌中的大忌！

可是，现在他们真的已经被敌人逼到了绝境，希马尔清楚地知道，能带领大家在重重围追堵截中坚持一个半小时，已经是他个人能力的极限。与其坐以待毙，为什么不把注码押到面前这个已经给了他太多惊讶与惊喜的男人身上，看看能不能跟在这个男人身后杀出一个山穷水复，干他娘的一个海阔天空？！

深深看着师少鹰那张经历了一段太过安逸的生活，已经有些微微发胖，现在却因为连日殊死血战，像一柄夺鞘而出的绝世神兵般重新绽放出金戈交鸣般铿锵的脸，感受着这个男人由内而外散发出来的绝对坚强与自信，希马尔接过师少鹰手中的那枚鞭炮，回头望着因为体力过度消耗，不得已停下脚步休息的所有队员，说道："照这个样子，一人做上两个！"

……

就算是已经奔跑了一个多小时，身后的追踪小队已经换了几轮，几只猎犬依然精力充沛得要命，它们撒着欢儿一路冲在队伍的最前面，身后的主人不得不用力拽住绳索，以防止它们跑得太快。

突然间几只猎犬骚动起来，它们耸着鼻子发出一连串兴奋的狂吠。其中一只体格最健壮、稳居首领位置的猎犬带头猛扑向一片从表面上看起来其貌不扬的灌木丛。跑到半路，这只猎犬却突然回头，张开带着锋利獠牙的嘴，狠狠咬住身边一只猎犬柔软的脖子，然后再用力一甩，把它狠狠甩出一米多远。

空气中很快就弥漫着鲜血特有的腥甜味道，受到重创的猎犬挣扎了好几下也没有重新站起来。

这次攻击明显具有足够的震慑效果，另外几只猎犬都立刻停下了脚步，它们看着受伤的同伴。其中一只猎犬犹豫了一下，还是走过去，伸出舌头轻舔受伤同伴脖子上的伤口。

所有猎犬都知道，只要它们能够按照气味追踪，带着身后的主人找到气味来源，它们就可以获得丰厚的食物奖励。而它们中间那头最强壮的猎犬，摆明就是想吃独食，但是它们彼此之间的实力相差实在太大，虽然它们都在喉咙里发出不满的低吼，却没有一个敢走出来反抗。

这些猎犬从来没有接受过军事训练，平时连最基本的食物都吃不饱，只能像野狗一样在小镇四周游荡，寻找一切可能果腹的食物，因此在它们之间不知道爆发了多少场血战，胜者能享用食物，弱者就只能躲到一边彼此舔着身上的伤口，这种最残酷的强存弱汰造成了这批猎犬之间强者越强、弱者越弱的现象。

不对，与其说它们是猎犬，不如说它们就是一群野狗，一群为了争食、为了向主人献媚邀功不惜自相残杀的野狗！

师少鹰身上带的那盒玫瑰线香太独特，也太浓郁，在他们一行人走过留下的气味当中，玫瑰香味就像是黑暗中的一盏明灯。在这种情况下，他身上的气味当然会成为几只猎犬最关注的目标。嗅着已经近在咫尺的玫瑰香味，那头击败了所有同伴、带着主人猛冲过去的野狗，嘴里已经忍不住流出了口水，也许，主人会赏给它一份米饭，甚至可能打开一听铁皮罐头，用勺子从里面挖出小小的一块丢到它面前。

一想到牛肉罐头那香得能让灵魂都为之颤抖的味道，身体最强壮的野狗已经要发狂了，它发出兴奋到极点的“嗥嗥”乱叫声，硬拽着主人冲到灌木丛旁边，伸嘴咬住一根暴露在空气中的布条，不管三七二十一地用力往外一拉。

布条被咬了出来，在这个时候，时间仿佛被定格了。

野狗的眼睛里散发出快乐到极点的光芒，嘴里还在不停地滴着哈喇子，身后的主人还在用力拽着手中的绳子，想要让猎犬稍微安静一下，另外几只野狗正在彼此安慰，用仇视的目光看着前方，却不敢团结起来一起反抗。在它们的身后，由一百多名武装叛军组成的追击部队，乱糟糟地勉强排成了一支队伍……

“轰！”

使用了无控制模式，又称为受害者启动模式的阔刀地雷，终于被野狗引爆了！

682克比TNT炸药威力更大的C4炸药，在瞬间就形成了一道超音速冲击波，携着地雷里面填装的整整700粒钢珠，以60度广角扇形，对着师少鹰指定方向100米内的所有目标，进行了一次无差别中级火力覆盖。如果非要对这种定向爆破反步兵地雷的威力做出一个形象的比喻，就犹如至少20支霰弹枪在同一时间发射！

那些驻足观看的武装叛军还没有搞清楚究竟发生了什么事情，带着“嗖嗖”破风声的钢珠就劈头盖脸地砸了过来。这些以超音速飞行的钢珠覆盖高度达到2.4米，换句话来说，只要被它们覆盖的人，无论是趴是跳是蹦是翻是滚，最终的结局都不会有任何差别！

钢珠已经纷纷扬扬地撒落在60度扇角100～200米范围内，硝烟还在空中继续弥漫不休，到处都是痛苦的呻吟，到处都是鲜血，到处都是身体被钢珠贯穿的伤员。不知道有多少人从地上爬起来后，第一时间做的就是摸摸自己全身，然后露出庆幸的表情。

这些武装叛军真的要感谢他们只是一群乌合之众，而不是训练有素的职业军人，所以他们不懂得队形队列，只是跟踪了几分钟，一百多人的队伍就能松松垮垮拉出一两百米的长度。也正是因为这样，他们在受到阔刀地雷近距离攻击时，才能只付出了二十多人伤亡的“最轻”代价！

“还愣着干什么，都爬起来，抓起你们手中的枪，继续追啊！”一个近乎歇斯底里的声音猛地传进在场每一个人的耳朵，“那些外国人跑到我们的土地、我们的家园，对我们挥起了屠刀，如果我们不能把这些入侵者送进地狱接受火与刀的惩罚，那我们还有什么资格进入天国，还有什么资格在审判日获得永生的生命！”

天国，永生，这两个词语就像是两支最有效的兴奋剂，让刚刚受到重创的一群乌合之众奇迹般地恢复了斗志。

生存在最恶劣的环境中，没有能力改变，也没有办法逃避，阿Q式的意淫就会自然而然地拥有最丰沃的生存土壤。

不必嘲笑，也不必怜悯，生活在这种环境中，你和他们也不会有什么不同。每个人的精神都需要寄托，都需要在累了乏了疼了的时候，找到一个心灵上的避风港，否则他们真的会崩溃。

不知道是谁带的头，一群人举起手中的AK步枪，对着他们头顶的天空就是一阵疯狂扫射。他们一边扫射，一边歇斯底里地放声狂叫，喊着各种乱七八糟的口号，还有人索性撕开上衣，裸着上半身举着步枪在地上打着转儿乱跑乱撞，他们看起来就像是一群再无理智的疯子，做着各种不可理喻的事情，发泄着他们比常人激烈十倍甚至百倍的情绪。

可是当枪声渐渐停止，一群人终于安静下来，站在弹壳上喘着粗气彼此对望时，一股比最精锐的职业军人更锋利、更狂野十倍的野兽气息，就这样自然而然地从他们每一个人体内升腾而起，直至会聚成了一股足以让天地为之变色的杀机。

第三十八章　精神诡雷（下）

由狂热分子组成的追杀部队一片杀气腾腾，但是他们身边的猎犬并不是狂热分子，它们明显被同类炸死的一幕给吓坏了。

它们目光呆滞，嘴里小声地发出低低的犹如等待强者宠幸的呜咽，直到有人掰开它们的嘴巴，把一块肉干塞进嘴里，尝到了这幸福得足以让它们翻上三十八个跟头的肉味，那几只猎犬才渐渐恢复了神志。

所有伤员和尸体都被留在原地，又留下了十名没有负伤的士兵进行保护，在向基地汇报了情况后，这支队伍的指挥官带着剩下的七十个人，再次对师少鹰他们展开了追击。

在向孟坦报告时，指挥官声音高亢，通过质量并不怎么好的电波信号，孟坦可以清楚地从这个部下的语气中听出浓浓的悲伤与愤怒。但是孟坦却没有丝毫动容，他甚至没有给予对方半点安慰。

二十人伤亡。

20世纪80年代，苏联超过八万军队入侵阿富汗。九年的战争，让阿富汗超过100万人死亡，600万人被迫逃出家园沦为难民。阿富汗虽然在那场旷日持久的消耗战中一点点磨出了胜利，但是整个国家也早已经被打成废墟，和这样一个庞大的数字相比，二十人的伤亡实在是太渺小、太渺小了。

“师少鹰，你终于出手了。”

90分钟已经足够让孟坦这位沙场老将通过种种途径收集到师少鹰在攻入阿尔戈夫小镇前做过的一切。根本没有半点犹疑，孟坦就可以确定，他已经找到了杀害自己侄子的凶手，并且已经把对方锁进了自己的包围圈里。

望着地图上分列在不同部位，代表八支小队的白色棋子，还有那枚腾挪空间越来越小，几成困兽之斗的黑色棋子，孟坦伸手拈起一枚白色棋子，轻轻地在地图上移动了几厘米。就是这样一个小小的改变，孟坦就封住了地图上黑子最后的逃生缝隙。

看着地图上的八枚白子对黑子已经形成合围之势，孟坦缓缓地眯起眼睛，他用这个动作把“仇恨”这种会让指挥官在战场上变得冲动起来，很容易犯下不可原谅错误的情绪，一点点硬压在心底。直到心态恢复平静，他才淡然道：“我在阿富汗战场上，早就明白了兵法中‘以正克奇’这个道理，我堂堂正正排兵布阵、堂堂正正四面包围，我倒想看看，你还有什么能让我眼前一亮的招数。如果没有的话，我可就要将军了！”

“轰！”

一声手雷引起的爆炸突然在空旷的沙地上扬起。虽然被这突如其来的爆炸吓了一跳，但是紧追在师少鹰一行人身后的青年党武装叛军却在放声大笑。

他们距离爆炸点足有五十多米，就连手雷爆炸形成的冲击波都没有吹到他们面前。面对这种没有任何意义的攻击，他们眼前几乎已经浮现出师少鹰一行人慌不择路狼狈逃窜的模样，他们当然有权利也有资格用放声大笑来表现对敌人的不屑一顾。

“轰！”

“轰！”

“轰！”

……

用鞭炮引爆的手雷一颗颗在旷野中炸响，11颗手雷，只有一颗因为距离目标还算近，用飞出去的弹片擦伤了一名士兵的肩膀，勉强算是有了一点战果，除此之外全部放了空炮。面对这一次次落空的伏击，紧追在师少鹰一行人身后的武装叛军，脸上的笑容也越来越盛。他们身上的士气，在看似已经攀上最顶峰的时候，又一次一次地向上激增。

已经嗅到胜利的味道，这群先是被师少鹰用骚扰战术折腾了一夜，又强撑着身体冲出来，同样已经疲惫不堪的武装叛军，现在的士气之高昂，就算他们面前突然出现了一个整编美军陆战师，他们也敢高喊着口号，对着敌人发起自杀式冲锋。在这一片沸腾的气息中，就连牵着狗的狂热战士都没有注意到，他们用来追踪目标的几只猎犬正在变得越来越焦躁、越来越不安，甚至是越来越恐惧。

“大家知道，狗的智商是多少吗？”

在师少鹰十七岁那年，一位擅长培养优秀军犬的雇佣兵在无聊时曾经用随意的态度向大家讲起了关于狗与智商的一些小知识：“平均来说，一只成年狗的智商相当于人类四岁的智商，如果受过特殊训练，长时间和人类相处，学习能力会有所提高，能达到人类五岁甚至是七岁的水平。为什么说是平均呢？因为在我们已知的犬类动物中，智商差异很明显，智商最高的狗是贵宾犬，第二是德国牧羊犬，第三是金毛犬……第十是澳洲牧牛犬。这些智商排名前十的狗，在听到新指令后只需要五次，就会了解这个指令的含意并将它记住，主人再次下达这种新命令后，它们的执行率高达95%，即使主人的训练不足，没有专业经验，这些相比同类拥有高智商的狗也能学习得很好。

“至于排名11到25的狗，它们要学习5～15次才能明白新的指令，它们执行主人新指令的概率为85%，对于一些稍微复杂的指令，它们的反应会稍显迟缓，但是只要勤加练习，就能消除这种迟缓。”

当时他们刚刚完成训练，一个个累得几乎爬不起来，围坐在一起对于这种新奇的知识听得津津有味，但是这些东西毕竟和他们面临的任务没有直接关系，他们中间绝大多数人这一辈子也不会去养什么军犬，所以他们绝大多数人也只是过耳听听，转眼就忘到了脑后。

但是师少鹰没有。

21世纪是一个知识大爆炸的时代，报纸、杂志、图书、网络，各种宣传渠道每天都在向生活在其中的人输送着大量有用和无用的知识。也就是因为这样，知识这种真正改变人类命运，把人类和动物区分开的最宝贵财富，反而显得无足轻重起来。

也只有师少鹰这种出生在一个太过偏僻、太过封闭，心灵的海绵太需要知识来滋润的人，才会将这些知识都深深印在自己的大脑，经过了十几年的沉淀与升华，终于形成了只可能属于自己的独特战斗模式与力量！

排名50位以后的狗，想要将主人的新指令完美地表现出来，至少需要40～80次的反复练习。就算是这样，经过练习后，它们对主人的新指令反应概率仅仅达到了30%，而且无法形成永久习惯，如果练习中断一段日子，它们就会忘光，需要重新学习。

根本不用去想，阿尔戈夫小镇上的这几只一半家养一半流浪的猎犬，它们的血统肯定排名在50位以后，甚至可能在100名以后，想要让它们记住什么，从理论上来说，至少需要40次反复刺激练习。

但是，这其中绝对不包括死亡！

就算是一个傻子白痴二百五，面对死亡也知道害怕，遇到疼痛也知道闪避。这是生物根本不需要大脑就会做出的本能反应，无论是智商最高的贵宾犬，还是智商排名已经排到第73名的京巴犬，在这方面都不会有任何不同！

每一次它们嗅到熟悉的玫瑰香味，兴冲冲地想要带着主人冲上去，寻找到目标好换取更多肉片的时候，无一例外都会在味道产生的位置看到爆炸。

一次，两次，三次，四次，五次，直至……11次！

师少鹰就是用这看似没有起到任何作用的爆炸，在为身后武装叛军注入了“信心”这股力量的同时，却又不露声色地将“玫瑰香味=危险=死亡”这个概念，通过死亡威胁这股力量、通过一次又一次的爆炸，外加血淋淋的残酷画面，强行灌输到这几条幸存的猎犬心里，直至形成了一个足以让它们感到恐惧，甚至会因此而崩溃的定律！

在这个定律的支配下，那些在阔刀地雷进攻下侥幸逃过大劫却明显被吓坏的猎犬，早已经不再把玫瑰香味视为获得主人奖励的目标，它们越接近玫瑰香味，就会越恐惧、越不安。

也许受过严格训练的军犬或者是和主人太过亲密的家犬，的确可以为了主人战胜对死亡的恐惧，但是绝不会包括阿尔戈夫小镇里那些从来没有吃饱、过着半流浪生活，为了一点点能果腹的食物就会彼此亮出牙齿的野狗！

到了最后，这些“猎犬”一嗅到玫瑰香味接近就如避蛇蝎，那些牵着狗一路飞奔，智商不知道比这些野狗要高出多少倍的武装叛军士兵，做梦都不会想到，他们竟然被自己面前这群貌似忠诚的野狗联手给耍了！

带着整支队伍又向前走了三公里，师少鹰忽然回头，以孤注一掷的姿态指着他们走过，却因为留下一个人用枝条清扫，没有留下半个脚印的路，沉声喝道：“我们沿着这条路走回去！”

听到希马尔的翻译，队伍里不知道有多少人一起瞪圆了眼睛。有人忍不住伸手指着师少鹰叫道：“不要理他，这小子疯了，敌人就在我们身后紧追不舍，现在回头和主动送死有什么分别？！”

盯着师少鹰，希马尔的脸上却露出了思索的神色。作为有资格成为这些雇佣兵队长的人物，他当然拥有相当丰富的作战知识与经验，希马尔清楚地知道，如果没有发生什么奇迹，在五分钟前，他们就应该被敌人前后包抄，陷入到重重包围当中，可是现在十分钟过去了，他们没有陷入包围不说，不知道为什么，来自身后的压力越来越小，难道师少鹰布置的那些延时诡雷真的起到了效果，大大束缚住了追兵的脚步？

敌人太强己方太弱，生死悬于一线，而战局的发展也大大超出了自己能够应付的极限——这就是希马尔面临的现状！

凝视着师少鹰那双坦坦荡荡的眼睛，回首看看趴在自己肩膀上再次陷入昏睡的司空伯文，希马尔走到了师少鹰面前，仔细观察着师少鹰，从师少鹰的眼睛、师少鹰的双手，一直看到了师少鹰的双脚，没有落下一丝一毫。

师少鹰眼睛眨也不眨地和希马尔彼此对视。

“师少鹰，告诉我，我能不能把我和兄弟们的命，外加一个我希马尔这辈子最喜欢的女人的命，一起交到你手里。”

没有犹豫、没有迟疑，师少鹰的回答只有一个字：“能！”

希马尔犹如熊爪般厚重有力的大手重重地落到师少鹰的肩膀上，这个男人没自己高、没自己壮，看起来似乎一拳就能把这个男人打倒在地让他再也爬不起来，但是希马尔却在师少鹰的肩膀上，感受到了一种宁折不弯的刚强，再一次仔细看着师少鹰眼眶中那犹如黑宝石般晶莹，隐隐反射着周围的一切仿佛又能包容一切的双瞳，希马尔沉声道：“我相信你，兄弟！”

师少鹰的鼻子，突然微微一酸。

没有身临其境，没有站在师少鹰的位置上，你就不会明白，希马尔说出的这区区六个字，所蕴含的分量。

不是酒桌上推杯换盏喝出来的酒肉朋友，不是利益纠葛互相利用弄出来的虚情假意。在走出缅甸金三角，到了红尘俗世中打滚，就在他几乎已经忘了什么叫生死与共时，希马尔这毫无保留的信任与一声“兄弟”，却让师少鹰又回忆起了他出生的那个村庄，他那群从小一起长大、一起扛枪，为了保护他们的“庄稼”，一起去和侵略者展开血战的伙伴！

那里虽然收不到电视，没有网络，还要靠柴油发电机来发电，就算是睡觉都要把步枪放到身边，以防止受到攻击，但那里依然是他的家，他虽然已经离开了好久，但在骨子里却依然刻着那里的痕迹。突然间，师少鹰有些想家了。

师少鹰扭头望着司空伯文，露出了一个温柔的微笑：“喂，等此次事了，陪我回家去转转吧！老爷子想抱孙子都快想疯了，天天催我找个媳妇儿，各种手段用尽就差没有帮我打征婚广告。这次回去，还要麻烦你帮我保驾护航，冒充一下我的新任女友，否则的话，只要我敢回去，老爷子晚上就敢把三四个年轻姑娘硬塞到我床上。”

司空伯文也笑了，她还没有来得及回答，希马尔就拦在了前面：“如果你是想请司空回家转转，我不反对，但是你想找人冒充女朋友，司空不太方便。我倒是可以帮你介绍一下俄罗斯的朋友，每一个都是金发美女，保你带到哪里回头率都是百分之百。如果你有什么特别要求，火辣豪放型、丰满性感型、小家碧玉型，只要你说出来，我就能想办法帮你找到！”

师少鹰和司空伯文一起用怪异的眼神望着希马尔，看着他在那里滔滔不绝，两个人心里涌起的想法惊人地相似——这货有当皮条客的潜质！

发现师少鹰和司空伯文都面色怪异，希马尔尴尬地轻咳了一声。但是作为一个立志不戴绿帽的男人，他还是坚持底线：“别以为我什么都不懂，你真把司空当成女朋友带进村子，晚上一定会被安排在同一个房间，去鸳鸯共枕、同床戏水……”

“噗……”

希马尔的话还没说完，师少鹰就喷了。

希马尔瞪着一双无辜的大眼睛：“你们什么意思，难道你们已经鸳鸯共枕或者同床戏水过了？”

“噗……”

“噗……”

这一次不止是师少鹰，就连司空伯文都跟着一起喷了。司空伯文全身都疼，兼之脸色苍白如纸，这么一笑险些笑掉了半条命，她伸手压住自己的腹部，让自己笑得不是那么厉害，可是旋即她就破功了，因为师少鹰问了希马尔一句“你能在床上戏水吗”，希马尔竟然还能一脸认真地回答了一句：“当然可以了，我睡的是水床嘛。”

师少鹰眨着眼睛：“那鸳鸯共枕呢，你啥时见过在水里游的鸳鸯一起睡到枕头上了？”

“你别以为我不懂！”感觉自己的尊严在心爱的女人面前受到情敌挑衅，还处于战场的希马尔立刻进入了双重作战状态，“你们就喜欢把代表浪漫爱情的鸳鸯绣到枕巾上，在姑娘出嫁的时候，枕的就是大红色的鸳鸯枕，夫妻交拜后就会在鸳鸯枕上一起做浪漫的事！”

“呃……”

师少鹰哑然了，他今天终于明白了什么叫作“鸳鸯共枕”，什么叫作“同床戏水”，如果没有把这两个词联系在一起，他说不定真的会被希马尔给说服了。

学着司空伯文的样子，用手压住自己的小腹，勉强让自己不要发出太大的笑声，师少鹰带着满脸的笑容，带头大踏步沿着他们原来走过的路往回走。

他一边走一边笑，听着身后传来的扎实脚步声，不知道为什么，师少鹰突然涌起了一种难以言喻的自信。他们会活着离开，他们会一个不少地活着离开这片土地，这么可爱的希马尔，这么多可以生死与共的兄弟，大家才认识这么短的时间，他贪心地想要更多的时间与他们相处，贪心地想要更多的幸福与快乐，他又怎么舍得，又怎么能允许大家在这里一起全军覆没？！

为了迷惑敌人，他们在撤退时有人专门负责用树枝扫掉留下的脚印，地面上一片平坦。就是因为这样，在沿着曾经走过的路往回走的时候，希马尔终于注意到，在平坦的沙地上，每隔一段距离，砂粒上就平躺着一根短短的玫瑰线香。

有人常说，最危险的地方就是最安全的地方，在师少鹰看来，这句话纯粹是扯淡！

想要把最危险的地方变成最安全的地方，这不但需要有明知山有虎偏向虎山行的勇气，更需要有审时度势抓住机遇的眼光，最重要的是，还需要有因为种种天时而形成的机遇！否则的话，还是老老实实远离危险才好，要不然为什么杀人犯、通缉犯在被追捕后，不跑到公安局、法院、检察院、派出所之类的地方去躲藏？

师少鹰之所以敢回头迎敌而上，是因为他刚才走过这一段路时，每走出50米，就在地面上丢一小截线香，用这种其貌不扬的小东西过于浓烈的气味，在砂粒和碎石子之间占山为王划地为界，圈出了一片猎犬们只要一嗅到就唯恐避之不及的空气城堡！

师少鹰在赌，他在赌11枚诡雷已经给身后那些猎犬足够的教训，让它们并不算高的智商，已经读懂了这种香气所代表的含意！他更是在赌，那些追兵缺乏足够的侦查技术，只能凭借流浪狗来带路！

师少鹰带着所有人趴在一片沙坡上，他们每个人身上只有最简单的伪装，只要敌兵靠近就会立刻发现他们。一群人居高临下，连大气都不敢出，看着追兵在几条猎犬的带领下从两三百米外的沙滩上匆匆跑过，队伍里每一个人都能清楚地听到彼此之间越来越急促的心跳声，他们都不由自主地握紧了手中的武器。在这个要命的时候，只要有一只猎犬突然转头，对着他们潜伏的位置发出一声狂吠，他们这一行人就休想再看到明天的太阳。

那几只猎犬百分之百嗅到了师少鹰身上的味道，可是在这个时候，不是奇迹的奇迹出现了！

几只智商绝对算不上高的猎犬集体选择了无视，反而带着身后的主人越跑越快、越跑越远，直至再也看不到他们的身影。

每一个人的眼睛都亮了，他们不敢发出欢呼，也不敢跳起来乱跑用夸张的动作来表达自己的喜悦，他们唯一能做的就是转过身，用最舒服的动作躺在沙坡上，然后深深吸上一口自由的空气。任由自己被恐惧与死亡压抑了太久的心脏自由地跳动，连带着把他们的快乐向天空中发散。

希马尔诚心诚意地对着师少鹰竖起了一根大拇指。

他今天开了眼界，大大地开了眼界，如果没有和师少鹰组队，亲眼见识师少鹰用小小一盒玫瑰线香玩出的这一系列战术，他真的不知道，在这个世界上，诡雷还能玩得这么精彩，这么让人目瞪口呆。

但是，师少鹰手中那只小铁盒里的玫瑰线香还没有用完，还有大约三分之一，所以师少鹰的气味诡雷，或者说是针对猎犬的精神诡雷，还没有玩完。

师少鹰随手捉住一只从自己身边爬过足足有两寸长的蝎子，在希马尔目瞪口呆的注视下，温柔地按住那只蝎子，用透明胶带将一小截玫瑰线香粘到了蝎子的身上，最后手一松，那只蝎子就飞快地逃掉了。

发现希马尔正神情略略呆滞地望着自己，师少鹰低声道：“还愣着干什么，一起动手啊！”

在师少鹰的示范作用下，希马尔一行人犹如蝗虫过境，想方设法地捕捉着身边一切可以看到的动物。只要逮到了，不管三七二十一，先把一截玫瑰线香绑在它们身上，然后再把明显受惊过度的小家伙们放出去，任由它们撒着欢儿在沙漠里夺命狂奔。

希马尔终于放下了属于苏联特种兵的骄傲，虚心向师少鹰请教：“我知道你们有一部非常厉害的古代兵书叫《孙子兵法》，就连美国西点军校都把这本兵书列为学员的必读书籍。我看您使用的战术诡异多变，是不是也运用了孙子兵法？”

看着曾经对自己不屑一顾的希马尔一脸谦虚好学地望着自己，师少鹰的心情彻底沸腾了。

听听，听听，听听啊，希马尔用的称呼不再是你，而是“您”，带着尊敬意味的“您”！

就凭这个“您”字，师少鹰也绝不能让希马尔失望，当他转头将目光投注到希马尔的脸上时，他的眼神突然间变得那样真、那样沉、那样深邃、那样浩如烟海。而师少鹰现在的脸色，更像是代表全世界人民登上了月球和外星人进行宇宙开发合作，共同打造和谐社会的使者，在这样情绪与霸气侧漏式气场的包围下，师少鹰略略一收下颌，以一种内敛的奢华，从鼻子里发出一声淡淡的鼻音："嗯！"

希马尔立刻再问了一句："《孙子兵法》有三十六计，据说计计高明，最终想达到的结果为'不战而屈人之兵'，请问您用的是哪一计？或者说您刚才在一系列的布置中，都用了哪几计？"

师少鹰有些发囧。

哥，咱差不多就行了，有必要这么死缠滥打，打破砂锅问到底吗？

这就好像是有一个朋友向你吹牛，说他昨天晚上跑到什么六星级七星级大酒店吃了一顿特别贵特别happy（高兴）的丰盛晚宴，您点点头表示自己听到，这个话题也就算是过去了。您老人家至于立刻追问别人昨天晚上都吃了几个热菜几个冷拼，喝了几瓶啤酒，服务员小姐要了多少小费，多用了一盒纸巾要不要额外付钱吗？

面对希马尔充满好学欲望的双眼，师少鹰嘴角连跳了好几下，愣是没有说出一个字来。他装了半天的逼，总不能这个时候才认㞞，老老实实告诉希马尔，他师少鹰其实就是半个文盲，直到今天才通过希马尔这个老外知道，原来孙子兵法的种种妙计背后，最终的追求就是不战而屈人之兵吧？！

被人搀扶到沙坡上依坡而坐的司空伯文一直捂着小腹笑个不停，看她的唇形，用唇语解读出来的就是这样一句话："古语有云，莫装逼，装逼被雷劈。"

一名雇佣兵手里拎着一只野兔神色兴奋地飞跑过来，不管在什么群体当中，一个人能赤手空拳单凭脚力，硬生生追上一只健康的成年野兔并把它活着捕捉到，都是一件值得骄傲的事情。师少鹰一看到那只白色的野兔，立刻也兴奋了。他接过野兔手脚麻利地在野兔身上绑了一根线香，又将野兔放生，看着受惊过度的野兔转眼间就连蹦带窜地消失在一片灌木丛后，师少鹰拍拍手："看到了吧，这就叫'小白兔历险计（记）'！"

希马尔用力点头："嗯，明白了，这是《孙子兵法》中的小白兔历险……呃……"

希马尔瞪大了他那双牛眼："小白兔历险计？"

师少鹰脸上满是无辜的茫然："对啊，你想想看，小白兔被我们逮住，难道不是经历了一次最大的生命危险吗？我们利用这只小白兔把追兵引开，难道不是一个成功的计策吗？我把这两者联系在一起，组成'小白兔历险计'难道错了吗？"

"呃……"

师少鹰反问一句，希马尔就点头一次，当他终于反应过来的时候，他已经连续点了好几次头，就这样稀里糊涂地认可了"小白兔历险计"这样一个玩意儿。

明明知道对方在满嘴胡说八道，却被对方绕得七荤八素，希马尔真的有点毛了。

又有一名雇佣兵快步跑过来，在他手中赫然有一只不知道从哪儿抓过来的秃毛小母鸡。都来不及在心里惊叹在索马里这种地方竟然还有母鸡，希马尔抢前几步，抢过那只小母鸡学着师少鹰的样子，把玫瑰线香绑到小母鸡身上，再一挥手把小母鸡丢开，小母鸡立刻落荒而逃。

希马尔望着师少鹰，脸上满是讥讽："你是不是想告诉我，这就叫作'小鸡历险计'？"

师少鹰摇头："不，这叫'小鸡快跑'。"（注：《小鸡快跑》是一部英国出产的喜剧动画片。）

希马尔瞪大眼睛，就在这个时候，希马尔亲手设的一个小陷阱起了作用，他套住了一只贪嘴想要啄食压缩饼干的小鸟。希马尔大踏步走过去，从绳套上解下那只小鸟，由于他的动作太粗鲁揪下了小鸟几片羽毛，疼得小鸟在他手中"啾啾"直叫。希马尔将一小截线香绑在小鸟身上，又挥手将小鸟放生。

希马尔瞪着师少鹰："那么这个呢，是叫'小鸟快飞'还是'小鸟历险计'？"

有一小摊温温热热、黏黏腻腻的东西从高空坠落，带着惊人的精准，直接砸到了希马尔的脸上，然后顺着希马尔的脸一路向下滑。希马尔随手一擦，再一看手上就多了一层黑白相间透着淡淡屎香的鸟粪。希马尔抬头，就看到那只刚刚被他放生的小鸟，在对他进行了一次成功空袭后，得意扬扬地在他们头顶盘旋了一圈，在希马尔还没有决定要不要冒着暴露的危险发狠报复时，它就再也不回头地展翅飞远了。

师少鹰在一边触景生情，补充了一句："不，这叫'愤怒的小鸟'。"

希马尔："……你妹啊！"

就在师少鹰和希马尔的东拉西扯中，什么"小白兔历险计""小鸡快跑""愤怒的小鸟""毒蛇也疯狂"，一段段脍炙人口的动人传说逐一出炉。

这忽而东、忽而西、忽而北、忽而南的浓郁玫瑰香气，一次次毫无预兆地突然出现，让那些惊魂未定早已经溃不成军的猎犬真正明白了古兵法中"四面楚歌""十面埋伏"这些战术之博大精深，玩死人不偿命。

无论那些武装叛军士兵如何放声呵斥，甚至是不惜血本地拿出肉干往猎犬嘴里塞，也无法再让它们安静下来，他们想破了脑袋也想不明白，为什么头顶飞过一只普普通通，怎么看都没有半点危害的小鸟，都会让身边的猎犬吓得全身黑毛倒竖，一起不停地狂吠乱叫；他们更不明白，刚才还能有劲往一处使的猎犬，为什么突然就像是炸了窝般四分五裂，四条狗就跑向了四个方向，让他们根本不知道应该相信哪条狗才能再追上师少鹰一行人的脚步。

这些连民兵水准都达不到的乌合之众当然不会注意到，就在猎犬们吓得四散奔逃时，一条两尺多长的小蛇，扭曲着它纤细而柔美的水蛇腰，从距离他们二三十米外的小山坡上快速游过，就像是秦淮河畔的那金陵十三钗，一路上款款而行，挥洒出阵阵艳丽无比的玫瑰香气。

总之，全乱套了。

第三十九章　信仰

在摆脱了身后追兵，终于跳出包围圈时，师少鹰一行人踏上阿尔戈夫小镇和摩加迪沙之间的公路。

在这个没有铁路，运输工具还是以骆驼为主的国家，道路基础建设薄弱得要命。师少鹰他们踏在脚下的与其说是一条公路，不如说是一条人走得多了就自然形成的土路罢了。

放眼望去，在萧索的天空下，是犹如月球表面般干燥而荒凉的大地，一条两三米宽的黄色土路，随着地势起伏，不断向远方延伸。黄色的山坡、黄色的路面、黄色的地平线，四周都是单调得令人乏味的黄色，缺少绿色，缺少让人觉得生机盎然的活力，只有远方随风隐隐传来的驼铃声让他们还能确定，这是一片属于人类生存的世界。面对眼前的这一切，让师少鹰不得不想起“这片土地距离蓝天最近，却距离天堂最远”这句话。

在距离师少鹰不远的路边，静静地停着一辆锈迹斑斑的汽车，没有人知道它已经废弃了多久，只有车厢上那一排触目惊心的弹孔，还有大片已经凝固的黑褐色，依然在对每一个和它擦肩而过的人默默讲述着自己主人曾经遭遇的悲惨命运。

他们一群人就在距离路边不远的一个沙坡后面停下了脚步。

坐在沙地上，舒缓连续两个小时高强度急行军带来的疲劳。虽然并不饿，但是包括希马尔在内，几个雇佣兵取出了身上的压缩饼干和巧克力，送进嘴里慢慢咬着。在休息的时候适当补充食物，让自己的身体始终处于最佳作战状态，用松弛有度来延长作战时间，这就是职业军人经过战场洗礼后才会拥有的习惯。

希马尔打开一听牛肉罐头，先用勺子分给在场的每个人一勺，然后把一块压缩饼干用手指捻碎，把它们全部撒进罐头盒里和肉汁搅在一起，直到搅匀了，希马尔才用勺子把这种看起来有点像糨糊，却散发着浓郁香味的食物舀出，送到司空伯文的嘴边。

喂司空伯文吃了几口，希马尔拿出自己的行军水壶往一只杯子里倒了半杯水，又取出随身携带的那只银酒壶，往水里掺了一点烈酒。司空伯文只喝了半口就猛地咳嗽起来，希马尔伸手在司空伯文的背部轻轻拍打着，一直等到司空伯文恢复平静，他又把掺了一点点烈酒的水送到司空伯文面前。

希马尔的这种“酒精疗法”说不上有什么科学根据，它就像是出生在20世纪80年代的孩子如果感冒了，家长就会给他们开一瓶山楂罐头，或者是蒸一小碗鸡蛋羹来代替感冒药般，自然而亲切得让人回味无穷。

拗不过希马尔的坚持，司空伯文终于还是微微皱着眉头，将杯子里的水全部喝了下去，淡淡的汗水随之在她的额头上渗出来，就连她的脸色也明显红润了不少。

师少鹰一直静静地站在一边，微笑地看着这一幕。这个时候他心中最大的庆幸，就是没有和司空伯文发生过什么超友谊关系，所以他现在才可以用如此开怀的心态，看着一个留着大片络腮胡子、身体健壮得犹如一头成年北极熊、眼睛一瞪就能吓哭小孩的男人，在心爱的女人面前展现出温柔细腻的一面。

简单地吃过他们的早餐，有人把所有食品包装袋收集到一起，准备挖坑掩埋。就在这个时候，师少鹰又有建议了：“那些东西不要埋了，把它们丢到地上，越明显越自然越好。”

“你这样作假，做得也太明显了吧？”

希马尔反驳：“我们可是身经百战的雇佣兵，不是踏春郊游的小姐少爷，怎么可能走一路丢一路？如果我们身后只有那些杂牌军，这样作假也没有什么，但是你别忘了，那个一直躲在背后排兵布阵的家伙可是一只超级老鸟！”

师少鹰知错能改：“那我们还是把东西挖坑掩埋好了，记得把那罐头盒表面的铁皮拉得翘起来，在掩埋时让铁皮露出小小的一个尖角。”

希马尔原来是一个多么勇敢而率直的战地记者啊！可是跟着师少鹰并肩作战才短短几个小时，就无可救药地沾染上了师少鹰的狡猾与无耻，他眼珠一转就心领神会，低声道："我会在露在空气中的那块铁皮上，专门沾一点点肉汁，保证那些狗隔着一两千米也能闻得一清二楚，两眼直冒绿光猛扑过来。对了，我要顺便在坑底留上四五颗手雷外加一颗燃烧弹，让那些追了我们两个小时，差点让我回不了俄罗斯的菜鸟永远记住，什么叫作俄罗斯男人为爱情而爆发的愤怒！"

说到把各种乱七八糟的玩意儿搬到战场上弄出一堆坑死人不偿命的陷阱，师少鹰绝对称得上是行家里手，他立刻就对这个计划添砖加瓦："你到路边那辆汽车里找找，看看能不能拆下点铁皮之类的玩意儿，用多功能军刀把铁皮剪成铁皮卷儿，再加上碎玻璃碴儿一起填到手雷周围，保证能够威力倍增！"

这颗诡雷能炸死多少人并不重要，只要它一爆炸就百分之百能够证明，师少鹰他们经过这里，已经顺着公路逃向摩加迪沙。在对方指挥官做出错误判断的同时，师少鹰他们就会进行一个战术穿插转折，从追兵的缝隙中钻过去，以最高速度猛扑向他们此行的起点兼终点——那架紧急迫降的武装直升机！

现在已经是上午10点钟，迎着渐渐毒辣起来的阳光，希马尔微微眯起了双眼，先看了一眼身边，确定他和师少鹰之间的谈话不会被其他人听到后才低声问道："我们这个战术究竟能不能成功？"

他们离开直升机已经超过两个半小时，在这么长的一段时间里，为了防止被敌人监控到无线电信号，希马尔和维克多一直处于无线电静默状态，到现在都没有取得联系，更不知道那边究竟发生了什么。

希马尔之所以问这个问题，其实就是在潜意识里，想从师少鹰的嘴里听到一句"没有问题，我们肯定能活着回去"之类的话。也许就连希马尔自己都没有发觉，只是短短几个小时的相处，师少鹰就在他们这支团队中完成了接触、磨合、融入这一系列过程，更用他出类拔萃的战术素养和层出不穷的诡雷，赢得了所有人的信任，甚至已经拥有了改变这支队伍战术最终决策的影响力。

维克多没有修好直升机不行，他们的战术实施失败不行，老天爷翻了脸更不行……

有太多太多的不可控因素让战场的未来局势变得扑朔迷离，聆听着心脏在胸膛里越跳越快，感受着迎面吹来的风中那迫在眉睫的凌厉杀机，因为心有牵挂所以忐忑不安的又何止希马尔一个人？

师少鹰的目光慢慢从在场每一个人的脸上掠过，他可以清楚地感受到，眼前这些全副武装的雇佣兵和职业军人有太多不同。他们拥有绝大多数职业军人无法望其项背的实战经验，他们知道在战场上用什么方法能够更有效地保护自己不受伤害，就算是真的身负重伤，他们也比新兵更镇定，当然也更容易生存下来。

可是这样一群身经百战意志本应该比岩石更坚定的老兵，在这个时候的士气却明显有些低迷。

他们远离故土，为了赚钱而作战，今天帮着非洲某个小国政府军打击叛军，明天就可能因为钱掉转枪口去攻击曾经并肩作战的友军。他们就像是最出色的政客，周旋于一个又一个武装势力之间，想办法从中间赚取大把的钞票。

信仰！

这个词突然如此鲜明地在师少鹰的脑海中浮现。

师少鹰到非洲参加雇佣兵，不是因为他缺钱，而是他生活在缅甸金三角，一片和外面的世界脱节，却又用毒品重新架起桥梁，所以越发疯狂的土地。在那里，法律没有生存空间，人类的道德约束没有生存空间，诸如红十字之类的人类慈善机构没有生存空间。他想要活下去，想要带领身边每一个相信他的人活下去，他就必须比自己的父亲更强大！他必须骁勇善战，他必须登高一呼应者如云，他必须在有人挑衅的时候做出最凌厉的反击！直到让周围那一双双贪婪的眼睛感受到生命的危险，老老实实地缩回去！

为了家园而战，师少鹰是有信仰的。

眼前这些雇佣兵，也许曾经有过信仰，但是现在，他们没了。他们仅仅把战斗当成了一种谋生手段，战斗对他们而言，再也没有责任与荣誉，他们能打赢就上，打不赢就撤，根本不需要关心一场战争胜负背后的故事。

像他们这种没有信仰的士兵，再精锐、再身经百战，也不可能在逆境中爆发出最疯最狂最野、几可席卷天下的斗志，更不可能为了胜利前仆后继，创造出战场上最灿烂的传奇！

“我有话想对大家说，你帮我翻译一下。”

站在一群俄罗斯雇佣兵面前，师少鹰挺直了身体，他的目光慢慢地从每一个人的脸上掠过，他的眼神太具有侵略性和压迫感，每一个被他瞪着的人都不由自主地挺直了身体。看着眼前这些雇佣兵终于有了一点职业军人的样子，师少鹰略一点头，昂然道：“刚才希马尔悄悄问我，我们的计划能不能顺利实施，有多少概率能活着回去，现在我就当着所有人的面，大声来回答这个问题。

“维克多能顺利修好直升机，我们全体登上飞机活着离开，那自然是上上大吉；如果老天爷真的翻了脸，断我们的后路，想要把我们一锅端了……那就抓紧你们手中的枪，和我一起干他妈的一条生路出来！我老爸一直盼着抱孙子呢，我怎么能让他失望？”

人群中传来一串压抑的笑声，师少鹰猛然瞪圆了眼睛，放声喝道：“好笑吗？为了不让关心我的人失望，为了不让我的父亲流泪，就算是面对一场看似必败必输必亡的战斗，我也绝不放弃，也要咬着牙、拼着命，去搏出一个柳暗花明，去杀出一个死而后生，这样的我，真的就那样好笑吗？”

师少鹰不知道希马尔用什么样的方式，才能把“山穷水复柳暗花明”这个成语所蕴含的意义完整地表达给面前所有的人，但是聆听着希马尔翻译过去的话，那些眼高于顶的雇佣兵，脸上的笑意却消失了。

“在我们家乡有一句老话，狗行千里吃屎，狼行千里吃肉！如果没有无论在什么情况下都保持最疯狂的斗志，看到敌人就像是一群嗥嗥叫的狼一样猛扑上去，哪怕是被子弹打穿心脏也要狠狠咬上对方一口再倒下的觉悟，看到弱者就露出牙齿去咬，遇到强者就夹起尾巴滚蛋，实在不行了还能躲在一边像只等待被宠幸的母鸡般，在那里期盼获得上天的垂青，那还当什么雇佣兵，还不如老老实实躲在家里，去享受老婆孩子热炕头的生活！”

说到这里，师少鹰深深地吸了一口气，伸手指着面前的这群人，放声暴喝道：“没错，爷们儿就是在骂你们呢！看看你们现在的球样，就连那些杂牌军都称不上的青年党武装叛军都比你们有气势！难怪你们的国家曾经和美国全球争霸争了三十年，争着争着却突然什么都没了，支撑一个国家的军人都是你们这个鸟样，你们的国家不没，谁没？！”

……

突然间，风静，云止，四周的一切，仿佛都陷入了死一样的沉静。

所有人，都闭紧了自己的嘴巴，慢慢握紧了手中的武器。

一只正在展翅飞翔，悠闲地在蓝天上游荡的鸟儿，在飞过师少鹰他们头顶的天空时，突然发出一声惊惶到极点的尖叫，它几番努力挣扎，才勉强没有让自己一头直接栽落到地面摔个粉身碎骨。

这个可怜的小东西，这一辈子都不会忘记，那些数量并不是太多的人类，静静地站在一起，从他们每个人身上缓缓释放又彼此凝聚、彼此交融出来的那股重剑无锋的杀气！

苏联！

一个在几十年前被打得支离破碎，却死死顶住当时全世界最精锐的德国装甲部队进攻，从而改写了人类第二次世界大战进程与历史的国家；一个曾经在冷战时期和美国对抗了几十年，让世界各国又敬又畏地称之为“北极熊”，傲立在西伯利亚冰雪世界中，脾气就像是他们常喝的伏特加般猛烈而炽热，不含半点虚伪的国家！

在那个战火把整个地球都要烧红的最疯狂时代，无数苏联红军唱着他们的国歌《牢不可破的联盟》，前仆后继地走向了战场，用2600万伤亡这个也许人类永远不会再打破的数字，消灭了600万德国侵略者，用他们的鲜血染红了脚下每一寸土地，直至赢得了最后的胜利！

现在大半个世纪过去了，往日的硝烟早已经成为历史尘埃，就连曾经强极一时的苏联，也在20世纪90年代因为种种原因而轰然解体，只留下一首曾经的国歌，依然沉淀在他们几代人的心里不会消散。

千万不要以为只有自己的国家才有薪火相传的骄傲与尊严，千万不要以为只有自己国家的军队才有源自战争年代的无悔军魂！每一个国家，每一个文明能够在历史的长河中一路扬帆到现在，必然都有着无数英雄，有着无数可歌可泣的故事！

只要有这股气在，放眼整个世界，又有哪个国家敢欺侮苏联解体后留下的俄罗斯？

“苏联是已经没有了，可是我们还在！”

一个老兵用力拍着自己的胸膛，放声喝道：“你相信不相信，迟早有一天，我们的国家、我们的民族，还会再爬起来，一直爬到最顶点，再创造出一个新的辉煌！”

“我只相信眼见为实！”

师少鹰眼睛眨也不眨地迎视着面前这些人，森然道：“空口白话谁都会说，想证明你们是对的，就给我拼命活下去，一起看看你们的国家、你们的民族，是不是真的能破而后立，再次创造出一个新的辉煌！”

说到这里，师少鹰从口袋里摸出一张一美元面额的钞票：“我赌一美元，你们不行！”

老兵的眼睛里猛然燃起了一股比点燃伏特加更炽烈的火焰，他当着所有人的面，接过那张钞票折好，珍而重之地放进自己的口袋里，然后抬头盯着师少鹰，断然喝道：“好，我跟你赌了！”

当他们这支小部队开始以惊人的高速急行军扑向直升机紧急迫降的地点时，希马尔可以清楚地感受到，他们这个团体的气氛变了。再也没有了犹豫、再也没有了彷徨，有的就是一股再也无法压抑，正在每一个人身上散发出来的疯狂斗志与杀气！

突然间，希马尔的鼻子有些发酸。

他们都太年轻，没有亲眼看到过苏联屹立在世界一端，和美国遥遥两强对峙的强大，他们只能在电影、电视剧中寻找苏联曾经的光辉。他们谁都知道，无论是一个人、一支部队，还是一个民族、一个国家，永远应该把眼睛往前看，一旦他们开始用回顾曾经的历史来寻找自信，他们就已经完了。可是，这种方式，已经是他们能够把握的最后荣光！

可是在今天，跟在这支因为被师少鹰逼得再也没有了退路，突然爆发出横行霸道锐气的队伍中，希马尔可以骄傲地说，他们已经找回了苏联军队昔日的强大，只要他们没有在这场战斗中死绝，他们就会带着这种光辉与骄傲，用自己的双眼见证着自己的祖国一天比一天强大，直至重新站立在世界最巅峰！

带着这样的心情，抬眼望着师少鹰双手执枪冲在最前面的背影，希马尔突然发现，不知道从什么时候开始，这个男人的背影在他的眼中，灿烂得近乎耀眼起来。

难以言喻的冲动让希马尔脱口叫道："师少鹰，这一次活着回去，我也跟着你去一趟金三角，我想看看你生活的村子，如果可以的话，我想在那里，给你们的村子拍上一个专访！"

跑在队伍最前方的师少鹰没有回头，放声应道："好！"

第四十章　刀锋入骨

跑在最前面的师少鹰突然停下脚步，希马尔猝不及防之下，差一点直接撞到了师少鹰身上。霍然抬头观望四周，希马尔才注意到，他们在师少鹰的带领下，做出一个漂亮到极点的波动式战略穿插，成功地钻过了几支敌方部队在交叉封锁时形成的缝隙，竟然已经奇迹般地回到了距离直升机紧急迫降位置大约一公里外的某个小山坡上。

山坡上那个突然从一片沙地里爬起来丢掉披在身上的伪装布，迎着他们走过来的男人，不就是在直升机紧急迫降时，伸手牢牢抱住司空伯文，让她没有在那种情况下受一点伤，自己却因此被重机枪打断右臂的兄弟吗？

他的右臂被子弹打断，虽然得到简单急救勉强止血，又凭借吗啡止痛，一直保持意识清醒，甚至还能勉强行走，但是以他的身体状况，想要跟着师少鹰他们进行高强度行军，甚至随时参战，那是绝不可能的！

让伤员就近潜伏，这样伤员可以得到充足的休息，等到他们折返回来后，再一起登上直升机。把重伤员留在这个视野开阔的小山坡上，也可以成为他们最后一座烽火台！从他的位置用望远镜可以直接看到维克多和那架直升机，如果真的出现意外，他会立刻用大功率步话机向希马尔报告。

现在这位兄弟安然无恙，只要看看他犹如纸一样苍白的脸上露出的笑容，再迟钝的人也应该明白，走到这一步，一切顺利，几次险死还生、几次亡命奔逃，他们的计划，似乎真的成功了！

希马尔迎着这个兄弟快步走过去，两个男人在山坡中间张开手臂紧紧拥抱在一起。看着自己这个兄弟从手肘部位被子弹生生打碎，现在鲜血还在缓缓从纱布和绷带里渗出来的断臂，希马尔脸上露出了比哭还要难看的神色。

到了这个时候，这位身受重伤注定这一辈子都无法再回到战场，除了杀人之外无一技之长的雇佣兵，依然可以露出一个大大的笑容："不就是少了条胳膊吗？我还有左手，一样可以把酒吧里最漂亮的女人抱上床，一样可以把街头那些不开眼的小子揍得叫娘。"

希马尔咬紧了嘴唇，在这个时候，他真的不知道应该说些什么。

"还记得我们刚刚进入海军陆战队服役，每天被教官折腾得犹如几条死狗时，曾经一起许过的愿望吗？"

希马尔轻轻点头："等我们赚了钱，退伍后就一起去开个酒吧。酒吧不用太大，只要能养活我们几个兄弟，让我们没事时，一边你一句我一句数落着教官的不是，一边喝着最便宜的伏特加，可以一直喝到爽、喝到醉，这就足够了。"

"对啊！"

用剩下的手臂紧抱着希马尔的那个雇佣兵，脸上露出了梦一样的神采："最重要的是，到了晚上酒吧里也许会有独自一人走进来，身材绝对性感的辣妞，我们谁看顺眼了，可以走上去请她喝上一杯自己亲手调的鸡尾酒，和她讲点自己的经历，最后把她带到酒吧后面的房间。如果上了床还觉得顺眼，没有关系，我们可是酒吧的老板，养上一个女人再生上几个孩子还是能做到的。"

这真的是一个小得不能再小的愿望，只可惜以当时俄罗斯一片萧条的经济环境，他们几个人当了几年的兵，甚至上过战场，也没有攒下哪怕是开一间小酒吧的钱。最后希马尔率先离开军营，成为一个战地记者，而剩下的几个兄弟，在参加车臣战争后也跑到非洲，组建了一支同样小得不能再小的雇佣兵部队。

这个兄弟附在希马尔的耳边，低声道：“悄悄告诉你，当了几年雇佣兵，我攒了整整80万美元呢。我早就攒够了开一家酒吧的钱，可是因为当雇佣兵赚钱真的很快，我一直犹豫着下不定决心。这下好了，我终于可以离开这片该死的土地、离开该死的战争，回到俄罗斯，去开上一间大大的酒吧，等着兄弟们回去，一边骂教官，一边喝伏特加了。

“下次你在俄罗斯最热闹的街头看见我时，也许我已经是一个西装笔挺、戴着名表、身上还喷着古龙香水的绅士，车上还坐着一个漂亮的老婆和几个孩子。希马尔，我最好的兄弟，你难道不为我即将开始的新生活而感到开心吗？”

希马尔轻轻吸着气，看着这位身负重伤的兄弟，既伤心又歉疚。可是眼看着这位兄弟抛掉负担，即将走向一段全新的人生，开始为他们共同的梦想而努力，希马尔又为这位兄弟由衷地感到开怀。这两种情绪在希马尔的内心深处反复交织，这个时候他除了用力点头，用力拍打着这位兄弟依然宽厚得可以为一个女人、一个家庭支撑起任何风风雨雨的肩膀，他还能说什么？

两个男人再次张开手臂，准备彼此给对方一个热情的拥抱，一直静静地站在不远处微笑看着他们的师少鹰突然放声狂吼：“卧倒！”

听到师少鹰的狂吼，那名身负重伤的雇佣兵脸上露出迷茫的神色，他根本听不懂师少鹰在对他们狂吼着什么，身体不断注射吗啡，有效止痛的同时也让他的思维反应能力大大下降。在这个要命的时候，他非但没有做出一个职业军人应有的敏锐反应，甚至还下意识地转头，望着师少鹰用俄语问了一句：“什么？”

就在这个瞬间，时间仿佛定格了。

一枚从二百米外某个位置发射出来的RPG火箭弹，在空中划出一道漂亮到极点的弧线，直直贯进了那名伤员的身体。火箭弹带来的强大惯性，推得他和希马尔两个人一起向后倒退了两步。

“噗……”

身体受到火箭弹攻击的伤员嘴一张，一口炽热的鲜血猛地喷到了希马尔的脸上。

那枚火箭弹并没有爆炸，但是任何人都知道，他们这个兄弟死定了。

火箭弹至少有一半没入了他的身体，鲜血就像是自来水般，从伤口处喷溅出来。受到如此可怕的致命重创，那名雇佣兵的脸上猛然浮起了一片苍白的绝望，他望着希马尔，嘴唇颤抖了好几下，终于挣扎着从喉咙里挤出了在这个世界上的最后一句话："希马尔……我，我，好疼啊……好疼啊……"

一只有力的大手从背后抓住了希马尔全力向后一拽。整个人都彻底呆住，大脑一片空白的希马尔根本做不出有效抵抗，被那只大手狠狠拽着向后连退几步，紧接着希马尔看到一条身影猛冲上去，一脚狠狠地踢到面前的兄弟身上。

没有人知道师少鹰的这一脚踢得有多狠，在众目睽睽之下那名身受重伤、背后还嵌着一枚火箭弹的雇佣兵，被师少鹰一脚踢得倒飞出三四米远，在摔到地上后依然余势未消地又翻了两个跟头。在这个过程中，从他身体里喷溅出来的鲜血，就像是水池里喷出的伞形水柱，在阳光的照耀下倾洒出一层玫瑰色的血墙，更在地面上淅淅沥沥地淋出一条血之通道。

"师少鹰……你他妈的浑蛋！"

希马尔真的要疯了，刚才他甚至听到了自己兄弟身体骨骼被生生踢断的碎响，在这个时候，希马尔心里唯一的想法就是直接拔出枪，当场把师少鹰打成一个筛子！敢这样对他受到重创的兄弟出手，无论有什么理由，无论是谁来说情，他都不会再管！

师少鹰却没有理会希马尔的怒吼，还有希马尔伸手拔枪的动作，他闪电般地一扬手，对着另外几个正猛冲过来的雇佣兵连续射出几发子弹，逼得刚才还一起制作诡雷的伙伴被迫全部卧倒。

砰！

希马尔的铁拳重重地砸到师少鹰的鼻子上，师少鹰的眼前猛然炸出无数朵金星，就连他的双耳都嗡嗡嗡嗡地猛叫，眼前一片金星什么也看不到。师少鹰直接张开双臂向前一扑，感觉到自己抱着什么，他不管三七二十一地拼尽全力带着希马尔向地面卧倒，两个人在地上抱成一团像个皮球般，沿着山坡不停地往下滚。

希马尔在这个时候真的疯了，他就像是泼妇打架般，用口水吐、用牙齿咬、用手肘撞、用拳头打、用脚蹬，他在不停翻滚时用尽一切方法进攻着师少鹰。眼前这个男人在自己兄弟受到致命重创的时候，还扑上去踢了一脚，如果今天他不能把这个男人碎尸万段，那他就根本不配来到这个世界上走一遭，更不配拥有身边这群生死与共的兄弟！

“轰！”

希马尔和师少鹰在山坡上翻滚出十几米，那枚火箭弹突然爆炸了。在震耳欲聋的轰响声中，明显要比普通火箭弹威力更大的爆炸，在瞬间就把那名身负重伤的雇佣兵身体撕成了无数碎片，混合着大片大片的鲜血，以那名雇佣兵摔倒的位置为圆心，纷纷扬扬洒遍了方圆十几米的小山坡。

希马尔已经要再次落到师少鹰脸上的拳头猛地停滞了。看着师少鹰那张被自己吐得满是口水，更不知道在短短十几秒钟时间里被自己近距离打了多少拳的脸，虽然不知道师少鹰凭什么确定那枚火箭弹会在几十秒钟后爆炸，但是眼前的一切已经足够说明，是师少鹰救了他们所有人！

“我……操！”

两个人翻到山坡下，扭头呆呆地看着爆炸的位置，酸酸楚楚的味道在瞬间就冲上了希马尔的心头，让他想哭却连哭都无法哭出来。

只要是对索马里稍稍了解的人就会知道，索马里人有三个特点。

他们受到的教育程度太低；他们生活的环境太恶劣；他们的武器拥有量太高。这样三个特点，注定了索马里人根本不畏惧死亡，他们本能地排斥着所有的外来者，不要问是哪个国家的来客，站在他们的国度，随时都可能受到攻击。

他们整个国家，所有的人民都因为对侵略者的愤怒和对生活与未来的绝望而变得暴怒起来。所以只要稍稍受到刺激，他们就会拿起武器，只要有人登高一呼，面对入侵者，他们就会全民皆兵！就是因为这样，不但是世界记者保护组织把索马里列入战地记者的黑色禁忌地带，就算是雇佣兵，也绝不愿意进入这种死亡泥沼。

实在是太害怕被拒绝，所以希马尔在拿着并不多的雇佣金找到这些曾经在部队里朝夕相处时，在战场上有着用鲜血浇灌出来的过命交情的兄弟，思前想后他还是撒了谎。他告诉这些兄弟，司空伯文不但和他是彼此尊敬的同行，在一个月前，更已经接受了他的求婚，成了他的未婚妻。

如果不是这样的话，这些一直在非洲战场上打滚，对索马里现状了如指掌的雇佣兵，又怎么可能为了区区几十万美元，在连情报准备都不充分，也没有后勤补给的情况下，就敢深入堪称兵家禁地的索马里执行这场太过危险的营救行动！

他用欺骗的方式，把这些兄弟带进了这个已经注定九死一生的战场，虽然说爱情就是自私的，虽然说男人就应该想尽一切办法去保护自己的女人，可是看着一个兄弟因为自己的谎言，先是不顾一切地保护身负重伤的司空伯文，最后又带着笑容被一枚火箭弹炸得死无全尸，请问，换成你是希马尔又是否真的能抱着“爱情至上”这个哲言而无动于衷？

泪水终于忍不住从希马尔的眼睛里奔涌而出，很快就打湿了他身下那一片如此厚重又如此萧瑟的大地。

希马尔用力捶打着身下的地面，很快他的拳头就被碎石子刺破，可是这种刺痛又怎么能比得上心里那股痛彻骨髓的疼？他不停地喃喃自语着：“对不起，对不起，对不起，对不起……”

虽然安全了，但是师少鹰的心却沉到了谷底。

出生在缅甸，在他们周围到处都是二战时遗留下来的地雷，这样的环境造就出一大批诡雷高手，他的父亲就是其中最高明的一个。他的父亲曾经给他提起过一种最残酷，专门针对特种兵设计的“尸爆”诡雷。

用尸体为诱饵制作各种诡雷，这是一种把人类战争残酷美学发挥到极致的艺术。

没错，就是艺术。

如何用人类体积有限、形状受到极大限制的身躯，再加上人类发明的武器，发挥出最大的杀伤力，是考验诡雷专家的一块试金石。如果没有艺术家般的创造力和思维活跃度，没有把死亡视为舞蹈并从中寻找到独特韵律与节奏的人，就绝不可能把这种诡雷应用到战场上。

在这门“尸爆”诡雷艺术当中，最难的就是利用敌人活体目标制成杀伤陷阱。放眼整个世界，能把这门艺术玩转的人屈指可数。

可是师少鹰他们现在面对的，就是一个能用火箭弹把“尸爆”诡雷玩得登峰造极的人物！

如果不是师少鹰看到火箭弹上有人为改造后留下的痕迹，在那最要命的几十秒钟时间里，出于一名职业军人面对死亡的本能直觉，让他想到了父亲曾经提到的“尸爆”诡雷并迅速踢飞伤员，所有人都会在第一时间冲到伤员身边试图挽救同伴生命。真到了那个时候，他们整支小队就会因为一枚内部填装了高爆混合炸药，拥有30秒延时功能的火箭弹而全军覆没！

越是特种部队，越讲究团队配合，队员之间的感情越亲密，受到这种火箭弹攻击后，付出的代价就越大！

这枚以RPG火箭弹为外衣的飞行版“尸爆”诡雷，就是针对特种兵设计出来的超级撒手锏！

就算师少鹰一向以诡雷设计高手而自居，回想着那枚火箭弹的射击之精准、布局之狠辣，仍然忍不住在心里涌起了一种不寒而栗的感觉。

这些掺杂在青年党武装叛军一群乌合之众里面的精锐骨干，究竟经历过什么样的战争洗礼，才让他们在缺乏系统训练的情况下变得这么强？

一个连师少鹰自己都不敢相信的想法，突然涌上了他的心头——他们不会是参加过20世纪80年代抵抗苏联军队入侵的阿富汗游击队吧？

就在这一片混乱、一片悲伤当中，犹如几辆重型坦克一起高速奔驰的轰鸣声突然从阿尔戈夫小镇的方向传过来，甚至连师少鹰脚下的地面都被带着隐隐颤抖起来。

到了这个时候，什么无线静默、什么隐藏已经变成了最扯淡的笑话，负责外围掩护的狙击手亚勒，他的声音通过步话机传进了在场每一个人的耳朵：“小心，有大股敌军骑兵正在向我们靠近！”

骑兵？

突然在战场上听到这个已经从人类主流战争舞台消失了几十年之久的兵

种，师少鹰瞪大了双眼，他取出自己在摩加迪沙黑市上买的望远镜，还没有看清楚敌军，就看到了几可遮天蔽日的大片灰尘。只要看看那片灰尘的移动速度，师少鹰就可以推测出对方的冲刺是如何猛烈、如何疯狂。

阿尔戈夫小镇里竟然还隐藏了一支数量不详，但是绝对不会太少的骑兵！

索马里这个国家没有铁路，公路也差得要命，他们使用最多、频率最高的交通工具就是骆驼。这些拿着一辆皮卡汽车都能制造出一辆装甲车的武装叛军，弄出一队骆驼骑兵又有什么不可以的？

战术和武器永远没有落后之说，只要把它们运用到合适的地方、合适的时间，就能发挥出意想不到的效果……直到这个时候，师少鹰才算真正明白了上面那段话背后那无比深刻的含意！

对方的指挥官已经看穿了他们的底牌，所以将计就计，在他们自以为已经诡计得逞，甚至已经认为能够活着撤出索马里的时候，才突然铁锁横江般打出了最后底牌！

师少鹰真的没有想到，对方在几个小时后，先是通过种种蛛丝马迹判断出他们的战略意图，接着以直升机为诱饵，直至他们踏入陷阱，才再次以那名玩火箭筒的超级高手为先锋，发起雷霆万钧般的致命攻击，一举就将他们这支小部队逼入了看似再无生机的绝境！

骆驼的奔跑速度大约是每小时四十公里，他们现在这个位置，距离阿尔戈夫小镇大约是九公里。换句话说，最多只需要十四分钟，对方的骆驼骑兵就会冲过来，对他们发起两点之间直线最短的正面冲锋。他们只有区区几个人，无论是正面抵抗也好，边打边逃也罢，最后的结局都是全军覆没，绝不会有第二种可能！

师少鹰抓起了希马尔，望着希马尔沾满眼泪和砂粒的脸，咬着牙，劈手就在希马尔的脸上狠狠抽了两个耳光。

“我知道你的兄弟死在你的面前，甚至可以说是死在你的怀里，你很伤心，可是他已经死了，你就算是把眼睛哭瞎了又有什么用？你与其浪费时间为已经失去的兄弟而哭，还不如先想一想，你如何保住剩下的兄弟！”

师少鹰指着远方那片正在以40公里时速向他们猛扑过来的骑兵群，放声狂吼道："看到了没有，如果你还要继续哭，十五分钟后，你剩下的兄弟他妈的就要死绝了！"

脚下大地颤抖的感觉越来越明显、越来越强烈，感受着几百名骑兵一起集体冲锋时，那股扑面而来的凌厉杀气，再看看其他几名兄弟，希马尔的眼睛里猛然扬起一股疯狂到极点的光芒，他对着自己身上的步话机放声狂吼道："亚勒，跑，立刻往后面跑，跑上三百米再回头！那个把我们兄弟炸死的浑蛋，是一个在近距离能把RPG火箭筒当狙击步枪使的神炮手！你的任务就是跑出火箭筒的精确射击范围，用你的步枪死死盯着他，让他知道只要敢一露头，你就会一枪打死他！你要把他当成一个狙击手来对待，你必须彻底压制住他，让他在后面的战斗中只能老老实实趴在一边。如果你做不到，我们这些人迟早要被他一炮一炮地炸得干干净净，听明白了吗？"

亚勒低沉的声音，透过步话机传进了希马尔的耳朵："放心，保证完成任务！"

第四十一章　背水争雄

"架起榴弹发射器，架起机枪，用十分钟依托地形构建防御工事，组建梯次防御火力，以火力替补的方式进行阵地防御战！"希马尔放声狂吼道，"我们今天就算是全军覆没，也要让这些浑蛋付出十倍甚至是一百倍的代价！让他们睁大眼睛看清楚，无论是苏联还是俄罗斯，我们都是北极熊，是地球上最疯最狂最悍最勇，无论走到哪里都能掀起一片狂风骤雨，只要聚成一群就能横行霸道的大地最强生物！"

榴弹发射器和轻机枪在火力视野良好的位置被架了起来，几名雇佣兵手持单兵锹开始拼命挖掘，他们必须要和时间赛跑，抢在敌人的骑兵包抄上来发起冲锋前，为自己准备出一个哪怕是最简单的掩体！

“师少鹰，你小子要干什么……”

看着师少鹰突然冲下山坡，以百米冲刺的速度冲向直升机紧急迫降的方向，希马尔的狂吼只喊出一半就戛然而止。

敌人的指挥官既然布下陷阱，就必须有一个足够让他们上钩的诱饵！敌人的指挥官在判断出他们的意图之后，依然放任维克多活着，不派一兵一卒赶到直升机迫降地点，就是要给师少鹰他们希望。

大约一千米的距离，师少鹰只用了三分十秒就冲了过去，看着已经发现事情不对，连额头上的汗珠都来不及去擦，正在机身外围拿着工具拼命维修的维克多，深深吸了一口气，再把夹杂着肺叶燥热的气息狠狠吐出去，放声狂叫道：“能不能修好，还要多久才能起飞？”

维克多脸上露出茫然的神色，他听不懂中文。师少鹰狠狠地往地上吐了一口口水，指着维克多身上的步话机，做了一个“立刻打开它”的手势。

师少鹰不知道希马尔和维克多通过步话机都说了什么，两个人的声音又快又急。在师少鹰这个根本不懂俄语的家伙耳朵里，卷舌音几乎已经连成了一串，半分钟后师少鹰身上的步话机里传来了希马尔的声音：“维克多说，直升机内部电子线路出现问题，他在这方面用了太多时间，现在虽然已经排除了电子和机械故障，但是还没有来得及拆除机身装甲板与步兵舱里的座椅，靠剩下那台老化严重的发动机根本无法顺利起飞。”

“别跟我说这些有的没的！”师少鹰也急了，他对着步话机放声吼道，“你就告诉我，维克多还要多少时间才能让直升机飞起来！”

“他说加上你帮忙一起拆除直升机外面的防弹护甲，还有机载火箭炮，再把一些不必要的负重去掉……”说到这里，希马尔的声音顿了一顿，“至少也需要二十分钟！”

二十分钟！

敌方指挥官已经亮出最后底牌，他给那群骆驼骑兵下达的作战攻击顺序，第一个攻击目标必然就是维克多和直升机，已经到了收网的时候，他绝不会再给师少鹰他们逃脱的机会。

二十分钟，已经足够让骆驼骑兵冲过来并摧毁直升机二十次以上！

也许敌人指挥官之所以可以放任维克多和直升机的存在，甚至没有立刻为那名狙击手报仇，就是因为他通过玩RPG火箭筒的那名神炮手，可以清楚地监视到维克多的一举一动，并判断出直升机最后的维修完成时间！

他们就连最后的希望也失去了！

或者可以说，对方的指挥官根本就没有给他们留下任何机会！

师少鹰呆呆地站在直升机的正前方，没有冲上去和维克多一起工作。就算是他冲上去和维克多一起动手又能怎么样？除非他们两个人有三头六臂，在短时间内爆发出超人般的力量，否则时间终究还是不够。

动力不足，必须减轻负重……

盯着眼前这架被重机枪打得破破烂烂，又被维克多用变态的方法修修补补，显得越发破烂的直升机，回想着维克多第一次起飞时，因为地面砂粒太多，发动机动能不够，使用的“阿富汗特色”滑行起飞，师少鹰再次举起手中的步话机：“你问下维克多，是不是只要直升机能飞到空中，没有了砂粒对发动机的影响，就算是不拆掉防弹板和火箭发射巢，也一样能飞回去！”

二十秒钟后，步话机里传来了希马尔的声音：“没错！但是维克多说，如果不拆掉防弹板和火箭发射巢，就算使用滑行起飞动作也飞不起来！”

师少鹰掉头冲向不远处的那个小山坡。那辆四个轮胎都被刺刀捅穿的皮卡汽车，依然静静地停在山坡上面，师少鹰打开驾驶舱，还好，汽车的钥匙还在。

坐在破破烂烂的主驾驶席上，一扭钥匙，汽车发出一连串犹如哮喘般的挣扎声，几次三番后，比拖拉机声音还要大上几分的柴油发动机，终于以无论是尾气排放还是噪音都绝对超标的姿态恢复了工作。

驾驶着这辆四个轮胎都没有一点气，发动机一边转里面还一边响，不知道为什么，排气管里突然就会传出一两声犹如鞭炮般爆鸣的皮卡武装汽车，师少鹰一路又蹦又颠地将这台报废车开下了山坡，冲向了直升机停放的位置。轮胎里没有一点气，压到大块的石头上，整台汽车就会猛地蹦起，车身里面更会发出一连串吱吱哇哇不堪负荷的金属颤鸣，在这个时候，师少鹰心里最大的祈求就是让他可以把这玩意儿开下山坡不要中途散架！

一向远离师少鹰的“幸运”这一次奇迹般地光临了，他竟然真的将那台破汽车连蹦带跳地开了下来。

维克多疑惑地看着师少鹰把汽车开到直升机的机首位置，当他看到师少鹰用一根尼龙绳绑住直升机的前支撑轮，然后把尼龙绳的另外一端绑到了皮卡汽车尾部时，维克多的眼睛猛然亮了。他可是最变态的直升机驾驶员，所以他一眼就看明白了师少鹰想要干什么……敌方指挥官的经验再丰富也不会想到，在这个世界上，还有敢用区区一辆皮卡汽车把一架雌鹿武装直升机当风筝放的变态组合！

在用尼龙绳把汽车和直升机连在一起之后，师少鹰冲回汽车驾驶舱，维克多也二话不说，丢掉手中的扳手，冲进直升机驾驶舱。

直升机的螺旋桨再次开始缓缓转动，在发动机拼尽全力的功率输出下，螺旋桨的转动速度越来越快，感觉到火候差不多了，师少鹰狠狠一脚踏下去，将汽车油门直踩到底。虽然说这辆破汽车连四个轮子都没气了，但是柴油发动机的大马力在这个时候仍然得到了体现，重达十吨的直升机竟然被一辆小小的皮卡汽车拖得向前慢慢移动起来。

刚刚往前开了二十多米，师少鹰驾驶的汽车突然猛地向前一蹿，拉着向前跑可以将更多动力用在上升方面的直升机猛地一顿。

师少鹰和维克多一起瞪大了眼睛，望向同一个位置，两个人异口同声地用自己的母语叫道："我操！"

要完成滑行起飞动作直升机机身必须前倾。这个前倾角度非常重要，如果前倾角度不足、抬尾太少，直升机根本无法取得足够的动力；如果前倾角度太大，主旋翼会直接抽打在地面上。

号称"空中飞熊"的维克多当然不会犯让主螺旋桨打到地面上这种错误，但是他也从来没有让人用汽车拉着直升机助跑的经历，虽然努力控制，但仍然让主螺旋桨划到了那根连接汽车和直升机的尼龙绳，高速旋转的主螺旋桨一下就将绷得笔直的尼龙绳割断。

师少鹰将汽车向后倒了几米，然后跳下来，抓起从中割断的尼龙绳，在上面狠狠打了一个死结。

再次冲进汽车驾驶室，师少鹰将汽车油门一踩到底，在柴油发动机疯狂的咆哮声中，十吨重的武装直升机再次被拉得滑行起来。

这一次维克多显然是吸取了教训，他的起飞动作更谨慎也更细腻，眼看着在汽车的带动下，直升机滑行的速度越来越快，已经有了要腾空而起的迹象，师少鹰驾驶的汽车突然狠狠一顿，汽车右前轮已经陷到一个沙坑里，汽车驾驶室顶部突然传来一连串刺耳的金属交鸣声。如果不是维克多操作技术高超，发现汽车出现异状时在第一时间做出调整，直升机高速旋转的螺旋桨会变成一把巨大的砍刀，把师少鹰连人带车一起切成两半。

虽然维克多及时做出调整，但是面对这种意外，系在汽车与直升机之间的尼龙绳还是再次被划断了。

师少鹰跳下汽车，抓起尼龙绳又在上面打了一个死结。当他准备返回驾驶室时，几发子弹突然打在汽车右翼的钢板上，直打得火星飞溅，其中一发子弹在钢板上反弹起来后，打着转儿紧贴着师少鹰的脸庞飞过，在他脸上擦出一条血痕。

那些骑兵当中骑术最好、冲在最前面的极少数人，赫然已经冲到了距离直升机不足六百米的位置，从他们手中步枪里射出来的子弹，已经可以用扫射的方式对师少鹰和维克多造成一定的伤害。

师少鹰跳上汽车，倒转手中的班用轻机枪，用枪托砸碎右侧车门上的玻璃，先是一脚将汽车油门踩到底，在发动机的嘶吼声中，他一边驾驶汽车拉着一架重型武装直升机试图玩上一记漂亮的放风筝，一边举起手中的班用轻机枪拼命扫射。

冲在最前面的几个骑兵面对狂风骤雨般扫射过来的机枪子弹，他们避无可避，齐刷刷地栽倒在地上，可是很快又有更多的骑兵踏着他们的尸体冲上来，十几支自动步枪更是一起对师少鹰和维克多进行扫射。

“嗒嗒嗒……”

身后传来了冲锋枪扫射的声音，无论在什么时候，身上都喜欢穿着一件五号防弹衣，手边总会放上一支突击步枪的王牌飞行员维克多，也坐在驾驶舱里对着外面开火了。

“你他妈的用一支冲锋枪扫射顶个屁用啊！”师少鹰真的气疯了，他对着步话机狂喊道，“你现在的任务就是集中精神，不顾一切地给我飞起来！飞起来！飞起来！只要你能飞起来，你可以用火箭炮轰、用机炮射、用重磅炸弹炸，你想怎么玩就怎么玩。至于现在，你真他妈的以为是超级塞亚人转世，用一支冲锋枪就能打出一架雌鹿武装直升机的火力啊？我就他妈的奇怪了，你狗日的好好的飞行员不当，为什么就喜欢客串炮灰型的步兵！”

步话机里也传来了维克多呜里哇啦的吼叫，两个人都听不懂对方在鬼叫些什么，但是两个人却又都对着步话机用力地吼叫。他们就是在用这种绝对称不上斯文的方法，彼此给对方打气，更是在用这种方法让对方知道，自己还活着！

子弹在空中嗖嗖地乱飞，打在汽车外面那层焊装钢板上，发出一连串叮叮当当的声响，如果没有这层师少鹰看了就想笑的装甲板，坐在驾驶室里的师少鹰早就被乱枪打成了筛子。

一直以最艰难姿态向前行驶的汽车，就像是摆脱了束缚般猛地向前一蹿，速度在瞬间大量提升。师少鹰霍然回头，就看到一架重达十吨，在几个小时前被一挺大口径重机枪扫射出的一百多发子弹打得千疮百孔的雌鹿武装直升机，前支撑轮终于离开了地面。

直升机没有收回去的前支撑轮，从皮卡汽车的顶部碾过，整辆汽车都发出不胜负荷的痛苦呻吟，就是借着这最后一点支撑力，维克多狠狠一拉方向杆，直升机险之又险地腾空而起。

但是这架直升机在距离地面七八米的高度却停住了，直升机在空中不断摇晃，做出一个个触目惊心的动作，随时都会重新掉下来摔得七零八碎。维克多双手拼尽全力抓着操纵杆，他对着步话机嘶声狂叫：“小子，快弄开绳子！”

师少鹰跳下汽车，拔出身上的开山刀，对着尼龙绳狠狠砍下去，摆脱束缚的雌鹿武装直升机终于腾空而起。但是师少鹰却没有伸手抓住面前的半根尼龙绳搭乘直升机脱离战场，只有维克多一名驾驶员，没有人操作重机枪掩护，如果师少鹰在这个时候不顾一切地强行登机，在他用那根绳子爬进机舱前，他会被猛冲过来的骑兵击毙一百次！

“师少鹰，快往回跑！”步话机里传来了希马尔焦急的嘶吼，“维克多负责用直升机上的火箭炮压制敌人的骑兵，掩护你撤退，我们会在山坡上架起榴弹炮接应你，我们会合后再找地方一起登机……”

希马尔的话还没有说完，步话机里就传来一阵密集的枪响，希马尔看着身后出现的大片武装叛军，他的心在瞬间沉到了谷底。至少有两支武装叛军小队正在从左右两翼同时包抄上来，和前方的骑兵一起，对着师少鹰和希马尔他们形成了合围之势。

已经开始全力冲刺，准备用自己的双腿和骆驼争抢时间的师少鹰在枪声响起的同时就猛然停住了脚步。看着一千米外，那道希马尔他们临时构建起来的防御线，听着此起彼伏的枪声，还有自动榴弹发射器开始连发扫射形成的密集爆炸，一个有点无奈、有点坦然，又有些不甘的苦涩笑容缓缓地从师少鹰的脸上扬起。

他扭过头，对着身上的步话机说道：“希马尔，哥哥我今天只怕是要交待在这里了。”

第四十二章　骑士信条

“不要放弃，我们还有机会！”

听着希马尔的回复，师少鹰无言地摇了摇头，他反过身又爬上了那辆皮卡汽车，检查了一遍那挺车载12.7毫米口径的重机枪，又看了几眼整整齐齐摆放在车斗内侧的几箱重机枪子弹。师少鹰哗啦一声，重新拉开了枪机，他低沉而有力的声音就像是钉子般，通过电波一字一顿地狠狠钻进了希马尔的耳朵：“你丫的扯什么犊了？！”

他既然在这片异国他乡的土地上拿起了枪，在消灭敌人之前就应该做好了血溅五步被敌人反消灭的准备。

杀人者，人亦杀之，这就是战场上千古不变的定律！

双手握住重机枪的发射柄，望着迎面扑来，就连大地都跟着它们一起颤抖的骑兵洪流，品尝着以一挡百的孤独，纵然已经做好最后的准备，师少鹰仍然觉得呼吸急促、喉咙发干。他伸出舌头，轻轻舔了一下自己的嘴唇："希马尔，我有一件事情想要拜托你。"

"放心，我会保护司空伯文。"

师少鹰轻轻摇头，他当然看得出希马尔对司空伯文的感情，像她这样犹如一株兰花般静雅而美丽，散发着遗世独立芬芳，骄傲而又坚强得近乎不可一世的女人，只要能读懂她的美，有哪个男人不愿意保护她？

"如果你们最终还是失败了，没有办法活着离开，我要你答应我，在你死之前，给司空伯文留下一发子弹，绝对不要让她再落入敌人的手里！希马尔，告诉我，你能不能做到？"

步话机彼端的希马尔彻底沉默了，只有听筒里那一阵接着一阵的枪声能证明他们之间的通信依然存在。

"我们手上已经沾了对方太多鲜血，他们会想尽一切办法拼命报复，难道你想让司空伯文承受这一切？难道你真想被人按在地上，扒开你的眼睛，让你在临死前眼睁睁地看着司空伯文被几十个人轮奸，听着她哭？希马尔，你不要太脆弱！"

步话机里传来师少鹰焦急到极点的狂吼，希马尔不停地吸着气，在这个时候，他紧握着枪的双手都在不停地轻轻颤抖，他回过头望着司空伯文，脸上露出了一缕发自灵魂的温柔。

他喜欢这个女人，喜欢得不得了！

在第一次和司空伯文并肩战斗时，他就被这个女人迎着子弹猛扑上去，就算是摔倒了也紧紧握住手中话筒的勇气和执着惊呆了。

眼睁睁地看着一个二十岁出头的年轻东方女人，趴在雪地上，顶着嗖嗖乱窜的子弹，在摄影师都没有跟上来的情况下，通过声音把现场实况报道传送回电视台总部。看着那一刻，面对死亡压力与挑战，她身上所绽放出来的热情与无畏无惧，感受着她整个人的灵魂都在飞翔的自由与洒脱，从来没有对女人真的动过心、真的用过情的希马尔，在那个时候，只觉得心神皆醉。

如果不是他对这个女人投入了太多的关注，他与她之间，又怎么会有这么多的巧合？又怎么会一起登上了同一架飞往索马里的客机？

他真的想娶这个女人，想用自己的一生去保护她、爱她，哪怕她到现在都没有接受自己的感情，这份想要保护她的执着也不会有任何改变！可是在今天，就算他不要命地带着这个女人冲出生天，师少鹰这个浑球中的浑球，也会在她的心里永远占据一个角落！

嘴里尝到了一股腥甜的味道，不知道什么时候，希马尔已经咬破了自己的嘴唇，迎视着司空伯文那双依然犹如喜马拉雅山上流淌出来的溪水般清澈的眼睛，希马尔猛然发出一声狂嗥：“好，我答应你！”

“保重！”

“保重！”

说到这里，两个男人之间的通信中断了。

丢掉身上的步话机，到了这个时候，师少鹰已经再无任何牵挂，他眯起眼睛，通过车载重机枪钢甲护板中间留下的瞄准孔，望着那些近得几乎已经可以看清楚面孔的叛军骑兵，双手用力一扣重机枪的发射柄，沉默了良久的重机枪终于开始狂吼起来，加装了曳光弹的重机枪子弹在空中划出一道道灿烂到极点的红色轨迹，就像是一把雷神之剑，横扫向那些气势汹汹猛扑过来的骑兵。

那些身上绑着自制护甲，就连骆驼身上都做了局部防弹处理的骆驼骑兵，面对这种人类制造出来的最纯粹的战争武器，他们就像是遇到刀子的奶油般，惨叫着、嘶吼着，被齐刷刷地扫倒一大片。

被重机枪子弹打中的骑兵摔下骆驼，后面的人连闪都不闪就直接撞上去，那些受伤的骑兵就算是没有被子弹打死，只要摔落下坐骑也会被后面的战友生生踩成肉泥。面对这种残酷的死亡，这些骆驼骑兵竟然选择了不退后！他们一边发出疯狂吼叫发起冲锋，一边在骆驼背上举起手中的自动步枪，对着师少鹰拼命射击。

上百支自动步枪一起对着师少鹰射击，就算是因为人在高速奔跑的骆驼上，射击精度已经低到可怜的地步，子弹依然劈头盖脸地打过来，撞在防弹钢板上火星直冒，叮叮当当的撞击声更是几乎响成一片。

师少鹰一边扫射一边放声狂吼，在重机枪特有的沉闷轰鸣声中，连他自己都听不到自己的吼声。但是师少鹰依然不停地吼着：“你们这么勇敢，都能顶着重机枪的扫射向前冲，你们为什么不勇敢地改变自己身处的世界？为什么不勇敢地去重新恢复你们的经济？你们为什么不把这份勇气和力量用在建设学校、建设医院、建设自来水厂上？”

那些已经快要冲到师少鹰面前的骆驼骑兵，当然不会回答师少鹰这些问题，冲在最前方的骑兵收起自动步枪，亮出了弯月形的马刀，他们将弯刀高举过顶一起用力摇晃，远远地看过去，在阳光的反射下，就像是一群受到真神祝福，所以身披光之铠甲的神战士，带着碾压一切尘埃的气势对着师少鹰猛撞过来。面对如此疯狂的骑兵冲击，一挺重机枪根本不可能把他们压制下来。

轰！

惊天动地的火焰，以皮卡汽车为圆点冲天而起，几百发重机枪子弹混合在火焰和被爆炸生生撕碎的铁皮当中，瞬间就对方圆三百米的范围进行了一次无差别覆盖。

已经成功通过软梯带着司空伯文登上直升机，正在用步兵舱里架设的重机枪疯狂扫射，掩护其他队员登机的希马尔霍然扭头，看着一公里外那团直冲云霄的火焰，还有随之扬起，就连视线都被彻底封锁的大片黄沙，他的嘴唇狠狠抖了两下。形成这种大爆炸的唯一可能，就是师少鹰引爆了身上背的炸药，同时也引爆了汽车上装载的所有子弹。

司空伯文也神情呆滞地望着爆炸的方向，她的脸色瞬间变得一片苍白。不对，喜欢她，所以关注她的希马尔真的明白，她变得一片苍白的绝不仅仅是脸色，还有她整个人的灵魂。

想哭，在这个时候，她却连怎么哭都忘了。只觉得一片麻木、一片迷茫，除了还能呼吸，她甚至忘了思考，她只是呆呆地望着远方的火焰和硝烟，似乎那就是她生命中最后值得依恋的地方。

他是那样聪明，聪明得一眼就能看穿她的小伎俩，聪明得可以跳出三界外不在五行中，聪明得身边全是一群怪胎。这么聪明的一个人，难道真的就这么死了，而且是粉身碎骨死无全尸？

从本质上来说，他们只是房东与房客的关系。说是朋友，相处的时间太短；说是红颜知己，他们甚至连床都没有上过。他那样一个聪明人，又怎么会为一个一年到头经常不在家的房客，一个相处时间太短的朋友，一个仅仅是彼此欣赏却从来没有上过床，大概再相处下去也不会上床的红颜知己，就拼上了自己的命？

他究竟是太聪明所以“大智若愚”了，还是说他从来都是这么傻，只不过他平时用所谓的心理学、用所谓的聪明，精心包住了他灵魂深处那股无可救药，撞到南墙也不回头、看到棺材也不落泪的傻！

一双有力的手臂抱住了司空伯文，把她带进了自己的怀里。

“你必须要活下去，从这一刻开始，你的生命中有一半是属于师少鹰的，你要带着牵挂他的悲伤，努力活下去，而且要活得比现在更好，活得更精彩。因为他就是一个不甘于平淡，无论在什么时候都会去追求精彩，哪怕是赌上自己生命也绝不会回头，更不会投降的男人。”真的用了心、真的动了情，所以希马尔才读懂了司空伯文的痛，才能说出他这一辈子未曾说过，也未曾懂过的话，“你要努力让自己看到更辽阔的天空，接触更多更新奇的世界，你要让自己的名字、自己的报道，影响更多的人。如果在你老死前的那一天，躺在床上回首往事，把自己所有的成就、所有的骄傲、所有的幸福平分成两份，依然可以认为自己无悔此生，那么，你就可以笑着去面对师少鹰了。”

“哭吧，为一个最好的朋友而哭泣吧！让他可以听到你的哭声、看到你的眼泪，然后带着我们所有人的祝福，再无牵挂地飞向远方的天国，在那里得到一个男人、一个战士、一个勇士应该享受到的永生吧！”

司空伯文抬起了脸，她望着希马尔，在这个时候，她脸上的表情就像是一个闯下弥天大祸，想要获得原谅却吓得连求饶的话都说不出来的孩子：“在另外一个世界，真的有天国、真的有永生吗？”

“怜悯，荣誉，英勇，精神，牺牲，诚实……”

希马尔背诵的是在几个世纪前，曾经被传遍整个欧洲大陆的八大骑士信条。那些在中世纪代表了武力与礼仪风度双重标准的骑士，不知道在人类历史上留下多少动人传说与美丽故事，更成为不知道多少花季少女心中永远的瑰丽梦境。

每读出一个信条，司空伯文的眼睛就明亮了一分。虽然师少鹰在现实社会中郁郁不得志，虽然他一次又一次碰得头破血流，但是他的言行、他的坚持、他的死不悔改，不就是这些骑士信条的最真实写照吗？

如果人死如灯灭，自然是一了百了。如果在另外一个世界里，真的有天国、有无所不能的神存在，以他们的公正和慈悲，又怎么可能舍得把一个流浪在都市中的骑士推拒在门外？

“哇……”

直到这个时候，司空伯文才终于痛哭出声，她一波接着一波的眼泪，很快就浸透了希马尔身上沾满硝烟气味的军装。感受着这个全身不停颤抖的女人那痛彻骨髓的痛，感受着她并不是为自己而流的眼泪中，那股烫得自己几乎要放声嘶吼的炽热，希马尔的目光从步兵舱里那些熟悉的面孔上扫过……经历了这么多波折，在付出了一个兄弟阵亡、两个兄弟轻伤的惨痛代价后，他们终于回到了直升机上，他们终于可以活着离开索马里了。

这架直升机的维修费用有多少，他要背负多么沉重的债务，希马尔不知道，在这个时候他也不想知道。

“维克多，我是希马尔。”

希马尔用身上的步话机和驾驶舱里的维克多取得了联系，在这个时候，希马尔的声音是从牙缝里挤出来的：“飞回去，对着爆炸的位置，把巢式火箭炮管里剩下的所有火箭炮一次性发射出去，我不管他们还剩下多少人，我要他们所有人一起给师少鹰陪葬！”

维克多沉默了几秒钟，只回了两个字：“明白。”

被重机枪打得千疮百孔，只剩下一台发动机还能工作，能飞起来都是一个奇迹的雌鹿武装直升机，在距离索马里首都只有三十公里的天空，突然狠狠拉出一条半圆形的弧线，带着发动机的轰鸣，猛扑向他们曾经的战场。

坐在步兵舱里抱着武器休息的雇佣兵，每个人都在第一时间感受到飞行方向的改变，但是却没有人开口说话，也没有人反对。

狙击手亚勒默默地站起来，走到步兵舱的一个射击窗口前，把手中的狙击步枪探出窗口。两名负责使用自动榴弹发射器的雇佣兵对视一眼，也走到另外一个射击窗口前，把窗口前架设的机枪挪开，将威力更大、杀伤力更强的自动榴弹发射器用三脚架支撑起来。

所有人都重新握紧了手中的武器，在直升机飞临敌军上空时，他们会将所有弹药都倾泻出去。他们就是要用这种方式，表达出对师少鹰这位曾经和他们并肩作战，现在已经在他们脚下那片大地上永远长眠的兄弟的最后敬意！

第四十三章　刺客

“引爆几百发子弹自杀了？”

听着一名队长通过卫星电话传送回来的情报，坐镇阿尔戈夫小镇临时指挥中心的孟坦视线终于从地图上挪回来，他眯起眼睛，通过窗户遥望着师少鹰引爆炸药的位置，轻声道：“小子够狠，连尸体都没有给我留下。”

一天以前还在这个小镇上拥有生杀予夺大权，现在却仅存的最后一名法官，用敬仰的眼神望着孟坦，直到大局已定，他才终于敢开口问道：“总教官，您是怎么一开始就知道，师少鹰他们的全盘计划是利用那架被击落的直升机逃离，所以将计就计把他们引入陷阱的？”

军事总教官，这就是孟坦在索马里青年党武装叛军中的职务，在短短几个月时间里，他已展现出足够胜任这个职务的能力。

孟坦轻轻摇头，眼睛里露出了悲伤的神色，如果他能一开始就知道师少鹰的全盘计划，他绝不会让亲如子侄的瓦杜德一个人冒险接近那架直升机，他更不会因此损失了身边唯一的狙击手训练教官。

在这个时候，不只是法官脸上露出了凝神聆听的神色，房间里所有人都竖直了耳朵。谁都知道，在这场远超他们能力极限的强者对抗当中，孟坦对战局的最后点评，是他经历了无数场战争终于拥有的经验与智慧结晶。

孟坦抓起摊在地图旁的一沓白纸，把它们给法官。法官如获至宝地摊开那些白纸，既惊讶又莫名其妙地发现，在那些白纸上，全是一些孟坦用铅笔画上去的弯弯曲曲的线条，这些线条看起来就像是小孩子随手乱写乱画留下的涂鸦，从中间找不到半点规律和逻辑可言，在它们旁边，那一串串不知道代表什么含意的数字，更是让法官看得头大如斗。

整整十七张白纸，上面画的都是类似于此的铅笔线条和数字。

"我指挥八支分队，分成四组对师少鹰他们一共实施了十七次围追堵截，他们想要生存，就必须把自己所有的战术技巧都拿出来！而我就会通过一次次交锋，熟悉他们、了解他们。十次以后，我计算出他们在面临绝境时，能够爆发出来的最高行军速度和支撑这种速度的体力极限；十四次以后，我已经可以确定，他们游离在队伍之外负责高精度火力压制和观测的狙击手，他的视野范围以及平时喜欢和队伍保持的直线距离、游动角度和潜伏习惯这一系列细节，得到我想要的全部数据后，我又用第十五次包抄验证了一遍我手中的资料，果然，一切都如我所预测的那样，没有一丝差异。"

说到这里，孟坦轻哼了一声，不用说在场的人也知道，明明应该稳操胜券，但是孟坦指挥的第十六次围堵失败了。师少鹰不但从已经合围，看似再无破绽的包围圈跳出去，还利用诡雷连连重创追击部队，直至再也找不到师少鹰他们的行踪。

"我不管他们用什么方法逆转战局，第十六次合围失败，我做的第一件事情就是自我反思。"孟坦伸手轻点着平铺在桌子上的地图，沉声道，"师少鹰只要一开始就用这种逃脱技巧，他们可以轻而易举摆脱身后的猎犬追踪，在跳出包围圈后从容地向摩加迪沙撤退。除非是有什么特殊原因，否则他们根本不需要被我围追堵截得一次次落荒而逃，几次险些被我抓住！当我把所有的路线图都重新展开，比对着地图进行反思时，一个因为太过不可思议而被忽略的问题终于引起了我的重视。他们看似被我排兵布阵逼得慌不择路，可是无论他们如何移动、如何穿插，他们距离直升机坠落的位置，都在五至十二公里之内！这样一个距离对他们来说，既不会太近，把我们的追兵吸引过去，也不会太远，让他们无法通过急行军一路冲回去。”

屋子里静悄悄的，每一个人都下意识地屏住了呼吸，仔细聆听着孟坦说的每一句话。他们看向孟坦的目光中，除了尊敬，还是尊敬。

“得出这样一个结论后，一个新的问题又出现了。”孟坦扬起了一根手指，“一架被重机枪击落，连飞行员都被狙击手一枪击毙的直升机，上面究竟还有什么，值得让师少鹰这种人宁可冒着全军覆没的危险，和我们手中几百名武装士兵打游击，也不愿意向摩加迪沙撤退？只要进入摩加迪沙，他们就可以得到政府军的保护，也可以向乌克兰维和部队求救。虽然师少鹰是索马里国家安全局的悬赏通缉犯，但是落在索马里政府手中，至少他们还能活下去，他拼死想要保护的女人也可以活下去。我想，只要是稍稍有点理智的人，面对这道选择题，都应该知道如何取舍吧？”

当表面的迷雾被孟坦用推理的方法一层层掀开，暴露在每一个人面前的就是最直接的本质：“我想了又想，不管在哪一个环节出现误差，唯一的解释就是，那架直升机还有可能被修好，还有可能重新飞起来！除此之外，绝对没有什么值得让师少鹰赌上全队人的命去冒险！所以我立刻调整战术，以直升机为诱饵布下陷阱，坐等着师少鹰一行人自投罗网。结果，我赢了！”

法官连连点头，配合道：“可惜没有活捉到师少鹰，让他这样死掉，真是太便宜他了。”

“没有关系。”孟坦眼睛里缓缓升起了一股锋利到极点的杀气，“师少鹰是死了，但他还有家人、还有朋友。等解决了这里的一切，我会用尽一切办法，亲手将他的家人、他的朋友，他在这个世界上关心的所有人，一个个像杀小鸡般宰掉。我会用师少鹰身边所有人的鲜血，来祭奠我的侄子，我会让他就算是死了都要后悔，为什么会成为我们的敌人！”

“啪！啪！啪……”

孤零零的掌声从某一个角落传来，一直紧跟在孟坦身后，一边仔细聆听一边下意识点头的法官霍然转头，皱着眉头低喝道：“什么人？”

法官看到了一把迎面飞过来的刀！

嗖——

匕首直接贯穿了法官的喉咙，几乎在同时，加装了消音器的冲锋枪点射声响起，两名身上佩带武器，负责保护孟坦的卫兵，手指还没有接触到自己挂在身上的配枪，身体就打着转儿一头栽倒。在他们死不瞑目的双眼之间，赫然多了一个并不如何触目的血腥的弹洞。

孟坦的身体猛然凝滞了，他背对着房门的方向，根本无法看清楚究竟是谁一进来就痛下杀手，但是他清楚自己身边两名卫兵的实力，他们都是在基地组织接受过一年以上特种训练、技术精湛的骨干精英，跟着孟坦走南闯北，更是见惯风浪，可是今天他们连枪都没有拔出来就被对方用同一支枪当场击毙，可见对方的出手是如何快，又是多么狠。

“不愧是身经百战的老兵，这种审时度势的临场判断，以后背迎接敌人却丝毫不见慌乱，步枪离你的手明明只有二十厘米，却没有做出任何鲁莽之举的镇定，小女子佩服！”

听着背后传来的声音，孟坦的眼角在不停地轻跳。

从声音上来判断，开口说话的女人年龄并不算太大，至少和年过五十的孟坦相比，还只能算是一个孩子。但是双方明明处于敌对立场，她一开口就在夸赞孟坦的优点，这本身就是拥有最强大自信的一种表现。

更让孟坦心里发凉的是，背后那个像一条最擅长捕猎的孤狼般悄悄接近他，一出手就把他逼入绝境，让他连头都不敢回的女人，竟然能说一口流利的“普什图语”，从发音上来说，甚至比孟坦这个阿富汗当地土著更标准。

孟坦把自己的两只手摆在对方能够看到的位置，沉声问道：“你究竟是谁？”

“你刚才不是说过，要亲手杀死师少鹰所有的朋友、所有的亲人……我就忍不住想问问你，他的前妻在不在这个猎杀范围之内？”

前妻？

在嘴里回味着这个词，孟坦脸上露出了一个近乎苦涩的笑容。

一个师少鹰已经让他焦头烂额，他真的没有想到，在他以为终于大获全胜的时候，师少鹰曾经的女人竟然以这种方式出现在他的背后。最令他无法接受的是，师少鹰的前妻带给他的压力似乎比师少鹰更大！

师少鹰是从哪里蹦出来的怪物，而他身边的家人又是一群什么样的怪物啊？

“有一个消息，我想你有权知道。”孟坦突然道，“师少鹰死了，他面对上百名骑兵冲击，先是用重机枪扫射，最后又引爆了身上的手雷和脚下的子弹箱，带着超过三十名骑兵一起粉身碎骨。不过还好，你只是师少鹰的前妻，至少在这个时候不会再成为一个寡妇。”

“我出现在这里，你认为我对师少鹰还没有忘情，你突然说出他的死讯，是想让我情绪失控，再趁机找到反击的机会？”没有歇斯底里的疯狂，没有故作镇定的坚持，她的声音平静得犹如一汪潭水，她只是在认真地向孟坦讲述着一个事实，“我可以负责任地告诉你，这个方法没有用。如果你还有什么方法，不妨都使出来试试。虽然我们处于敌对立场，但是了解了你的一生经历后，我尊敬你的执着，也尊重你的立场，我愿意给你尝试的机会。”

“你真的不在乎师少鹰的生死？”

“在职业军人当中流传着一句话，我愿意拿出来和你分享：军人在战场上的死亡，就像是蝶蛹蜕变成蝴蝶一样自然而美丽。我虽然不是军人，但是我在为自己的信仰战斗，看着自己的前夫战死沙场，我只会认为他死得其所。就算我想伤心，也必须在我离开战场恢复了女人的身份后再去哭！”

孟坦的眼角再次不能自已地轻跳起来，她只是在平静地讲述着自己的选择与立场，可是在她这平静的语气当中，孟坦却听到了一股重剑无锋的杀气。她认真面对自己的情绪，就算是对着敌人，也可以坦坦荡荡承认自己松弛下来后也会有的软弱，但就是这样，她反而越发无懈可击！因为她已经把所有的坚强与智慧都投入到战场上；把她身为女人的感性与软弱，甚至是女人特有的温柔，都留给了远离战场后独自一个人静静地沉浸在黑暗当中的那一段时光。

她也会哭，也会软弱，也会有无助与彷徨，但是当她离开自己独处的空间，拿起手中的武器时，她会立刻变得坚强起来！像她这样懂得用紧张来激发自己的力量，也懂得用放松来舒缓神经的女人，注定在战场上比男人更坚忍、更勇敢，也更难以对付。

“我可以转过身吗？”

背后的女人沉默了几秒钟，她并没有犹豫，她只是用这段时间，挪动脚步走到了一个两个人在房间彼此对峙时可以占据相当优势的位置：“可以。”

孟坦用尽可能不引起对方误会的缓慢动作，一点点转过了身体，当他的目光终于落到这个与其说是职业军人，不如说更像是一名刺客的女人身上时，就算是历经风雨，不知道用自己的双眼见识过多少芸芸众生，在孟坦的心里，仍然忍不住发出了一声惊叹。

站在他面前的，是一个身高足有一米七六的女人。

长期接受非常规训练，让她彻底洗掉了属于女人的软弱，将战士的刚强与不屈灌铸进去，让她无论何时何地，身体都挺拔如枪；就算是静静地站在那里，脱鞘利剑般的锐气也会自然而然从她的骨子里透出来，让她纵然是站在茫茫人海当中，依然会鹤立鸡群般醒目得卓尔不群。

为了隐藏身份混进小镇，她身上穿的是一套小镇妇女最常穿的服饰，宽大的衣袍却依然无法掩饰她曾为人妇几度春风后突然丰腴起来的胸膛，而她纤细却隐含爆炸性力量的腰肢，更会让人不由自主地想到猎豹这种集速度与敏捷于一体，一旦发起攻击，必然快如闪电的强大生物。

但是最吸引人注意的，还是她那双像泉水一样清澈的眼睛。只有那些拥有最坚定信仰，在人生的道路上从来都不会犹豫更不会迷茫，始终瞄准一个方向前进的人，才会像她这样活得自在而洒脱，才会拥有一种难以言喻的梦之神采。

这样过于“单纯”的人，在自己喜欢并擅长的领域，无一例外都是真正的最强者！而她专注并擅长的，就是杀人技术！

在她的手中，拎着一支安装了消音器的MP5SD型特种部队专用冲锋枪，枪口并没有指着孟坦，而是微微下垂，但是孟坦绝不会因此就在心里萌生出抓起枪反抗的念头。孟坦曾经和特种部队打过交道，他太清楚这些平时就喜欢把一只酒杯放到枪管上，然后将枪管上的酒杯甩得飞起来，再追射一颗子弹把酒杯凌空射碎的特种兵，在瞬间抬枪射击的敏捷与杀伤精确度了。

从那件宽大衣袍下凸起的痕迹来看，在她身上至少还有两支自卫手枪、一把格斗军刀，外加数量不详的爆炸性武器。

她整个人看起来就像是用最锋利的刺刀，外加最浪漫的鲜花糅合出来的一件妙手偶得的艺术品。冷冽中透着生人勿近的警告，却偏偏又美丽得让人想要不顾一切地接近她、了解她。

孟坦真的无法想象，那个师少鹰究竟为什么会放弃一个如此优秀、如此强大却又如此美丽的女人，让她离开自己的婚姻。

孟坦张开了嘴，他还想再实施心理战术，可是他最后却什么也没有说出来。

她能突然出现在这里，必然是在昨天夜里，当整个小镇最混乱的时候趁机渗透进来的。

她潜伏在小镇的某个角落，强忍着对师少鹰的担忧，眼睁睁地看着孟坦排兵布阵，不断追杀她曾经的男人，直到孟坦认为大局已定，派出了手中最后一支也是最强的一支武装力量，身边防卫力量最弱的时候才突然对他发起致命的一击。

他在师少鹰一行人认为自己最接近成功的时候，布下陷阱，打得师少鹰他们差一点全军覆没；而这个女人转手又在他最志得意满的时候，给了他最惨烈的一击，这种结果真可谓是强人自有强人磨！

面对这样一个犹如刺客般隐忍和强大的女人，孟坦真的不知道还要再说些什么，才能在她比钢铁更坚硬的内心打出一个缺口，然后再从她的手下反戈一击逆转乾坤。

“你还有什么想说的吗？”

她的话，像是在请孟坦说出最后的遗言。

“有三个问题。”孟坦低声道，“第一个问题，我带来的人还有活着的吗？”

她轻轻摇头：“我们在外面有一支小队，一直游走于你们和师少鹰的边缘，在你们包围师少鹰时，那支小队也对你带来的精锐老兵展开了斩首行动。我想，在单兵战力本来就有一段差距的前提下，又是集中全力攻其不备，你手下的那几个混在杂牌部队里，试图让师少鹰他们吃上几记暗亏的老兵，大概已经全军覆没了。”

孟坦脸上露出了淡淡的悲伤，虽然一闪而逝，但仍然没有逃过她的眼睛。难怪希马尔他们能在一名把火箭筒玩出狙击步枪感觉的神炮手威胁下，全部顺利登上直升机。

“第二个问题，你叫什么名字？”

“蒋雯羽！”

在报出自己名字的同时，蒋雯羽闪电般抬手举枪，冲锋枪上的准星还没有锁定孟坦，她就扣动扳机。一发子弹划过两个人之间不足十米的距离，直直地落入孟坦的头部。只觉得眉心一痛，黑暗在瞬间就彻底吞噬了孟坦的所有意识。已经平举起来的右手也随之软软地垂下，一柄只能填装两发子弹的“掌心雷”微型手枪从孟坦的手里滑落下来，摔在了房间的地板上，发出啪的一声轻响。

蒋雯羽看着孟坦死不瞑目依然站在自己面前的尸体，打量着他脸上那一条条因为战争印刻出来的深深皱纹，轻声道：“你并不是圣战者，也不是宗教狂热分子。谁打入你们的国家，你就拿起枪和谁作战，你有着比宗教狂热者更坚强的心灵！像你这样的老兵，威武不能屈，富贵不能淫，永远不会放弃斗志，更不会向敌人投降。面对你，我怎么会，或者说又怎么敢放松警惕？”

蒋雯羽继续道：“你痛恨入侵阿富汗的敌人，所以你拿起了枪，想要把入侵者驱逐出去，这原本无可厚非。可是你想过没有，你们进入索马里，帮助青年党武装叛军训练士兵，你们甚至直接参战，你们的行为又和入侵者有何区别？你们煽动叛乱，在索马里制造武装冲突，每一天都有上百名索马里军人和平民死亡，你们的行为是不是已经背离了保家卫国的初衷？你痛恨联合国部队打入阿富汗，可是你想过没有，基地组织劫持飞机撞击世贸大楼，那些惨死的平民又何其无辜？送给你一句话——己所不欲，勿施于人！”

不知道是听懂了蒋雯羽的话，还是其他原因，孟坦慢慢地、慢慢地，闭上了双眼。失去力量支撑，他的身体，慢慢地倒在了地上。

蒋雯羽挺直了身体，对着孟坦敬上了一个军礼：“再见了，老兵！”

拔出法官喉咙上那把沾满鲜血的匕首，蒋雯羽拾起了地上的三枚子弹壳。她用正常人绝对无法拥有，甚至无法理解的冷静，对整个房间进行了一次检查，确定没有一个活口，也没有留下任何能暴露自己行踪和身份的细小破绽，才重新戴上了索马里妇女最喜欢用的面纱和头罩，走出了这间已经没有了指挥官的临时指挥室。

蒋雯羽默默走出五十多米远后，她隐藏在斗篷中的右手按下了遥控起爆器的按键，从身后临时指挥室里传来一声巨大的轰鸣，火焰夹杂着浓烟冲天而起。

看着爆炸的方向，小镇上的人都惊呆了。

足足愣了几十秒钟，不知道是谁先反应过来猛地喊叫了一声，一群人才如梦初醒，发疯似的扑向爆炸的位置。

一群人呆呆地站在炸成废墟的临时指挥中心前，只要看看被炸得东倒西歪的墙壁，还有覆盖了整座建筑物的大火，再乐观的人也不敢抱有半点侥幸……房间里的人都死了。他们的总教官兼这场战斗的最高指挥官死了，小镇上的最后一个法官也死了。

在短短的两天时间里，他们这批原本人强马壮、气势如虹的武装叛军就被打得支离破碎，不但失去了所有的军事指挥官，也失去了能够让他们凝聚在一起的所有宗教精神领袖。到了这个时候，除非能奇迹般地出现一个比孟坦更优秀的领导者，否则他们这群乌合之众注定会立刻变成一盘散沙。

第五卷

老子天下第一

第一章　噩耗

大大方方地走出小镇一直向前行，走了几百米，越过一道小小的山坡，背后再也感受不到疑惑的目光扫视后，蒋雯羽突然停下脚步，仔细看着路边山坡上，那一片从碎石子中顽强生长的灌木丛。

灌木丛里静悄悄的，无论怎么看都没有半点危险。但就在蒋雯羽凝神观察时，一个黑影却像生存在另外一个异次元世界的幽灵般，悄无声息地从蒋雯羽背后浮现，慢慢向蒋雯羽接近。在阳光的照射下，投到地面的影子手中拎的刺刀被拉得长长的，就在双方距离近得触手可及时，对方只要手向前一推就可以将整柄刺刀刺入蒋雯羽身体的瞬间，蒋雯羽闪电般地转头，一直隐藏在宽大衣袍下的冲锋枪也随之弹起。

眼前只是一片空，一片空空如也的空，蒋雯羽手中的冲锋枪根本没有捕捉到目标，当然没有扣动扳机。

“别动！”

一声低喝从灌木丛的方向传来。已经转过身，用没有任何防御力量的后背对着灌木丛的蒋雯羽微微低头，看着自己面前那个用硬纸板制成，仅仅只有两尺长，一开始被人用沙子伪装隐藏，在必要的时候用透明丝线轻轻一拉就能从地面上“站”起来，利用阳光，硬是在地面投射出一个成年人体形的木偶，她的脸上没有任何情绪波动，略略抬起了自己的左手，淡然道：“如果你没有老眼昏花的话，请你也不要动。”

在蒋雯羽的左手小拇指上，扣着一个小小的金属环，金属环上还绑着一根同样透明的丝线，这根丝线一直传向了她用宽大衣袍隐藏起来的腰部。根本不需要她解开身上的衣袍，一直躲在灌木丛中，用一个小小的纸片人偶就能制造出一个“投影”假象的狙击手就能清楚地知道，在蒋雯羽的腰间，一定有一支正对着他，只要蒋雯羽一拉动手指上的细线就会立刻向他开火的手枪。

“拴枪术玩得不错。”

蒋雯羽盯着人形木偶手中的那把刀子，惊讶、赞赏、警惕，几种情绪从她的眼睛里一闪而过，她沉声道：“拴枪术再精彩，也不过是从教官那儿学到的技术，你却能自创出一个利用阳光投射，以假象转移敌人注意力的影像木偶。”

人偶别的部位都是假的，只有它“手”中那把两寸长的寸刀是真的。

千万不要小看这一把小小的刀子！

真正的特战高手长年浸淫在战场上，对武器，尤其是对金属武器就会渐渐产生一种近乎第六感的敏感。到了这种程度，除非他们身受重伤，或者因为某种原因，精神状态陷入谷底，否则无论是谁想要从背后用冷兵器对他们发起偷袭，都绝不可能！

如果你不相信的话，可以尝试着用自己最轻的步伐，悄悄从背后接近一只鸟儿，也许你的脚步根本没有发出一点声音，但是那只鸟儿就能发现你试图接近，便立刻展翅飞走。

这种因为天天陪着死神姑奶奶跳华尔兹而慢慢培养出来的敏锐直觉，是特种兵最值得骄傲的，也是他们一次又一次活着走出战场的护身符，但是躲在灌木丛中的狙击手却反其道而行，针对特种作战高手设计出这样一个人偶陷阱。

一旦有特种兵基本确定他的潜伏位置，并且走到了灌木丛前，他就会用经过精心伪装的丝线悄无声息地带着人偶从沙子里浮起，利用人偶手中的寸刀和投影，诱使对方在自己面前霍然转身。真到了那个时候，请问，放眼整个世界，又有哪个特种兵能在一个同样出类拔萃得登峰造极的特战高手面前犯了一个如此可怕的错误，依然可以全身而退？

“你这个人偶战术，有没有名字？”

“有。”潜伏在灌木丛中的狙击手开口了，“飞鸟。”

“好名字。”蒋雯羽点头道，“飞鸟投影，以影化形，一击远遁，即可海阔天空，翱翔于九天之上。”

灌木丛中的狙击手沉默了十几秒钟，才低声道：“一个女人太聪明、太强势、太能干，并不是好事。”

蒋雯羽轻轻一挑眉毛：“既然我又聪明、又强势、又能干，为什么你还会出现在这里？”

灌木丛动了，一个全身披着伪装网，和周围环境完美融合在一起，就算是站在两米之内睁大眼睛观察甚至都无法发现的狙击手从灌木丛里站起来。他望着蒋雯羽，嘴角向上一挑，露出一个充满异性诱惑力的灿烂笑容：“一个男人关心自己的未婚妻，不想眼睁睁地看着她独自冒险，宁可被抱怨，也要坚持在外面接应，如果真遇到危险，死也要死在一起，难道这个男人做错了吗？”

蒋雯羽慢慢回头，看着这个男人犹如刀削斧断，线条硬朗却又透出一股阳光的率性与洒脱，足以让世界上任何一个怀春少女为之目眩神迷的脸，目光闪动了一下，说道：“他……还活着？”

“虽然我不喜欢师少鹰，很不喜欢，”那名从灌木丛里站起来的狙击手淡然道，“但是……救出师少鹰，让他逃出孟坦的追杀，是我对你的承诺，也是你答应嫁给我提出的第一个要求，我又怎么可能让你失望？”

蒋雯羽凝视着面前这张写满坦率和真诚的脸，凝视着号称人类心灵窗户的眼睛足足过了半晌，才微不可察地轻轻摇了摇头：“尚东波，我承认你的表情很生动，语气也很诚恳，但是你又何必在我面前演戏？我提出的要求，你做到了，三年后我就会按照约定嫁给你。只要成为你的妻子，你不喜欢我太聪明、太强势，我会尽量改掉；你不喜欢女人为事业奔波，我也可以考虑辞职，成为一个家庭主妇。从我成为你妻子的那一天开始，我就会彻底忘掉师少鹰，拼命让自己喜欢上你，一切以你为中心。将来如果你和师少鹰再起了冲突，我会毫不犹豫地站在你身边，哪怕是对着师少鹰举起枪，也绝不会后悔。我这么说，能不能让你满意，能不能让你收起脸上太过真诚的笑容？”

尚东波！

这是个单凭一手自创的“飞鸟”，就足以在世界狙击手排名榜上占有一席之地的男人。一米九二的身高，对亚洲人来说应该是略显高瘦，但是放在他身上，却有着让人惊叹的恰到好处，使他无论穿什么样的衣服，都会像T型台的模特般彰显出无可挑剔的风度。他看起来与其说是一个有资格把自己名字写进世界狙击手排名榜的杀人高手，不如说更像是一位偶像派明星。

这就是尚东波，一个从小就展现出非凡天分，没有走父母为他安排的路，16岁开始闯荡“江湖”，18岁就走出国门和一群志同道合者自立门派，20岁在公海上联合俄罗斯黑帮和日本右翼激进反华组织打了一场小型海战，击沉对方三艘军舰，从此闯下赫赫威名的非凡人物。

尚东波脸上的笑容消失了，他上下打量了一番蒋雯羽，沉声道：“我相信你的承诺。我也可以向你保证，我尚东波不是师少鹰，不是一个事事都要依靠老婆出头的尿蛋。在你嫁给我后，我会替你挡住外面所有的风风雨雨，让你心甘情愿地放弃你实际上并不喜欢的坚强，去做一个幸福的小女人。”

“幸福？”嘴里回味着这个词语，蒋雯羽的脸上露出了淡淡的苦涩，在这个时候，她突然有些想哭。

一个小时后，蒋雯羽和尚东波与接应他们的两辆越野汽车会合了。

师少鹰就平躺在一辆越野汽车的车厢里，看着这个全身散发着浓重硝烟和酒精气味，到处都是擦伤，右臂上还裹着一层厚厚绷带的男人，蒋雯羽用奇怪到极点的鼻音轻声问道：“他怎么样了？”

“这小子够牛×！”

车厢里一个抱着步枪的男人，对着仍然处于昏迷状态的师少鹰竖起了大拇指：“用一挺重机枪就敢和将近两百名骑兵正面死磕，右臂被子弹打穿再也无法使用重机枪后，连眼睛都没有眨一下，跳下汽车往后才跑了几十米，就敢用一颗手雷往装满炸药和上千发子弹的汽车上丢。最让我佩服的是，在那种情况下，他还能找到一个合适的掩体，虽然因为距离太近被爆炸形成的冲击波生生震晕，竟然还活着，身上一个零件也没少！”

蒋雯羽从口袋里掏出一块手帕，用它轻轻擦掉了师少鹰脸上被硝烟熏出来的黑色印痕，擦掉了从他脸上那十几条细细密密的伤口里渗出来的血迹。

尚东波的目光连闪了几次，终于还是开口了：“看到自己的前夫为了另外一个女人拼命拼到这种程度，心里不好受吧？”

蒋雯羽没有回答，她坐在师少鹰的身边，伸出手用尽可能轻柔的动作，把师少鹰的头抱进了自己的怀里。

看到这一幕，尚东波轻哼了一声，转过了头。车厢里知道尚东波和蒋雯羽已经确定未婚夫妻关系的人，也全部闭紧了嘴巴。一时间，整辆汽车里只剩下了发动机的轰鸣，还有汽车车轮从坎坷不平的路面上驶过发出的声响。

驾驶这辆汽车的人显然对索马里的现状，包括武装势力分割态势了如指掌，他们一路上轻而易举地越过了所有的武装哨卡，避开了可能有军队驻扎的村庄与城镇。当他们远离了阿尔戈夫小镇，也远离了战场，进入一片因为战争与干旱导致居民大量迁移，已经称得上荒无人烟的地带时，地面一个突然出现的深坑让汽车猛地颠簸了一下。可能是触动了身上的伤口，师少鹰嘴里发出了一声模糊不清的呻吟。

一直抱着师少鹰的蒋雯羽突然略略提高了声音：“停车！”

汽车在一片荒芜的平原上刹住了。

迎着尚东波询问的目光，蒋雯羽轻声道：“我有话想要私下对师少鹰说，能不能请你们回避一下？”

“大家都累了，休息一下吧！”

说出这句话，尚东波第一个走下了汽车，车厢里剩下的几个人对视了一眼，包括司机在内，都跟着尚东波一起离开了汽车。当最后一个走下汽车的人识趣地关上了车门，两个曾经拥有最亲密关系，如今却注定要劳燕分飞的男人与女人，就这样在这个独立的小小空间再次亲密地依偎在了一起。

就在车门关上的同时，炽热的眼泪终于忍不住从蒋雯羽犹如暗夜星辰般明亮的眼睛里奔涌而出。

“对不起！”她为师少鹰冒了这么大的险，做了这么多，但是一张口却是在向师少鹰道歉，“你父亲……死了！”

依然陷入昏迷的师少鹰当然听不到她说什么，但也许是对最心爱女人的本能感应，却让他的眉头深深皱起。

“对不起，对不起，对不起，对不起……”

她在师少鹰的耳边不停地说着这句话，在这个时候，她似乎除了道歉，还是道歉。眼泪从她的脸上流淌下来，又落到了师少鹰的脸上，就这样，一滴、一滴，接着一滴。

在两周前，也就是师少鹰正在和司空伯文一起为进入索马里而做最后准备的时候，金三角地区十二个村庄的管理者联手，在夜间对师少鹰父亲镇守的村庄发起突袭，本来就寡不敌众兼之猝不及防，村子里的护卫队大部分战死，只有极少数人成功突围。而师少鹰的父亲为了掩护部下突围，选择了用一挺重机枪拼死抵抗吸引了攻击方的大部分注意力，在所有子弹都打光后，被冲上来的人用砍刀几乎砍成了肉泥。

在金三角，为了争夺利益，类似于此的事情层出不穷，但是师少鹰父亲的死，真的和蒋雯羽有着莫大关系。

缅甸金三角是世界上最大的毒品种植生产基地，也是世界上最混乱、战争爆发频率最高的人间地狱。在这个世界没有法律保护，也没有道德约束，有枪就是爷，谁的拳头大，谁就有话语权，这是金三角地区的规则！

师少鹰父子能在缅甸金三角力排众议，最终让大多数村庄铲除鸦片，用种抗旱耐涝的玉米来取代罂粟，生活在安逸世界的人站在他们的角度来看，这当然是功在当代救人无数的好事；从实际收入有所提高这一项来说，当地的农民也应该欢欣鼓舞，敲锣打鼓地给师家父子送上一块上书“功德无量”四个大字的牌匾才对。

可是实际上，师少鹰父子的行为不知道砸掉了多少人的饭碗，那些靠运毒贩毒为生的武装团伙，早就对师家父子恨之入骨。他们一直没有动手反抗，反而乖乖配合师家父子，摆出洗心革面重新做人的模样，说白了就是师少鹰父子的拳头够硬，只要父子俩发出话来，谁敢不服就会直扑上去，一直把对方揍到服为止！

而那些改种玉米的农民，收入的确是增加了，但是最不满意的恰恰就是他们！

罂粟这玩意儿，被缅甸当地人称为“懒汉庄稼”，意思就是说只要在合适的季节把它们的种子撒到田里就可以万事大吉，不需要浇水灌溉，也不需要杀虫防灾，到了收获季节自然会满枝罂粟随风摇摆。而种玉米，他们就必须像真正的农民一样每天在田地里面朝黄土背朝天，用辛勤的汗水在地里刨食吃。自古以来都是由俭入奢易，由奢入俭难，这样的辛苦经营，对于已经习惯了播种后就坐等收获的金三角农民来说，就是一场灾难。

一场玉米改革，几乎得罪了缅甸金三角地区所有方方面面的势力。但是没有关系，师少鹰的父亲本身就是一个够强势的人物，16岁就到国外进入雇佣兵部队。学习到特种作战知识的师少鹰，更是青出于蓝而胜于蓝。他们父子凭自己的喜好，各自训练出一支部队，这两支部队，一支诡诈如狐，一支彪悍如虎，互相竞争、互相帮扶，愣是压制得周边十几个村庄不敢有任何反抗，纵然是师家父子强行推广玉米种植，他们也只能敢怒不敢言。

可是最终师少鹰却因为蒋雯羽而离开了金三角。他的离开，等于断了村庄一臂。所有的矛盾，终于在两周前用最激烈的方式爆发了。

“少鹰，你知道吗，在十几天前的一个晚上，我还做了一个梦，梦到我们又手拉着手重新走进了婚姻的殿堂。你在重新给我戴上戒指的时候，当众向我保证，从此以后彻底忘记你曾经是在缅甸金三角杀人无数、树立了赫赫威名的‘少帅’，要把自己变成一个真正的普通人，再也不会随心所欲、再也不会动不动就闯祸。我知道你性格太执拗，你认准的事情绝不会放弃，更不会回头。像你这样的人，喜欢用平等的心态面对任何一个人，注定是‘无用’的朋友太多，‘有用’的朋友太少，注定会无论走到哪里都会到处树敌，你越来越不快乐，你看起来就像一只被困住的猛虎般焦躁不安。可是当我把目光投到你身上时，你却又会对着我勉强露出一个笑脸。少鹰，你知道吗？看着你那样的笑脸，我的心里好难受。我狠心向你提出离婚，想要还你自由。可是就在我们一起签字，真正解除婚姻的那一刻，我后悔了，疯狂地后悔！”

说到这里，蒋雯羽昂起了自己的头，任由眼泪不停地涌出来，在她的脸庞上划出一道又一道炽热的泪痕："只要你遇到麻烦，我一定会在第一时间去帮助你。我就是想用这种方法让你感觉到，我仍然关心着你，仍然在乎着你。我用这种卑劣的手段牵着你的心，让你一直没有回到缅甸，也让你到现在都没有机会再去认识新的女孩。我只是想留下你，让我在想你的时候还能看到你，我真的没有想到事情会变成这个样子，我不是故意的……"

说到这里，蒋雯羽早已经泣不成声。

如果，时间真的可以重来一次……她是否还会接受他的感情？

蒋雯羽不知道，她真的不知道。但是她知道，师少鹰这一辈子最爱的人只有两个，一个是她，另一个就是师少鹰的父亲师啸杰。

而那个叫师啸杰的男人，却偏偏因为她的任性，死了。

第二章　那一脚的风情

那一年，蒋雯羽刚刚年满19岁。

也是这一年，蒋雯羽以远超同龄人的优异考核成绩和专业素质，叩开了国际志愿者组织（UNV）的大门，成为一名志愿工作人员。

联合国志愿人员组织，于1970年建立，总部一开始设在瑞士日内瓦，到了1996年，迁移到德国波恩。这个组织和国际红十字会一样，全部由志愿者组成，他们的宗旨是向发展中国家提供积极有效的援助，以支持全球人类文明发展。

每一年，在全世界都有超过五千名具有丰富从业经验或者学识的人员自愿加入这个组织，他们被分配到一百四十多个国家和地区，帮助那些国家和地区在教育、经济开发、农作物种植、医疗卫生等领域展开工作，手把手地教导当地人，直至他们能够自力更生。

蒋雯羽现在还清楚地记得，工作人员给他们提供的一组数据……UNV志愿者当中，有36%的人员在非洲，31%的成员在亚洲及太平洋诸岛屿上；剩下33%

的成员，分布在阿拉伯国家、加勒比海、中南美以及中东欧。他们中间有超过一半人远离都市，在偏远的村镇工作，还有三分之一的志愿者在全世界最贫穷、最偏僻，也最落后的地区。

坦率地说，这是一份近乎于“自讨苦吃”的工作，没有让人羡慕的收入，也不会功成名就。只有那些真正热爱人类，具备热心助人精神，而且身体健康，可以长期忍受文化与气候差异的人才能够胜任。

就算是这样，UNV在招收志愿者时，考核标准仍然严格得近乎苛刻。如果不是这一次的志愿者行动过于特殊，需要有一位精通商务谈判，能说一口流利英语，又必须能说上几种方言的女性担任翻译工作，年龄太轻不具备五年专职工作经验的蒋雯羽，她提交的志愿者申请书根本不可能被调出来放到决策者面前。

直到真正进入UNV组织并展开工作，蒋雯羽才终于明白了其中的艰苦。

她静静地躺在床上，足足过了一个小时都没有睡着，只能睁着眼睛望着头顶的天花板。

热，真热，就算已经是晚上十二点钟，吸进气管的空气中仍然带着潮湿的闷热，身下的被褥潮得几乎能拧出水来，更使它们成了蜈蚣、蜘蛛的乐园。

夏季的时候，西南季风从海上吹过来，带来大量水分，形成降雨充沛的湿季；冬季的时候，北方干冷季风吹来，又形成了让人绝望的寒冷与极度干旱。干湿气候变化周而复始，各种生物都可以在这片土地上找到自己的生存空间，形成了极有特色的雨林气候。

这就是缅甸金三角，一片被文明遗落，却又在锲而不舍地默默散发出强大负能量，无时无刻不在提醒世界它依然存在的诅咒之地。

起源于湄公河，流经老挝、缅甸、泰国、越南和柬埔寨五个国家，将东南亚最险峻的山川拦腰切断，加上数量众多的深谷和湍急河流支线，形成了大片的绝壁与峡谷。面对这样一种地形，就算是世界最优秀的道路建造专家也会忍不住连连摇头，只能任由金三角这样一块二十万平方公里的土地继续与外界隔绝。

道路崎岖，丛林密布，激流峡谷来回穿插，使得缅甸政府对金三角的控制力微乎其微，独有的干湿气候，雨量充沛、土壤肥沃，又为种植罂粟提供了最佳环境，也难怪缅甸金三角会成为世界最知名的毒品种植基地。

蒋雯羽跟随的UNX工作组雇了一支马队，用了整整十四天的时间才终于进入金三角这样一个鱼龙混杂、诸雄林立的地方，要做的事情，稍有不慎就会给他们带来杀身之祸……他们此行的任务，是要说服金三角地方武装军阀铲除种植的罂粟。

其中对社会、家庭和个人危害最大的就是毒品！

很多人只是因为好奇或者被朋友怂恿抱着只试一次的心态，和毒品有了第一次接触。这些单纯而善良的人不知道的是，那些劝他们吸毒的人，给他们的往往是高纯度的四号海洛因，它最大的特点就是往往只需要吸一次就会上瘾！

一旦吸食者上瘾，那些卖毒品的人就会将高纯度毒品收起，把一些掺了诸如乳糖之类东西、纯度往往连20%都不到的毒品卖给他们，从中牟取暴利。毒瘾这玩意儿是越吸越深，身家千万还好，至少能吸到死为止；要是家里条件一般，单凭上班打工或者做小生意的收入，根本不可能支撑越来越大的吸毒开销。到了最后毒瘾发作难受得用脑袋撞墙都无法缓解，人类的道德底线被打破——女人出卖肉体，男人铤而走险，就成为这个特殊群体最容易看到的行为。

禁毒！

蒋雯羽没有想到，这一次她竟然成了禁毒先锋。和国家禁毒不同，UNX志愿者组织，他们不会携带任何武器，他们只是平民，没有执法权，也没有决策权，但是他们手中有厚厚的项目计划书。既然种植鸦片对缅甸金三角的村庄来说，只是一种养家糊口的手段，那么他们可以提供更好的种植技术、更好的商业回报，用来铲除毒瘤。

在计划书中，他们可以免费向缅甸农民提供大量优质抗旱的玉米种子，只要缅甸村庄的“将军”们点头同意，更多的志愿者就会源源不断地赶到，指导当地农民大面积种植玉米。只要能种植出玉米，他们甚至能帮助他们找到销售渠道，将这些玉米全部销售出去。

在跟随工作队进入缅甸以前，就连蒋雯羽都认为种鸦片很赚钱。可是当她真正踏入这片土地，用自己的双眼看到了一个真实的金三角后，她明白自己错了，错得厉害、错得离谱。

由于交通极度恶劣，加上世界各国联手打击贩毒的力度不断加大，在鸦片原产地，鸦片的收购价格被压得很低很低。真正赚钱的，是购买鸦片并把它们运送出去的私人武装力量，以及那些一层一层的毒品销售环节。

把单位价格和产量算在一起，再平均下来，种玉米的收入甚至比种鸦片更高！

就是因为有这样的情报支持，他们这支工作组每一个成员都自信满满，他们手里捏着项目合同书，得到了缅甸政府的大力支持。在这个时候，蒋雯羽几乎已经看到了整个缅甸种满玉米，到了秋收季节，农民带着快乐笑容，一起享受收获的画面，可是……她很快就发现，自己太乐观了！

缅甸内战打了六十年，整个国家都没有生机，政府的法令根本无法在整个国家执行。尤其是种植毒品密度最高、产量最大的金三角一带，更是鱼龙混杂、群雄并立，他们以村子为单位自成体系，俨然已经形成了国中国的格局。要求各个村庄将他们种植的罂粟铲除而种植玉米的通告，在金三角这些有钱有人有枪的地方军阀眼里，就算是拿着如厕都嫌太硬。

工作组冒着巨大的危险雇用一支“马队”走入了传说中的金三角，他们试图一个接着一个村子地去说服，可是连续十几个村子走下来，却没有一个村子愿意接受这份善意。

其实想要让金三角地区的农民铲除罂粟，种植有益农作物的这种尝试，在20世纪90年代初日本人组成的志愿者工作小组就曾经做过，他们试图让缅甸引进优质水稻，只可惜他们失败了，失败的原因有很多，其中一条就是人们的惯性思维。当地人种植了上百年的鸦片，他们早已经习惯了这种生存方式，突然要他们铲除祖祖辈辈赖以生存的罂粟，去种植他们从来没有接触过的高产抗旱玉米，不管能不能比种罂粟赚的钱更多，仅仅是这种冒险就足以让大多数人望而却步。

工作组的“除毒”计划遇到最大障碍，如果无法说服金三角的农民和军阀，他们就要和日本人一样，以失败者的身份离开，只能眼睁睁地看着从这里种植出来的毒品被销售到世界各地。

最终，工作组将目标放到了一个叫“洪龙村”的地方，准备集中全力攻克这个村庄，建立样板试验田。只要洪龙村在专家的指导下成功种植出优良玉米，并且在他们的帮助下将玉米销售出去，赚到比种植罂粟更多的钱，其他的村庄看到后，纵然不会群起效仿，再去说服也会事半功倍。

蒋雯羽下意识地伸手摸了一下身边的背包，这个背包里面原来装满了MP3播放器，在这些播放器里他们拷贝了几十首拥有浓烈中国古典风格的乐曲。蒋雯羽坚持这么做，就是期望通过这些民族歌曲，引起洪龙村村民的共鸣，这样在明天的正式交涉中，他们遇到的阻力甚至是敌意就会少一些。

三十二台MP3，就是三十二颗友谊的种子，至于它们能不能在这里生根发芽，最终协助工作组在洪龙村建起一座友谊桥梁，蒋雯羽不知道。她只知道，他们正在做的事关系到千千万万个家庭，无论冒什么样的风险，付出什么样的代价，他们都绝不能失败！

吱啦……

竹梯上传来有人踏上去的声响，金三角由于太潮湿，一旦下雨就会水流如注，很多都是用粗大毛竹支撑起来的高脚屋，通体以竹子为材料制成的高脚屋虽然耐湿耐潮，但是只要走在上面，竹片就会咯吱咯吱直响。

蒋雯羽仍然静静地躺在床上，在她的脸上没有半点惊慌。

就算他们此行不成功，她也不相信洪龙村的人会对他们这支工作组暗中下死手。

吱啦……吱啦……吱啦……

来人一步步登上了高脚屋，竟然一掀门帘真的走了进来，面对这一幕，躺在黑暗当中的蒋雯羽双瞳微微一凝。无论对方的来意如何，在深夜十二点钟，不请自到进入一个女性客人的房间，都绝对和友谊扯不上半毛钱关系。

不请自到的“客人”一挥手，咣当一声将身上背的巨大背包丢到墙角，打开一台在金三角绝对可以称得上奢华到极限的冰箱，从里面取出一听可口可乐。他走到窗边就着月光，看了看可乐罐上印的生产日期，脸上随之露出了一丝微笑，一仰脖子将整罐可乐喝得干干净净，随手一捏将可乐罐捏成一团，再那么轻描淡写地一挥，就将可乐罐丢进了墙角一个把粗大毛竹剖开制成的垃圾桶里。

在他走到窗边时，蒋雯羽看到了一张年轻的脸。

他看起来二十岁出头，有着一头短得不能再短的头发，他犹如刀削斧刻的脸庞在月光的照耀下，蒙上了一层金属质感，显得过于坚硬。可是当他微笑起来，嘴角随之微微向上一挑时，就是这样一个小小的动作，让他身上突然多了一股张扬而放肆的野性洒脱。

他可能是背着那个巨大的背包走了很长的一段路，无论是身上那套美式丛林迷彩服上面，还是脚上的高筒陆战靴上面都沾满了泥土。在月光下，蒋雯羽可以看到汗水在他脸上迅速聚集，很快就形成了一条条小溪。他左右晃动自己的脑袋，用来舒缓双肩肌肉的酸痛，在这样的动作中，他脖子上一条看起来有几分狰狞的伤口，就那样自然而然地暴露了出来。

只要上过战场的老兵都知道，那种划伤中又带着烧伤的伤口，是带着炽热高温以亚音速飞行的弹片造成的。

他脱掉身上的迷彩服，把迷彩服伸出窗外，双手用力一拧，竟然真的从迷彩服上拧出了汗水。在他做这个动作时，月光照到他的肩上和半个背部，就是这么小小的部分身体上，蒋雯羽就看到一处枪伤、两处划伤、一处烧伤，这些伤口在他被阳光晒成了古铜色，处处透着猎豹般敏捷与爆发力的身体上却并不显得过于刺眼，反而有着一种近乎协调的……美感？！

他整个人看起来就像是一头虎，一头生活在深山丛林中划地为界占山为王，在大自然中和无数强敌血腥厮杀，一次次受伤，又一次次在鲜血飞溅中取得胜利，用对手的血与肉滋养自己的肉体与灵魂，所以一天比一天强大、一天比一天野性难驯的虎！

年轻男人突然转过了头，他的视线落到了蒋雯羽躺的方向，虽然墙角彻底一片黑暗，蒋雯羽又下意识地半屏住呼吸，几乎没有发出一丝声音，但是出于女性特有的敏锐直觉，蒋雯羽清楚地知道，他已经发现了自己。

年轻男人赤裸着上半身笔直地走过来，他走到床前抓住蒋雯羽身上盖的毛毯用力一拉，整张毛毯就被他直接掀起。年轻男人直接跨坐在蒋雯羽的身体上，蒋雯羽没有反抗、没有惊叫，也没有猛地跳起来，她只是在黑暗中静静地躺着。

房间角落这么黑，用伸手不见五指形容是再恰当不过。而年轻男人的双手却像是安装了定向装置般，自然而然又准确无比地落到蒋雯羽的胸部，没有半点温柔地开始用力揉捏。就在自己的胸部遭到侵犯，确定对方双手都落到自己身体上的同时，蒋雯羽右手一挥，一把长29.8厘米、通体漆成墨色，只有在刀锋和刀刃部位露出森森锋芒的格斗军刀，在黑暗的掩护下犹如一条毒蛇般以45度斜刺而出。

手腕上清楚地感受到刀子捅进目标身体时反馈回来的质感，蒋雯羽毫不犹豫手腕继续发力，试图让已经刺入对方下颌的格斗军刀通过口腔直接刺穿人类最脆弱也是最敏感的大脑，直接封杀对手所有的反击与呼救能力。

可是刀锋似乎被什么卡住，就算蒋雯羽的手腕用尽全力，也没有再将刀锋向前送出哪怕是一厘米。那个年轻男人跨坐在蒋雯羽的身上，双手都落在她的胸部，在双方近得根本不可能来得及闪避，看起来已经必败必亡的情况下，他竟然一偏头，用牙齿直接咬住了蒋雯羽刺向他的刀！

蒋雯羽旋转手中的格斗军刀，试图夺回武器再次发起攻击，可是她很快就发现，这个年轻男人的牙齿有力得就像是车床上的老虎钳，她连续用力，竟然无法扭动刀身，当然也无法夺回自己的刀子。

蒋雯羽左手一抬，从她戴在左手无名指部位的那枚戒指上突然射出一道红色光束，直射向年轻男人的脸部。在黑暗中，双眼瞳孔为了捕捉光线高度扩张，对光线达到最敏感状态，面对这样一道突然出现的红色光束，年轻男人不由自主地闭上了眼睛。就在他心中暗呼不妙的同时，蒋雯羽双腿抬起，夹住年轻男人的脖子猛地用力一甩，将年轻男人狠狠地从自己身上甩飞出去。

年轻男人在身体即将接触到地板时，伸出双手在地板上一撑，勉强没有让自己用最狼狈的姿势摔成一团，他还没调整好身体重心，蒋雯羽就像一头猎豹，以惊人的速度对着他猛冲过来。

啪！

不知道什么东西抽到身上，蒋雯羽的右肩上突然传来一阵剧痛，她经过千锤百炼的近距离突刺攻击，也自然而然地被这一记意外攻击打断。

想一鼓作气击毙对方的战术已经无法顺利实施，蒋雯羽迅速退后两步，紧盯着面前已经对她摆出格斗姿势的年轻男人，用眼角的余光扫了一眼他们之间的地板……一块三四寸宽嵌在地板上的竹片有一端斜斜翘起，另外一端还嵌在地板上，正在不停地轻颤着。

年轻男人被蒋雯羽甩下床，用双手撑住地板调整重心的同时，硬生生扯起这块地板上的竹片，利用身体被甩飞形成的惯性，拉着竹片弯成半圆状再松手，借助竹片特有的弹性，将猛扑上来的蒋雯羽给生生“抽”了回去。

年轻男人右手回抽，从背包外侧固定的刀鞘里慢慢拔出了一柄将近一米长的开山刀，刀锋指向蒋雯羽，他沉声道：“你是谁？”

不等蒋雯羽回答，年轻人旋即摇头，似乎对自己问出这个问题感到好笑：“你竟然敢对我动刀子，而且还对我下了死手！”

说到这里，年轻男人伸出舌头轻舔了一下嘴角，他的舌尖上尝到了血液特有的腥甜。刚才蒋雯羽刺出的那一刀又快又狠又急，更兼猝不及防，他能用牙齿成功咬住刀锋逃过一劫已经是实力与运气并存的结果，还想要不受半点伤，那是绝不可能。

尝着鲜血的味道，年轻男人的眼睛里缓缓散发出犹如野兽一样的光芒，迎着这样一双眼睛，就算是坚强如蒋雯羽，心脏都开始不受控制地激烈跳动，全身的汗毛更是不由自主地倒竖而起。感受到自己身体的异常，蒋雯羽略一思索，就找到了这种异常的原因。

这个年轻男人身上多了一股……杀气！

出于一个年轻女人的敏感，她甚至在这股杀气中嗅到了淡淡的血腥！只有身经百战、杀人无数的老兵，在认真起来的时候才可能爆发出这种让人望之生畏，就连对峙勇气都会飞速流失的杀气！

杀气突然一泄而空，似乎从来就没有出现过。年轻男人退后几步，指着能被窗口透进月光照到的位置，用命令的语气对蒋雯羽道：“站过去！”

蒋雯羽不为所动，她只是握紧了手中的刀，眼睛眨也不眨地盯着这个男人，一边在心里判断这个突然出现在她房间的年轻男人的身份，一边寻找这个男人的防御漏洞试图再次发起攻击。

看到蒋雯羽的戒备姿态，年轻男人嘴角向上一挑，无声地笑了笑，从口袋里取出一根特种部队在夜间执行作战任务时经常用到的蓝色荧光棒随手把它往蒋雯羽站立的位置一抛。蓝色的荧光棒在空中翻滚着拉出一道美丽的蓝色流光，这抹蓝色流光照亮了蒋雯羽的脸，让她隐藏在黑暗中的身体再也无所遁形。在完成了使命后，这根荧光棒落在蒋雯羽的脚边，发出啪的一声轻响。

年轻男人吹了一声口哨："老爸眼光有长进啊，不但漂亮了很多，身材好了很多，还敢对我下死手！这种挑逗方法，可比直接脱衣服要让我感兴趣得多了，我发现自己开始喜欢你这种有爪子的小野猫了！"

蒋雯羽听得满头雾水，隐隐觉得这个年轻男人半夜出现在她的房间，似乎应该是事出有因，但是她依然没有放松戒备。

年轻男人不满地低哼了一声："你已经达到了让我'心动'兼另眼相看的目的，我也知道你的身手不错，现在还拎着那个玩具干什么？丢掉它！"

志愿者组成的工作组，进入缅甸金三角，面对的危险可想而知。蒋雯羽身为一个只有十九岁的年轻女孩，能成为先锋队，除了因为她是一个女人，能担任翻译工作，可以有效减少第一次接触时双方的敌意，减少因为种种矛盾而产生武力冲突的可能性之外，更重要的是，蒋雯羽已经向UNX志愿者组织考核人员证明，她有足够的自保能力！

她曾经是全国的少年射击队冠军，还用四年时间拿到了空手道黑带三段段位。虽然和间谍特工之类传说中的职业扯不上半点关系，但是从彪悍程度来说，绝对堪称巾帼不让须眉，属于工作组中的绝对战力。

为了不刺激金三角地区各个村庄的"将军"们，他们这支工作组进入时，没有携带任何枪械，只是按照规矩请了一支雇佣军护送，以应对在路上可能遇到的劫匪以及横行在湄公河段上的缅甸水盗。整支工作组也只有身为女性的蒋雯羽获得批准拥有一把格斗军刀，理由没有人说，但是只要参加类似危险任务的人都会明白其中的道理……一个女人，尤其是一个年轻漂亮的女人，在如此混乱的地方，哪怕她手无缚鸡之力，在敌我未明时，都绝不能放弃手中的刀。最起码，她还能用刀子自杀。

看到蒋雯羽依然用刀锋对着自己，年轻男人眼角一挑，脸上露出几分怒意：“知道我是谁吗？”

蒋雯羽摇头。

“我是师少鹰！”

师少鹰？！

蒋雯羽终于明白，为什么眼前这个年轻男人会给自己造成如此大的压力了。

在他们手中的资料里，师少鹰是洪龙村村长师啸杰的儿子，在洪龙村被所有人尊称为“少帅”。她还记得，师少鹰两年前和一批进入果敢的人远赴非洲，在那里加入了某个国际知名雇佣兵组织，通过实战从那些雇佣兵身上学习特种作战。

只看他这满身的伤痕和自然而然透露出来的危险气息，就可以想象，这两年时间他真的没有白过。

估计就连师啸杰都没想到，这个在地球另一端，每天拿着AK步枪在那里为钱拼命的儿子，会突然一声不吭地返回金三角。

看着他随手丢到一边的背包，还有他靴子上的泥浆，蒋雯羽必须在心里分析一下，眼前这位少帅单枪匹马穿越原始丛林，返回村子的可能性究竟有多少。如果真是这样，那这位少帅的我行我素和狂野彪悍，就相当让人侧目了。

“知道我是谁了吧？”

蒋雯羽点头。旋即，她的眼睛猛然瞪圆了。

师少鹰手一扬，将手中的开山刀插在墙上，当着蒋雯羽的面，竟然大大咧咧地甩掉脚上的皮靴，解开腰间的皮带，再那么一扒一撸，就将他的裤子外加里面穿的内裤一起脱下来，赤身裸体地站在了蒋雯羽的面前。看到蒋雯羽微微发呆地站在自己面前，手里还捏着那柄刚才差点要了他命的格斗军刀，师少鹰这次真的生气了，他根本无视蒋雯羽手中的刀子，一直走到蒋雯羽面前，任由刀锋顶在了他的腹肌上：“女人，花样玩一次就够了，你现在是想要挑战我的忍耐力吗？还是说，你认为自己很特殊，特殊到我师少鹰都要弯下腰，像狗一样围着你打转，来哄你开心的地步？”

花样？什么花样？还有，这个家伙是暴露狂吗？

如果不是因为这个家伙的身份太过敏感，自己刀子一捅下去，他们所有的计划与希望就会彻底破灭，一向心高气傲，对各种变态都抱着先打倒再狠狠踏一脚让他们永世不得超生心态的蒋雯羽，真的会先一刀子捅下去再说。

借着荧光棒发出的蓝色光芒，师少鹰上上下下打量着蒋雯羽。他的目光尤其在蒋雯羽发育得过于良好的胸部狠狠打了几个转，目光中毫不掩饰的赤裸裸的欲望还有那炽热的温度，让蒋雯羽突然有了一种自己身无寸缕，正在被一群色狼包围的错觉。

师少鹰四仰八叉地坐到一张竹椅上，随手拎起一个坐垫往面前的地板上一丢，指着自己身体已经产生某种物理兼化学变化的部位，命令道：“过来，跪下。”

蒋雯羽：“……”

只要看过岛国爱情动作片的人，不，只要看过H级图书或者漫画的人，都会立刻明白师少鹰这句话背后蕴藏的要求是多么猥琐与下流。

蒋雯羽收起了手中的刀，咬着嘴唇望着师少鹰，在略略犹豫后，她突然笑了。

她的笑容中，带着几分羞涩、几分犹豫、几分少女花一样的风情，笑得就连师少鹰的心脏跳动都突然变得剧烈起来，全身的血液更是不由自主地往某一个地方聚集，使得人类某种自然而然就拥有的物理变化更加明显，也更加昂扬。

这个女人不错啊，老爹的眼光什么时候这么好了？

蒋雯羽以一种模特在T型台上走秀般的动作，一步步挪到师少鹰的面前。就在师少鹰呼吸越来越急促，皮肤渐渐发烫变得分外敏感，准备享受一个能够让他赏心悦目的美女的热情服侍时，他突然看到一只没有穿鞋，白白的、嫩嫩的、可爱的小脚在空中飞弹出一条美丽的小弧线，由下至上飞弹向他的……呃，热情如火的，呃，小弟弟。

啪！

嗷嗷……

“你这只被坦克车碾过的癞蛤蟆，你这头河马和外星人的结合体，你这个人类基因突变的残次品，给我去死吧！”

砰！

第三章 喂，死女人，嫁给我当老婆吧

空手道黑带三段含怒而踢的一脚，又在男人最松懈的时候踢中了最脆弱的位置，究竟有多疼？

这个问题，你问问师少鹰就知道了。

就算是以师少鹰的小强级体质，也整整昏迷了七个小时才悠悠醒转，确切地说，他是被痛醒的。忍着腹部传来的阵阵剧痛，师少鹰努力眨着眼皮，当他终于看清楚自己面前站着的那个女人脸庞，一股恨不得举起AK步枪把对方当场扫成马蜂窝的愤怒直冲心头。师少鹰指着蒋雯羽，嘶声叫道：“你这个死女人还敢出现在我的面前……嘶……”

一句话还没有吼完，腹部的剧痛就因为他的剧烈活动变得更加剧烈，最终变成了一声倒抽冷气的低哼。伸手压在自己的腹部，豆粒大小的汗珠从额头上滚滚而落，就算是这样，师少鹰依然用恶狠狠的目光瞪着蒋雯羽，然后，他的眼珠子在瞬间瞪得比乒乓球还要大。

一照面就对他捅刀子下杀手，在他放开所有警惕允许她接近时又毫不客气送他一记断子绝孙撩阴腿的死女人，刚才还一脸“你活该”的表情，转瞬间就变了。如果不是腹部还疼得厉害，师少鹰真的会以为，眼前这个眼波盈盈欲滴、脸上写满了歉意、一直不停咬着嘴唇欲言又止，还在轻轻抽着气，也许下一秒钟，眼泪就会疑似银河落九天般哗啦啦流淌而下的女人，一定是一个善解人意又美丽如花的可人儿。

一个差一点要了他师少鹰命的女人，她的脸色怎么比翻书还快，而且一翻

就是“蒙娜丽莎微笑”级的人物油彩画一样？

很快，师少鹰就知道这个死女人为什么脸色转变如此之快了。

听到师少鹰的吼声，工作小组的正副组长，外加师少鹰的老爸师啸杰一起涌了进来。

工作小组的组长一进来就对师少鹰连连道歉。老爸师啸杰也在一边解释，他是实在不知道师少鹰会突然返回，而且是半夜回到村子。为了招待好朋友，他才会自作主张把工作组中唯一的女同志蒋雯羽安排到他们村子里最好的房间，也就是师少鹰的房间。没想阴差阳错，弄出这么一场乌龙事件。

师少鹰咬牙切齿地瞪着面前这个叫蒋雯羽的死女人，既然她知道自己是师少鹰、是洪龙村的少帅，直接告诉他弄错了，他自然会立刻穿上衣服像个绅士似的离开，至于赏他这么一记断子绝孙撩阴腿吗？

最让师少鹰愤怒的是，老爸师啸杰竟然又当着他的面向那个死女人道歉。道歉的内容无外乎就是他这个儿子平时野惯了，根本不懂老人家想要抱孙子的心情，为了让他们师家早点有后，老爸不止一次找了一些他认为年轻漂亮的女孩，夜里悄悄送到了师少鹰的床上，结果师少鹰一概瞧不上。这样一直拖到师少鹰跑到非洲，老爸也没有做媒成功，自然也没有抱到孙子。在送师少鹰离开的那一天，老爸指天发誓，一定要找一个能让师少鹰一看就两眼发直再也舍不得挪窝的美女，让师少鹰老老实实天天窝在房间里和媳妇做造人运动。

师少鹰的房间天天有人打扫，冰箱里有他最喜欢喝的饮料，定时有人更换，这一切都是一个父亲期盼儿子早点回来而做的准备。所以在昨天晚上，师少鹰看到冰箱里的可乐生产日期才会脸上露出一丝微笑，在这么多的条件巧合下，他突然看到自己的床上多了一个女人，就把蒋雯羽当成老爸给自己找的女人，一直每天住在他的房间等着他回来后的“宠幸”，这样的想法自然也变得理所当然起来。

工作组的正副组长听得连连点头，误会，真的是误会。在两位领导和师啸杰看不到的位置，蒋雯羽却对着师少鹰倒竖起一根大拇指，可能是这样还不足以表达自己内心的不屑，蒋雯羽又对着师少鹰伸出舌头，眨着眼睛做出一个鬼脸。

明知道老爸担心，还要跑到非洲去当雇佣兵，这样的男人谓之不孝。明明和一个女人没有半点感情基础，只是看到对方漂亮性感，就会毫不羞涩地在几秒钟内把身上的衣服脱得干干净净，然后往椅子上一坐，理直气壮地要求女人跪在他面前，这样的男人，除了用“种马”来形容，她真的已经找不到更好的形容词了。蒋雯羽真的认为，眼前这个叫师少鹰的家伙更适合做午夜牛郎。

还有，这个男人还很记仇，现在还在用恨恨的目光瞪着她。

好吧，她其实也明白，男人那儿挨她全力一脚，是挺疼的……她一脚能踢断四块木板。

等到两位组长带着蒋雯羽离开，师啸杰扫了一眼师少鹰的小腹部位，迅速弯下腰在师少鹰的耳边小声问了一句：“是疼还是麻？”

师少鹰：“疼。”

老爹随之眉开眼笑：“是疼就好。”

说到这里，老爹突然想起了什么，猛地一拍额头，不再理会直翻白眼的师少鹰，猛冲出房间。

“两位同志，你们等一下。”

先不说已经90年代末，马上要踏进21世纪了，老爹和人家接触一张口就是“同志”，听起来有多么怪异，房间只是用一层竹帘和外面相隔，老爹和工作组两位组长的对话，清楚地传进师少鹰的耳朵：“我刚才问过了，我儿子只是疼，养一养将来还能用，但是你们想想看，他还是一个从来没有和女孩子有过浪漫经历的男孩呢，好不容易看到一个顺眼的女人想要去做喜欢的事，结果直接挨了这么一脚，要是留下什么阴影，以后一旦到了箭上弦时就会心里发虚从此不举怎么办？”

师少鹰用手捂住脸，我的天啊！让天上劈下一道闪电，把他那个大嘴巴的爹直接劈死吧！

“我不管，你们一定要想办法。别以为我什么都不懂，像你们这样的工作组，里面一定配备了诸如谈判专家和心理专家之类的人物，都到这个时候了，你们就别再藏着掖着了，赶快把你们的底牌亮出来，只要能治好我儿子，咱们什么都好说，否则的话……”

师啸杰后面的话没有说完，但是威胁的意味已经不言而喻。

工作组的两位组长对视了一眼，彼此看到了对方脸上的无奈。正组长轻咳了一声，用眼神示意副手开口。副组长略一犹豫，还是选择了实话实说：“这个，师将军，心理专家我们队伍中是有，但是派出我们队伍中的心理专家去辅导您儿子的心理问题，我只怕您儿子会不喜欢。”

师啸杰大手一挥，脸上带着死马当活马医的洒脱：“只要能治好少鹰的心理问题，我管他是张三李四王二麻子，让你们的心理医生不要有顾忌，只管大胆地治疗，师少鹰那小子要是敢不听话……阿威，去把家法请过来，交给UNX派出的心理专家。”

老爹这就把他给卖了，就连“家法”都交到了人家手里？

两分钟后，门帘再次被掀开了，师少鹰咬牙忍着身体剧痛扭头望去。当他看到一个并不算熟悉却绝对终生不忘的身影，在瞬间，师少鹰忘记了自己身体某个部位的剧痛。

在这么短的时间，工作组内能让师少鹰留下如此深刻印象的人，当然是蒋雯羽。她脸上挂着似笑非笑的表情，而她手中捏着的赫然是一根……鹅毛！

“死女人……”心中已经明白大事不妙房子要倒，师少鹰试图反抗，他露出一脸凶相，恶狠狠地盯着蒋雯羽，“你来干什么？”

蒋雯羽没有答话，她像一个终于待到丈夫回归的小妻子般，温柔体贴地帮师少鹰脱掉了脚上的袜子，然后用手中的鹅毛在师少鹰的脚心轻轻一扫。

就算是在战场上被人一刀捅到身上都可以面不改色的师少鹰，只觉得脚底一股电流涌过，痒痒麻麻酥酥的感觉在瞬间就涌遍全身。他的身体自然而然地缩成了一团，而他全身的力量，更是随着这股痒痒麻麻酥酥的电流感涌遍全身而在瞬间锐减至零。

看着师少鹰皮肤上的汗毛在瞬间一齐倒竖而起，蒋雯羽脸上露出一丝微微的惊讶，脚心怕痒的人她见多了，但是这么怕痒的人，她还真是头一次看到，难道这就是传说中的“超敏感体质”？

“我不叫死女人，我的名字是蒋雯羽，蒋家王朝的蒋，晴雯的雯，项羽的羽。你以后可以叫我蒋老师，也可以叫我蒋医生。”

“噢，原来是蒋小姐……哈哈，哈哈，好痒，别搔，别搔了……哈哈……”

“别以为我不知道你语带双关。”蒋雯羽拿着那根其貌不扬的鹅毛，一边在师少鹰的脚底来回扫动，一边不动声色地道，“我被你父亲请过来，帮你治疗可能存在的心理疾病，作为你的主治医师，我就相当于你在部队的指挥官，你唯一的选择就是服从与配合，听明白了吗？”

师少鹰很想反唇相讥，他师少鹰什么时候在敌人的威胁下认㞞过？可是脚底板上一波接着一波的触电感，不但让他全身无力、心跳加快、汗毛倒立，更让他的皮肤越来越敏感，每一次鹅毛从他脚底扫过，就像是千万只蚂蚁在他身上爬进爬出。当蒋雯羽拔下一根头发，左手头发右手鹅毛双管齐下时，师少鹰终于溃不成军，第一次在“敌人的严刑逼供”下认了㞞：“明白了，哈哈……明白了……蒋医生，蒋老师，蒋同志……哈哈，哈哈，哈哈……你快停手啊……”

师少鹰已经认㞞了，可是鹅毛竟然还在他的脚心不停搅动，师少鹰不停地笑着，全身缩成了一只油炸大虾的形状，双手更是抱在身上，他在这个时候看起来就像是一个面对色狼步步进逼的小媳妇。

师啸杰就站在门外，作为一个父亲，他握紧了双拳，全力控制着自己没有冲进去救驾，支撑着他的就是这样一个信念：“儿子，老爹这也是为了你好，你一定要顶住啊！”

蒋雯羽搔了足有三四分钟，师少鹰内心深处已经产生了自己说不定会以这种最丢脸的方式被一个女人搔脚心搔到死的想法时，蒋雯羽才开恩挪开了鹅毛。

师少鹰在这个时候全身已经被汗水浸透，就连他身下的褥子上都留下一个人形印痕。狠狠喘了几十秒钟的粗气，师少鹰才终于“活”了回来，他瞪着蒋雯羽嘶声叫道：“你这个死女人，我都认㞞了，你还搔？！”

“不好意思啊！”蒋雯羽嘴里说着道歉的话，脸上却找不到半点歉意，反而洋溢着浓浓恶作剧式的快乐，“看你笑得那么High，我就忍不住多搔了几下。”

呃……

师少鹰深深吸了一口气，刚想破口大骂，一股痒痒酥酥麻麻的电流就猛然从脚底传来并在瞬间涌遍全身。师少鹰好不容易重新舒展开来的身体，猛地再次缩成一团，他已经冲到嘴边的喝骂自然而然地变成了一声少儿不宜，任谁听了都会往不健康、不道德领域做出联想的呻吟。

“我不叫死女人，我的名字是蒋雯羽，蒋家王朝的蒋，晴雯的雯，项羽的羽。你以后可以叫我蒋老师，也可以叫我蒋医生。”

蒋雯羽将她曾经说过的话一字不差地复述了一遍，就连语气和神态都一模一样。重新做完自我介绍，她一边把玩着手中的那根鹅毛，一边温柔地微笑着说：“明白了吗？”

看着蒋雯羽脸上那甜得几乎能掉下蜜渣的笑脸，一股寒意却从师少鹰的心头涌起。这个女人绝对拥有朝天椒属性，现在又手持尚方宝剑，他师少鹰已经变成案板上的肉，再拼死顽抗，人家手中的鹅毛一扫就会如汤泼雪，正所谓形势比人强，要不，还是认㞞吧！

蒋雯羽很满意师少鹰情绪上的变化，她将那根万恶的鹅毛别在口袋上，顺手拿出一个病历夹：“姓名？”

“师少鹰。”

“年龄？”

“20。”

“籍贯？”

师少鹰不解地瞪着眼睛：“同志，什么是籍贯？”

“就是指你的出生地。”

师少鹰恍然了，他伸手指着自己躺的床榻：“床上。”

师少鹰没有说谎话，他真的是出生在床上的，而且就是出生在这个房间的这张床上。

蒋雯羽有些恼怒地看着手中记了一半的病历单，受到这个浑小子的影响，她赫然在病历单“籍贯”一栏填写了“床上”两字，她蒋雯羽竟然也有被病人带进沟里的一天！

发现蒋雯羽的脸色不对，师少鹰立刻知趣地把双脚向回缩了缩，抱定主意要君子不立于危墙之下。

看着脸色有点小惴惴，甚至还露出点小讨好的师少鹰，不知道为什么，蒋雯羽的心情又由阴转晴："还疼吗？"

"疼？当然疼了，要不你让我往你那儿狠狠踹一脚试试……咦？"

一提到自己腹部刚刚承受的重创，看着面前的始作俑者，师少鹰就怒气勃发不可收拾，但是在狂吼了一嗓子后，他突然发现，自己的腹部竟然没有那么疼了。

让身体受伤疼痛难忍的患者因为某种原因转移注意力，身体和精神随之放松，疼痛自然会得到大幅度缓解，这种引导专注力的心理治疗方法对一般人来说效果有限，但是对师少鹰这种受过非常规训练，而且早就习惯了战场上流血受伤的人来说，却等同于止痛剂。

也许是想明白了其中的原因，师少鹰看向蒋雯羽的目光中，多了一丝凝重与敬佩，喃喃低语道："死女人，有一套啊！"

蒋雯羽骄傲地一翻白眼，选择性地无视了他这一次脱口而出的"死女人"。在国外当雇佣兵，天天在死亡线上打滚，一群男人为了缓解压力，没事就会坐到一起吹牛打屁聊女人，满嘴粗话就是他们的共同特征，就算是他们再注意，只要稍有松懈，"死女人"之类的话就会脱口而出。看着这浑小子看自己的目光多了一丝敬佩，这一次，她蒋雯羽就大人有大量，原谅他的无心之失吧！

蒋雯羽轻咳一声，板起了脸："现在和我谈谈你身体相关……部分，就是被我踢的那一部分，嗯，那个曾经的使用……情况吧！"

师少鹰瞪大了眼睛，看着脸色突然涌起一片潮红的蒋雯羽，他不由自主地咽了一口口水，这样突兀的动作与声音，在一片安静中显得分外刺耳。

蒋雯羽在这个时候终于明白，为什么那些真正挂牌营业的女性心理医生都是以30岁为分界岭。想要治疗师少鹰可能存在的心理隐患，就必须和他在相关话题上进行深入"探讨"，可是拜托，她才19岁，还是一个标准的清纯女孩，和一个种马加色狼般的基因变异体去谈这方面的话题，这未免也太那个啥了吧？

但是不管怎么说，蒋雯羽也是国内顶级行为心理学专家的得意门生，她只是略一凝神，就将脑海中不应该出现的问题甩到一边，就连她的声音也恢复了平静，开始以一名心理医生的角色进行循循善诱式的谈话：“你有过多少个女朋友？我是说，有过亲密接触的女朋友。”

说到这里，为了缓和气氛，蒋雯羽还开了一个无伤大雅的玩笑，她伸出右手在师少鹰面前晃啊晃的：“50个，只多不少吧？”

师少鹰瞠目：“一个也没！”

蒋雯羽看着眼前这个家伙，昨晚某人还当着她的面，只用了几秒钟就脱得一丝不挂的画面再次浮现在眼前，她好不容易营造出来的心理医生形象瞬间破功，脱口叫道：“你骗人！”

“真的！”

师少鹰一脸比真的还真的纯真：“我16岁前一直住在这个村子里，你看看这村子里的女孩子，一个个皮肤被晒得像煤炭没半点美感也就算了，很多人平时最喜欢吃的就是鸦片叶子醮蒜汁，我师少鹰就算是一个土包子，也看不上这样的女人吧？”

虽然觉得眼前这个浑小子以貌取人在道德观方面有待重新塑造，蒋雯羽还是下意识地点头。用鸦片叶子醮蒜汁，这算不算是华人后代在金三角发明创造的特殊饮食文化？这已经不再单纯是美观与否的视觉冲击，而是卫生问题了！

“那你离开洪龙村后呢？”蒋雯羽试图打破师少鹰的谎言，“你跑到国外，我就不相信全是喜欢吃鸦片叶子醮蒜汁的丑女！”

“漂亮的是不少。”师少鹰眼睛瞪得大大的，“问题是，那里是非洲啊，艾滋病的发源地和兴盛区，在某些地方，平均每三个女人当中就有一个患有艾滋病，而且还买不到安全套。换成你是男的，会不会为了两三小时的欢乐，赌上一生的幸福？”

蒋雯羽瞪着一双美丽的眼睛，忍了又忍才没将口水吐到这个振振有词的家伙脸上。

我呸！

他的意思是说，他能一次坚持两三小时？她蒋雯羽虽然在这方面还完全是个外行，从来没有过实际接触，但是她看过相关资料，清楚地记得，亚洲男人五分钟就算及格，十五分钟就算是水准以上。

“少装了，你昨天晚上脱衣服的那个速度，那个训练有素噢！”蒋雯羽没有发现，她说话的时候已经带上了对熟悉的朋友撒娇时才会有的卷舌音，就连她的唇角都顽皮地轻轻翘起，露出了两个漂亮的小酒窝，“电影里那些夜夜换新娘，每天要用可乐泡十颗生鸡蛋一口气吞下去来补身体的红牌牛郎，才会拥有你这样业精于专方显卓越的职业素质，要换成是一个正常人，哪会有你那么厚的脸皮？”

师少鹰也急了：“我怎么就不正常了？我老爹常说我眼界太高，我也的确是看不上那些女人，好不容易看到一个喜欢的而且大半夜躺在我床上，以为你是老爸给我挑的媳妇儿，所以心急了一点、热情了一点，又有什么不对的？”

“嗯……”

蒋雯羽发誓，以后绝对不会再和男人讨论这样的问题，她的性别摆在这儿，怎么争论都是她吃亏！最重要的是，她这一辈子都没有被人调戏过，她甚至不知道在这个时候，听到这种赞美夹杂着调戏，却又是发自真性情的话，是应该开怀还是应该生气，抑或是脸一板带着一副公主般的骄傲走出门去。

蒋雯羽还在心头盘算，师少鹰后面的话就让她彻底石化：“喂，死女人，我看你越看越顺眼，嫁给我，当我老婆吧？”

“噗……”

蒋雯羽表面上一片沉静如水，在她的少女内心深处却当场喷了。

“不可能！”

“有可能！”

“我说不可能！”

“我说有可能！”

“我说这绝对不可能！”

“我说这绝对有可能！”

“我说这绝对绝对绝对没一点点可能性的不可能！”

“我说这绝对绝对绝对有特大大可能性的有可能！”

在这个时候，什么行为心理学、什么犯罪心理学、什么自我心理控制学全部成了浮云，两个人像是比赛瞪眼珠子般，眼睛越瞪越大，声音也越吼越大。

在两个人王八瞪绿豆般眼睛对着眼睛，双方距离也近得只要谁嘴巴向前一努，就可能来个亲密Kiss的激烈对抗角逐中，站在房外的三个人也笑了。

工作组的正副两位组长如释重负，师少鹰的声音这么中气十足，甚至还有心情向朝天椒级别的蒋雯羽求爱，这说明他身心方面都健康得很。蒋雯羽小同志的那一脚，并没有给他留下什么终身的隐患和遗憾。

师少鹰的老爹也笑了，嘿，挨了人家小姑娘一脚，这小子反而开窍了？人家小姑娘看不上他儿子没关系，只要儿子有了这个心，他这个当老爹的，绝对不介意抽出一两个月带着儿子出去转转，让儿子睁大眼睛看清楚，原来外面的世界很精彩。

蒋雯羽在这个时候怒极而笑，她从背包中随意一抓，抓出十几份资料，将它们一股脑儿甩到师少鹰的床前：“你喜欢从不可能中创造可能是吧？行，只要你能让这些村庄的将军们铲掉田里的罂粟种上玉米，并让我明年这个时候看到玉米丰收的场景，我就嫁给你！”

她这算是丢给了师少鹰一个天大的难题。他们得到了缅甸政府的大力扶持，而且手里握着大笔的商业订单，更找人计算出，在这里种植玉米，能比种鸦片更赚钱、更有前途的详细数据，可是他们在金三角依然处处碰壁，只能用打民族牌的方式试图在洪龙村建立一块样板田。就算是成功了，想要把样板田扩散到整个缅甸，说十年时间能够成功，都算是相当乐观的。

不止一次有人说蒋雯羽这些人是狗拿耗子多管闲事，甚至有朋友当面说她是在哗众取宠，想要用特立独行来吸引别人的眼球，并从中享受一种被众人关注的快感。

蒋雯羽从来没有开口解释。面对心中充满各种负面情绪，看到丑陋就会觉得理所当然，看到真善美就认为是在作秀，已经习惯了用最大化恶意来进行揣测世界的人，想要让他们明白何为“信仰”，是一件非常困难的事情！

当爱已经成了信仰，她无须向不能理解的人解释。有些人可以为了救陌生人血洒大地，有些人为了一点蝇头小利可以对亲人挥动屠刀，大家各有各的思想、各有各的活法，不能理解就是不能理解，有什么好多说的？

在蒋雯羽的注视下，师少鹰沉默下来，再不复刚才的咄咄逼人。他低下头，慢慢地拾起了蒋雯羽丢给他的每一份资料，数了数，一共是十二个村庄。

师少鹰扬起了头，当蒋雯羽和他的目光在空中相遇，她猛地呆住了。她在这个男人的眼睛里，看到了一缕几可分金碎石的光芒，拥有这种目光的人，无不是确定目标后就勇往直前、不达目的绝不回头，哪怕是撞到南墙也要破墙而入的超级偏执狂！

“喂，死女人。”师少鹰扬起了手中那厚厚一沓资料，他的声音有点嘶哑，“一年后，把自己洗得香喷喷的，等着做我的女人吧！记住，在赌约期间，不许你和其他男人约会，谁碰你，我杀谁！”

蒋雯羽怔住了。

他在向她很认真地说着这些话，他已经把她看成了自己的女人，除了他，谁也不许碰，谁碰，他杀谁！这中间没有一丝玩笑的意味，也容不得半点沙子。

在很多男人越来越女性化，面对女人就像狗一样温驯，还总喜欢用“绅士风度”来美化自己时，这个男人竟然用如此横行霸道的方式来宣示对她的所有权。

第四章　聘礼

247名手持自动步枪的民兵，静静地站在村子的广场里，在他们面前有一个不知道平时用来干什么的小型木台。师啸杰和师少鹰父子就站在上面。

师啸杰再把这些人召集到一起，他什么也没有说，对着站在身边的师少鹰略一颔首示意，就沉默不语地走下了木台。两百多号人的目光自然而然就全部集中到师少鹰身上。

师少鹰拎起脚边那只他亲自背回金三角的硕大背包，随意翻转背包，大堆花花绿绿的钞票从里面倾倒出来，在瞬间就映亮了所有人的双眼。

“我在非洲当了两年半的雇佣兵，前半年纯粹是一个炮灰级打杂，顶多是别人打完后跑到战场上像拾垃圾般地打扫战场；半年后，我成为他们的外围替补队员；一年后，我挤进精英特战小组，从此算是进入了高收入阶层。”师少鹰将倒空的背包丢到一边，“两年半时间，我前前后后负了17次伤，一共赚了170万美元，还不错，平均受一次伤就能赚10万美元。现在它们全在这里了，我想问大家一个问题，我把它们全花了，去娶一个喜欢的女人，够不够？”

站在台下的蒋雯羽听到这里，有了一种想要掩面逃走的冲动，怪不得在师啸杰把村子里所有兵民都集中到一起时，她的心里就有了一种大事不好房子要倒的预感。这个叫师少鹰的家伙，不会是想要来个炫帅炫富炫枪多人多后就当场跪在她面前，在两百多号人的起哄声中，跪着对她唱上一首《我的心里只有你》吧？

果然，170万美元的巨款，还有师少鹰有了心上人的消息，一下就把在场所有真汉子们的热血与八卦之心点燃了。不知道有多少唯恐天下不乱的人一起伸直了脖子高声吼叫：“够了！”

异口同声的吼叫声还在空气中回荡，一个还带着几分稚气的声音就闯进所有人的耳膜：“何止是够了，有这么多钱，少帅在娶上一房大老婆后，都能再娶上三四个小老婆了！”

所有人的目光都集中到一个看起来最多也就十六七岁的男孩身上，那个男孩虽然手里握着枪，努力挺直了胸膛想让自己看起来更威风一点，但是在众目睽睽之下，他有点嚅嚅的语气却暴露了他的小惊慌：“看着我干什么？你们平时不都对我说，男子汉大丈夫，流血流汗不流泪，年轻时拼把力鼓把劲，等赚够了钱就娶三四个漂亮老婆，生上十二三个孩子，这一辈子就不算白活了吗？”

旁边一个老兵啪的一声在这个半大小子的脑门上弹了一下，打趣道：“说说看，你要有钱了，想娶什么样的老婆？”

半大小子的目光就像是卫星定位般，带着穿透力直接锁定了蒋雯羽站立的位置。这个撑死了也就十六七岁，在中国充其量也就是高一学生的屁大小子，还没有说话脸蛋就像是刷了一层油漆般红得几乎能滴出血来，他那过于单薄的小身板，竟然还能像个小姑娘似的扭了那么几下子："这个漂亮姐姐就行。"

"我呸！"

师少鹰在台子上直接瞪起了眼睛："你小子是不是胆上长绿毛了，竟然想抢哥哥我的女人？"

四周一片哗然，所有人看向蒋雯羽的目光，在瞬间都变了。

排斥，怀疑，惊讶，欣赏，喜悦……狂喜！

在短短几十秒钟内，台下的一百多号人目光中，就经历了如此复杂的一系列变化。看他们的样子，在这短短几十秒钟时间内，蒋雯羽的身份在他们心中，就从一个接近于"配角丙"的角色，直接变成了受人爱戴的少帅夫人！

"我不要三妻四妾，真心喜欢的女人，一个就够了。"

明明对师少鹰来这么一手暗中恨得咬牙切齿，不停地后悔前天夜里那一脚踢得太轻了点，可是突然听到师少鹰这句话，不知道为什么，蒋雯羽的心中竟然有了一丝连她自己都说不清道不明的欢喜。

难道这就是所谓的……少女情怀总是春？！

蒋雯羽狠狠甩了甩头，将突然涌上心头的奇怪感觉驱散了。她并不排斥被人喜欢和被人追求，但是她非常反感师少鹰利用本土作战优势，借助其他人的力量向自己施压。而且，他们两个生活的世界有太大差异，他们之间也绝不可能有任何未来。

一个在金三角称王称霸，已经被惯得不知道天高地厚，跑到非洲当雇佣兵，更不知道手里沾了多少条人命的军阀，做出一件根本不可能有任何未来的事情，她蒋雯羽又何必在意？

"我三天前就向她求婚了。"

师少鹰的话引起一片口哨声，蒋雯羽没有回头，但是她清楚地感受到，工作组的两位组长看向她的目光中已经包含了一丝不悦。虽然他们都是志愿者，从本质上来说大家的地位都是平等的，但是大家还是要遵守一些必要的规则，无论蒋雯羽和师少鹰之间的事情是怎么发生，又是如何发展，这点破事已经给工作组带来了严重影响。

“要娶一个这么漂亮的姑娘，当然要有聘礼，只可惜她要的不是钱，而是玉米。她要我们周边地区的十二个村庄和我们一起，在田地里种满玉米。”

年轻的兵民仍然在唯恐天下不乱地大呼小叫，一些老成持重的人脸上笑容却渐渐消失了。

他们自己铲除鸦片种上玉米，那是他们自己的事情，别人既不会过问，也不会干涉。但是他们又凭什么要另外十二个村庄的“将军”们放弃稳定赚钱的罂粟田，和他们去种植天知道会是什么结果的玉米？！退一万步讲，就算是那十二个村庄的人接受了他们的建议全部改种玉米，这些玉米的种子撒进田里却最终什么也没有收获，他们又要用什么来平息这些人的愤怒，或者说用什么去填村庄里所有人的肚子？

师少鹰手里多了一沓资料，那是工作组交给师啸杰关于铲除罂粟改种玉米的项目可行性报告书。“我用了一天时间，把这份报告书仔细看了一遍，我虽然不是什么经济师，可是我在这份项目书的严谨认真中看到了诚意，如果我们真能在他们的帮助下，将上面的计划一步步顺利实施，就凭我们脚下的这片沃土，我们一定能获得丰收，而且是大丰收。我们的收入甚至会比种罂粟更高！”

喧闹声都消失了，每一个人都沉默地望着师少鹰。

罂粟是他们在这片几乎与世隔绝的世界中唯一生存的手段。铲除鸦片田种植他们从来没有接触过的玉米，这直接关系到他们所有人的生存根本，就算师少鹰是他们最喜欢的少帅，他们也必须仔细思考这其中的得失与风险。

蒋雯羽看到了在场绝大多数人脸上扬起的犹豫，其中一部分人再次看向她时，目光中已经露出了排斥。这些人还是村子里年轻力壮，最向往外界生活，接受新事物最强的群体，就连他们都是这个样子，那么村子里的妇女和老人面对这样一道选择题，又会做出什么样的反应？

“我知道这事关生存根本，大家犹豫也很正常。”师少鹰从小就生活在这个村子里，他当然清楚地知道面前这些人的心理活动，“在以前，我们种鸦片，那是生活所迫，我管他们外面的人如何形容我们，如何仇视我们，肚子饿了就要吃饭，天冷了就要穿衣，兔子急了还吃肉呢，更何况是人！就算把那些天天把什么道德、荣誉、人类未来挂在嘴边的专家教授丢到我们这个地方，他们也不会变得比我们更好。”

师少鹰的话赢得了在场绝大多数人的认可，无论放到哪里，“毒枭”这个名字都不算是什么好称呼。

“可是我们现在有选择了，我们可以种植玉米，我们洪龙村处于金三角东北角，已经接近果敢老街，这就是我们的地理优势，只要我们愿意再多使点劲，在原始丛林中开拓出一条把粮食运出去的路也并非不可能。”

师少鹰目视全场，他猛地提高了声音：“在没有选择的时候，我们种鸦片那是生活所迫，我们可以理直气壮问心无愧。可是当我们有选择的时候，仅仅是因为循规蹈矩惯了就依然选择种植鸦片，放任那些毒贩毒害我们的同胞，请问，我们这种行为是什么？”

师少鹰猛地放声狂吼：“如果还这么继续下去，我们就是人渣、是败类，是他妈的应该断子绝孙天打雷劈的混账王八蛋！”

整个村子的广场上静悄悄的，每一个人都在沉思，看着他们努力思索脸上露出来的挣扎与矛盾，蒋雯羽突然想哭。

“可是……”

人群中终于有人发出了声音：“我们种出鸦片，到了收获季节就会有人专门上来收购，我们种出玉米，又怎么卖出去？”

这个问题绝对切中了核心，UNX志愿者组织再牛×，字号再响亮，他们说白了，也不过就是一群平民罢了。他们提供的优质高产玉米种子，从资料上看只要土壤够肥沃、雨水充足，亩产甚至能直接达到上千斤这样一个令人目瞪口呆的数字，这么算下来，他们整个村子要真种起玉米，只怕一丰收就能收获上千吨。想把上千吨玉米从金三角这样一个地方运出去，又谈何容易？

这还只是一个村子，要是所有村子真的一起种上玉米，上万吨的玉米运输将会变成一个足以让任何人发疯的沉重负担。

在他们提出帮助缅甸农民种植玉米前，日本人在90年代初期就曾经想要教导缅甸农民种植水稻，用来“消灭”金三角的罂粟田。除了人们的思维惯性阻碍，最大的难题还是运输，日本专家们可以指导当地人种水稻，可是却无法帮当地人把大米运出去，所有努力自然付诸流水。

事实上，工作组一开始真的是低估了金三角地区的交通恶劣状况，所以他们才会退而求其次，想先在洪龙村开一块试验田，证明在金三角种植玉米，收入甚至能比种鸦片更高。

“我们为什么要把玉米卖出去？”

师少鹰的反问，让广场上一片哗然。

“我在非洲当了两年半的雇佣兵，你们知道我在那些国家，见得最多的农作物是什么吗？

“玉米，当然是玉米。

“在我们眼里看来玉米是食物，但是在一些人眼里，玉米却是能够替代石油的燃料。在西方国家，用玉米淀粉和玉米秆制造燃料酒精这项技术已经相当成熟，而且使用越来越广泛，一些跨国公司为了从玉米燃料里获取暴利，通过种种方法在非洲国家圈地，然后大面积种植玉米。我可以断言，只要我们能把玉米变成燃料，就能获得几倍的利益！”

师少鹰的话，让蒋雯羽见识了什么叫作胆大包天，什么叫作敢想人所不能想。他继续说：“我们洪龙村在金三角东北部，距离果敢老街特区并不算太远，这就是我们的地理优势。只要我们能源源不断制造外面最想要的酒精燃料，我们又能拥有足够的武力保护客人，自然会有风险投资商跑进来想办法为我们打造出一条输送通道。至于是修建一条勉强能让一辆皮卡通行的路，还是铺设一条地下输送管道，那就不是我们需要考虑的事情，因为到了那个时候……”

师少鹰从地上抓起一把钞票，猛地用力一扬，花花绿绿的钞票随之在风中飘舞，它们就像是有魔力般，带着在场所有人一起展开了梦的翅膀：“我们要努力考虑的就是如何把手中的钱都花出去，如果活得更好，我们还要考虑如何从外面娶更多的老婆，生更多的孩子，过更好的生活！”

趁着所有人被自己忽悠得精神恍惚，师少鹰一锤定音：“这些钱就是我们洪龙村‘玉米燃料计划’的启动资金，成功了我们就能摆脱现在的生活，万一失败了，这些钱也能勉强弥补损失，大不了我们明年继续种鸦片！”

说完这些话，师少鹰看都不再看一眼自己用两年半时间辛苦积攒下来的老婆本，大踏步走下了木台。在他将这笔钱归入“玉米燃料计划”启动资金后，这些钱和他就再没半点关系。

把师少鹰的行为当成小孩子胡闹，一直负手旁观的工作组组长终于怵然动容，低声对自己的副组长道：“胆大妄为野心勃勃，又当机立断毫不拖泥带水，这小子是个人物。”

副组长脸色沉重，他看了蒋雯羽一眼，低声回答：“我更担心的是，师少鹰对蒋小姐的求婚似乎是认真的。如果他真的做到了，怎么办？”

工作组组长双眼微微一凝：“你觉得，师少鹰有几分成功的可能？”

副组长不知道，但是有人替他们向师少鹰问了这个问题。

师啸杰迎面走了上去：“你这浑小子当众胡吹大气，就算有你这一百多万美元打底，一年没收成大家可以不用喝西北风，你也不至于画这么一个大饼吧？你别忘了，身为领导者，最忌给部下太大希望又让他们失望！”

师少鹰停下脚步，他毫不退缩地和父亲彼此对视：“玉米燃料的确是石油的替代品；在非洲，也的确到处都是玉米田。不信，你问问工作组的两位同志？”

“行，咱们不扯理论，说点实在的，你知道如何把玉米制成酒精燃料吗？”

“不知道。”

“你知道上哪里找愿意帮我们修路或者铺设输送管道的风险投资商吗？”

“不知道。”

师啸杰瞪眼：“那你知道什么？”

师少鹰指着蒋雯羽：“我知道我想娶她，我越看她越顺眼。我想要她做我的第一个女人，同时也做我最后一个女人！”

师啸杰不由得哑然。

师少鹰走到蒋雯羽面前：“喂，死女人，等着，我一定会在约定的时间内，让这里包括洪龙村在内的十三个村子都种满玉米，并用明年秋季满地玉米丰收为聘礼，把你变成我师少鹰的女人！”

第五章　定情

师少鹰带着村民用半个月时间铲掉了所有的罂粟田。他就像是一台瞄准目标就开足马力的坦克，一路上横冲直撞，带着身后的追随者根本没有时间去为曾经生活的逝去而迷茫，大刀阔斧铲掉鸦片，重新犁过田，在农业专家的指导下撒下复合肥料，再播上种子，一切都做得风风火火。

当种植方面的事情告一段落，师少鹰把全村的民兵都集中到一起，从里面挑出五十个人，带着他们每天进行山地作战训练。在距离村子不远的训练场上，每天的枪声都从早响到晚，就算是在深夜，有时候都会传来一阵阵激烈的枪声。工作组组长在观看了师少鹰的训练后，回来小声对组员们嘀咕："这个师少鹰究竟想干什么，我看他对那些民兵的训练强度和课程几乎就是在训练特种兵了。"

说完这句话，工作组组长旋即又推翻了自己的判断："不对，不是几乎，他根本就是在训练一支山地特种部队！"

最让两位组长相对无言的是，蒋雯羽似乎对这种近乎变态的特殊训练爆发出极度热情，从第一天开始，就跟着那五十名民兵一起接受训练。而且无论是负重越野、格斗、射击，还是重型武器操作，都稳稳霸占住第一名的宝座。无论后面的人如何拼命努力，都没有反超过去。而且看她的架势，如果再这么继续下去，甚至有超越师少鹰这位教官的可能。

弄得师少鹰不止一次追问蒋雯羽："喂，你小时候吃啥长大的，怎么比我还禽兽？"

蒋雯羽翻着白眼："知道为什么在装备相同的情况下，一百名圣骑士就能打败三百名骑士吗？"

师少鹰摇头。

蒋雯羽："因为圣骑士比普通的骑士拥有更坚定的信仰！"

丢掉这句话，再不想多做解释，蒋雯羽扬长而去，只留下若有所思的师少鹰。

一个月后，车载重机枪、火箭筒、半自动榴弹发射器、狙击步枪、火焰喷射器，各种武器通过军火走私商陆续运进洪龙村。到了第三个月时，蒋雯羽竟然在军火走私商的马队里，看到了三门苏联制造的M-160型大口径迫击炮。这种迫击炮于第二次世界大战末期研制出来，曾经装备过苏联山地师，现在已经从绝大多数国家的武器库中被淘汰。师少鹰父子把它们买过来，最大的原因可能就是它们够便宜。

但是从小看着各类武器杂志长大的蒋雯羽，绝不会稍稍小看面前这三门上面刻印了太多历史痕迹，有些地方甚至锈迹斑斑的M-160迫击炮。她清楚地记得，这种迫击炮的各种参数……最大射程八千米，每分钟射速三发，整门迫击炮1.4吨重，能直接发射一百六十毫米口径高达四十一公斤重的炮弹。

在山地作战中，这种能够曲线射击的迫击炮，无论是对民兵、普通步兵还是特种兵来说，都无异于是死神的请帖。对于金三角的村子来说，这种迫击炮已经是超出他们使用范围的超重型武器。

到了第四个月，当洪龙村种植的玉米成熟，全村为之欢欣鼓舞时，新的重型武器被军火走私商拆散，又重新组装起来。看着这种只可能出现在正规阵地战上的杀人利器，就连蒋雯羽都忍不住倒吸了一口凉气——俄罗斯军工厂出产的BM21型多管火箭炮！

这种火箭炮从1961年开始装备苏联军队，也绝对称不上什么高科技武器，看它们的样子，大概也是军火走私商在苏联解体时，从乌克兰的军火库里以接近废铁的价格挖了出来，直到今天才终于找到了买家。

这种火箭炮，口径122毫米，看起来似乎还不如前面买的三门M-160迫击炮，但是这种火箭炮却是由40根122毫米口径的炮管联装组起，只要战斗需要，可以在十几秒内把40枚火箭一起对着目标倾泻出去，绝对是战场上对敌方步兵进行大面积覆盖杀伤的超级撒手锏。

火箭炮被军火走私商运了进来，但是就算是手眼通天的走私商也不愿意不计成本，把安装这些火箭炮炮管的重型卡车翻山越岭运进金三角。看着眼前的火箭炮，师少鹰大手一挥，下令兵民立刻把这些火箭炮炮管以五门为一组，把它们安装到人力拉动的手推车上。

用师少鹰的话来说，他们不需要精度，不需要太高的稳定性，在开战时找地方把火箭炮炮管固定住，只要能一口气将40枚火箭弹一起对准敌人大概存在的方向打过去就是胜利。

当蒋雯羽看到村民们把122毫米口径火箭炮炮管拆成单个，放到了一门牛角炮铁制炮台上，并用铁丝固定后，蒋雯羽的眼珠子瞪得比乒乓球还要大。当她看到这门现代科技与文物的结合体竟然是用干电池玩具为起爆装置时，她下意识地伸手，擦了一下额头上渗出来的冷汗。

和五十个人一起接受了长达半年的特种训练，用师少鹰的话来说，蒋雯羽甚至有资格去参加美国绿林特种部队选拔，可是她还是没有抵挡住母亲的眼泪攻势，乖乖举手投降。

在她离开时，各种千奇百怪、老破陈旧的重型武器，终于以拼拼凑凑的方式组建成一支战斗力量。也许拿到其他地方，只能说是垃圾大集合，但是在金三角这种交通闭塞、政府军的手都伸不进来的地方，师家父子几乎掏空家底弄出来的东西，却是一支足以让四周村子为之震撼的毁灭性力量。

蒋雯羽不知道在后面的时间内，这片土地上究竟会发生什么，但是当她在几个月后，抱着期待的心情再次重新踏上金三角东北部的土地登高远望时，她整个人都呆住了。

在她的视线范围内，再也看不到红得娇艳的罂粟花，再也看不到拿着刀子小心翼翼从罂粟果上割取白色汁液的农民。满山遍野都是一片翠绿，在这一片让人心醉的葱翠绿色中，那一个个颗粒饱满的玉米，带着细细的穗儿和软毛，看起来就像是被包裹得严严实实的婴儿，带着属于人们的希望在那里静静地酣睡。

几个孩子在种满玉米的田地里光着脚丫子奔跑，有个稍大的孩子在已经收获过的玉米田里折了几根玉米秆，咬了一口随之发出一声快乐的欢呼。当他把手中的“甘蔗”分给另外的孩子时，每一个孩子的脸上都扬起了满足的欢乐。

而那个穿得像是一个农民，正在田地里和其他人一起挥汗如雨地工作，看到她却兴奋得跳起来，对着她用力挥手的大男孩，不是师少鹰又是谁？

当时已经是晚上七点钟，落日的余晖倾洒在整片大山与农田之间，也倾洒到了师少鹰的身上和脸上。从蒋雯羽的位置看过去，背后就是落日余晖下的师少鹰，仿佛就是从阳光中走出来的阿波罗之子，全身都散发着亮丽却并不刺目的玫瑰色彩。当微风吹过，拂起了满山遍野的玉米，绿波荡漾起伏不断，他们头顶的这片天、他们脚下的这片地，仿佛听到了某个最古老的咒语拥有了生命般，在一连串沙沙沙沙的声响中，扬起了阵阵让人心醉的温馨。

迎着吹来的习习晚风，嗅着空气中那股只可能属于自然的芬芳，蒋雯羽大大地张开双臂，用自己的每一寸肌肤感受着风里都在传输的生命活力。她整个人身体直直地向后倾倒，就那样毫无抗拒地以一个“大”字形摔倒在身后柔软的草丛中。

长长的草叶在她的脸庞上来回擦动，仰望着头顶的天空，聆听着迅速向自己奔跑过来的脚步声，一种难以言喻的平安喜乐就那样自然而然地浮上了蒋雯羽的心头。她伸手轻抚了一下自己微微发烫的额头，她知道，自己醉了。她被眼前这突然出现的画面，被那个沐浴在阳光下一边挥手对她绽放出灿烂微笑的男人，还有越来越近的急促脚步声，甚至是身边的风、头顶的天、身下的地，所透露出来的纯粹与质朴迷醉了。

急促的脚步声消失了，就连她头顶的阳光也被一张焦急还没有完全消失就已经转化为恼怒的脸给遮住了。

“死女人，你这样装死逗我着急，很好玩吗？”

看着头顶那张开始咬牙切齿的脸，蒋雯羽不想去争论，也不想再像一只受刺激的猫般露出尖锐的牙齿与爪子，躺在仍然散发着暖暖温度的地上，还枕着一层柔软的草儿，她觉得很舒服。

“喂，死女人，你别吓我啊！”

看到和印象中完全相反的蒋雯羽，师少鹰有点慌了，他跪坐在蒋雯羽身边，伸手试了一下她的额头，他的眉头随之狠狠皱起：“你感冒了，还敢一个人在外面乱跑，别忘了，你的命现在已经不属于你一个人了，你已经是我师少鹰的……”

师少鹰的话还没有说完，他的衣领就被蒋雯羽伸手揪住并用力一拉，他就不由自主地俯下了头，还没有搞清楚蒋雯羽究竟抽了什么疯，两个人的嘴唇就那样自然而然地贴到了一起。

她的嘴唇很软，还透着一股微微的甜。师少鹰的嘴唇刚刚碰到她柔软的唇瓣，蒋雯羽全身就透出火一样的灼热，前所未有的感觉让她不由自主伸手抱住了师少鹰的腰。

这是他们的初吻，两个没有任何经验的人紧张得碰到了对方的牙齿，他们甚至不知道用什么样的动作才能让两个人的鼻子不要再打架。足足尝试了几分钟，他们才终于找到了最契合的方式，也就是在这个时候，师少鹰的嘴里突然尝到了淡淡的咸味。

明明是她主动吻他的，可是她却哭了。

一个男人，一个以战争为伍，在世界最危险的土地上一天天长大，一天比一天变得强悍的男人，为了她，放下了手中的武器、脱掉了军装、穿上了布衫拿起了镰刀，在田地里挥汗如雨，用属于他的方法，去努力实现她的梦想与希望。

当他终于成功了，当他将几千里的鸦片田变成了玉米田，把罪恶的温床变成了人间的沃土时，感受到了他的真诚与努力，感受到了他火一样的热情，身为一个年轻的女孩，她又怎么可能不哭？！

“喂喂喂，死女……雯羽，你哭什么，我又没有强迫你做什么。如果你真的不想嫁给我……”说到这里，师少鹰狠狠地咬了一下牙，他明明不舍得蒋雯羽身体带给他的温润滑腻触感，却强行重新支撑起了身体，“我师少鹰是个流氓，但并不是浑蛋。如果你真的不想嫁给我，我们的约定可以取消，我会让村民继续种植玉米。”

“你是故意的。”虽然蒋雯羽泪眼模糊，但是师少鹰的表情却被那样清晰地看到了眼睛里，“你一开始霸道得根本不容分说，在完成了不可能的约定后，你却故作大方，你是故意的，你太坏了，太坏了……”

他愿意在继续推广玉米的前提下，放弃两个人的“约定”，这不是她希望的最好结果吗？可是当他真的承诺放弃一切时，为什么眼泪却会像决了堤的洪水般不停地往下淌？

所有的喃喃自语都被师少鹰的吻给封住了。师少鹰顺着蒋雯羽脸上的泪痕，一路向上轻吻着，直到她终于安静下来。

“没有赌约、没有责任，在你面前的就是一个喜欢你的男人，师少鹰。”

师少鹰凝视着蒋雯羽被泪水浸泡反而散发出惊人美丽的眼睛，看着被他吻得有点微微红肿的唇，他单膝曲起，像个中世纪等待公主归来的骑士般跪在蒋雯羽面前：“雯羽，嫁给我好吗？”

当发现自己竟然不假思索地点头时，蒋雯羽猛地呆住了。她那么迫不及待地说服母亲，在母亲担忧的注视下返回缅甸，真的只是想要看看沃野千里的玉米田吗？

原来，不仅仅是为了赌约，不仅仅是为了责任，不知道在什么时候，这个喜欢横冲直撞，但是又不缺乏心计谋略的大男孩就用横冲直撞的方式冲进了她的内心深处，狠狠攻占了一片阵地，最终用这满山玉米香撬开了她所有的心防。

可是，就算她答应嫁给面前的这个人，他们就有未来吗？

无论面对什么，她都绝不可能抛弃自己的国家远嫁到缅甸金三角，成为一位“少帅”的妻子。老爹可以允许女儿“不务正业”，以志愿者的身份四处奔走，去帮助那些需要帮助的人，但是老爹不会允许她远嫁到国外，更不允许她嫁给毒枭！

仿佛看出了蒋雯羽所有的心思，师少鹰抓起蒋雯羽的手，把它放到了自己的心脏部位。

蒋雯羽可以清楚地感受到，他的心脏正在胸膛里为她而痴痴跳动。他的心跳，是那样有力、那样沉稳，让蒋雯羽有了一种只想躲进他怀里，再不管外面风风雨雨的冲动。

“我爱我的父亲，我爱生我养我的这片土地，我也同样爱你。”

他的情话并不算动听，因为在他的眼里，她和他的父亲以及村庄分量是等同的，但就是因为这样，蒋雯羽才能在他的话里听到他的真与诚：“我离开了父亲和村庄，父亲依然是我的父亲，村庄依然是我的村庄。可是我离开了你，你就会成为别人的妻子。所以，我决定了，我要和你一起回国。”

迎着蒋雯羽不敢置信的眼神，看着她的脸上突然焕发出灿烂的光彩，师少鹰忍不住再次低头，在她已经红肿起来的嘴唇上留下了更深的吮痕：“想不到我师少鹰竟然也会入赘，当人家的上门女婿。”

“哼，你以为你想入赘就能入赘了？”

眼睛里海一样的轻潮还没有消散，蒋雯羽的脸上就露出了慧黠的笑容，她掰着手指算道：“别忘了，你是一个小军阀，还在非洲当过雇佣兵，这两种身份都过于敏感。想娶我，就算你能得到两位工作组组长的联名担保，也需要至少接受三年审查，这是世界上任何一个国家都会坚持的安全程序；过了这一关，你想获得我爸妈的认可，磨得他们最终绿灯放行，就算有我当内应，最起码还得打上两年持久战。最关键的是，在这期间，你不能从你父亲那里拿一分钱援助，因为我老爹非常刻板、非常严肃，他绝不会允许自己的女婿使用种植毒品赚到的钱，哪怕这些钱是你们后来种玉米赚的也不行！”

“五年？”

师少鹰这下真的目瞪口呆了，他看着蒋雯羽娇艳欲滴的嘴唇：“喂，死女人，你知道不知道红颜易老，这青草也易老啊？”

蒋雯羽捂嘴轻笑。

师少鹰试图作弊：“要不，咱们先上车后补票，行不？”

在蒋雯羽笑吟吟的注视下，师少鹰越来越心虚，他摸着后脑勺：“算了，还是洞房花烛夜再做该做的事吧！那样品尝彼此的第一次才叫浪漫，也最刻骨铭心嘛。”

蒋雯羽微笑着点头，她没有告诉师少鹰，如果她那个绝对护短的老爹知道自家宝贝女儿未婚先上车，只怕会直接干掉师少鹰，所以，为了她未来丈夫的生命安全着想，大家还是忍忍吧！嗯，不对，应该是让师少鹰先忍忍吧，她真的不急。

“还有一点，我英语超级烂，我也不怎么会用电脑，我会开坦克和装甲车，但是我没考下驾照，我也没有毕业证，连小学毕业证都没有……”

师少鹰眼看着自己就要进入一个几乎完全陌生的国度，还不能花老爹的一个子儿，他真的急了：“我就会两件事，种鸦片，当雇佣兵。我又没有各种资历资格和证书，你叫我咋活啊？”

“你不会英文？”

蒋雯羽不可思议地瞪大眼睛：“你在非洲加入雇佣兵团后，和小组成员是怎么沟通的？”

英语是世界通用语言，对雇佣兵来说，英语几乎就是他们必须具备的生存技能，怎么师少鹰在非洲当了两年的雇佣兵，还没有学会英语？他看起来既不笨也不傻啊！

“凭什么在非洲和那些雇佣兵一起，我就得向他们学说英语？”师少鹰也瞪大了眼睛，“谁和我说英语，我一概不理，而且还强迫自己一个单词也不记。谁想和我聊天，就得先向我学中文，就算是队长想在战场上向我下达作战命令，也得用中文下达，虽然我不会抗命，但我听不懂啊！后来时间长了，他们就慢慢都跟我学会了中文，而且能说好几种方言呢。后来我们队长发现，我们在敌人侦听时用方言交流，就算对方侦听到了，短时间内也无法破译。队长索性下令，把中文作为我们队伍中的通用语言，所有人都必须学会，而且必须学精，最起码也要能说一到两种方言。”

说到这里，师少鹰一脸的得意扬扬，蒋雯羽早已经笑得捂着肚子几乎喘不过气来。

笑过之后，蒋雯羽再次仰首望天，这一次身边有师少鹰陪着，彼此私订终身，她更加悠然自得：“你想要打动我爸，就必须让他看到你为了我，能够克服一切。你走过的路越困难，打动我爹赢得他认可的过程就越容易。你看我们下面满山的玉米田，你已经创造出一个最大的奇迹，你为什么不能再继续创造第二个、第三个，一直到一百个奇迹呢？我蒋雯羽将来的男人，不会这么短志吧？”

师少鹰点头，他站了起来。他站在山峦之上，对着远方的太阳张开了双臂。在这一刻，这个男人仿佛同时拥抱了整片大地和太阳。

师少鹰深深地吸了一口气，对着这片天、这片地，留下了他最炽热的呐喊：“苍天倘能尽人意，山做黄金海做田！”

第六章 飞燕

苍天倘能尽人意，山做黄金海做田！

痴痴地回忆着他曾经自信而张扬得仿佛如来佛祖挡在面前，也敢拎着机关枪冲上去叫板的呐喊，回忆着那一刻无可救药的心动，在蒋雯羽脸上剩下的是刚刚流出就被风吹干的泪痕。

那么多年过去了，他们的爱没有变，但是他们身边的世界，已经沧海桑田，时过境迁。

他，终究是一头太过野性难驯的猛虎，没有她在一边用爱情化成的锁链束缚，终归还是闯下了大祸；而她，为了帮助更多需要帮助的人，为了打击越来越猖狂的毒品犯罪，也抛弃了志愿者的身份，加入了更专业也更正规的禁毒组织，并以她绝对出类拔萃的身手和特殊经历，成为禁毒领域的顶级专家。

信仰的不同，让他们之间的路越走越远，直至变成了现在这个模样。

“我一直都在等着你回来，我做梦都在想着你能收敛自己的脾气，我真的愿意再次成为你的妻子，陪着你过着最平淡的生活，一起慢慢变老。可是……”

说到这里，悲伤与绝望再次涌上心头，她扬起手捏成拳头，想要重重打在这个男人的身上，来发泄自己的委屈，可是因为他身受重伤，她怎么也舍不得打下去。这种难受的感觉，这种无处发泄的委屈与悲伤，让她的眼泪流得更快，也更急，连续喘了几口气，她终于忍不住痛哭失声，她哭着叫着终于把内心深处所有的委屈一次性发泄出来：“可是你为什么偏偏要变本加厉？你为了一个朋友拼命，你义无反顾、你坦坦荡荡，可是你有没有想过，在你身后还有一个女人在看着你，在为你担心？你要我怎么办？眼睁睁地看着你战死沙场死得其所，然后再站到你的坟前为你点上一支烟，洒上一杯酒，从此阴阳两隔，各走各路？

“你为什么现在都不明白，我为什么宁可让你以为我死了，也不想让你知道我又回到了缅甸？

“我想让我们重新走到一起，我就不能让你重新接触到以前的世界，更不能让你和那些毒枭再有任何牵扯。如果我少喜欢你一点，我会选择观望。可是，直到这个时候我才知道，原来一个女人用了太多的心、动了太多的情，不管她有多聪明、有多睿智，到了这种关头都会做出傻事，都会傻得无可救药！”

当师少鹰陪着司空伯文走进索马里，在机场被捕入狱的时候，她就以前妻的身份开始活动起来。索马里政府按照国际条例，提出的要求有两项：一是交纳一笔数量可观的保释金；二是师少鹰要签署一份文件，保证终生不得再回到索马里。

当了那么多年的志愿者，蒋雯羽的收入少得可怜，她无法向自己的家人开口，她更不知道如何去面对师啸杰。为了凑出这笔保释金，她除了拿出自己所有的存款，在一天之内，就卖掉了身边几乎所有值钱的东西，这其中，包括师少鹰正式向她求婚时，亲手戴在她手指上的那枚钻戒。

可是师少鹰在索马里行事太过张扬，他进入监狱第二天就下手无情，他是痛快了，也对得起自己的国家和自己的性格，可是在同时，他也将蒋雯羽已经想办法打通的关节重新堵死了。

直到司空伯文被恐怖分子劫持，索马里国家安全部门对师少鹰产生了一丝愧疚，蒋雯羽才终于再次得到机会，让师少鹰可以乘坐当天的飞机飞到肯尼亚首都，离开索马里这片动乱的土地。可是她还没有来得及松上一口气，就得知，师少鹰用最激烈的方式跳下了飞机，把自己变成了索马里国家安全局榜上有名的通缉要犯。

到了这个时候，师少鹰的所作所为终于超出了蒋雯羽能够承受的极限。

就在蒋雯羽焦虑不安、辗转反侧时，更大的噩耗降临了。她现在都不知道，这纯粹是一场偶然，还是有人在幕后推动，在师少鹰被困索马里的时候，安静了好几年，仿佛已经走上正轨，再不用靠种植毒品来养家糊口的金三角山区里突然爆发了一场激战。

三十六个小时后，蒋雯羽才得到最确切的消息。十二个村庄的将军们把他们的力量集中在一起，对洪龙村展开夜袭。洪龙村虽然兵强马壮，而且有一支师少鹰亲手训练出来的精锐部队，但是安逸了这么多年，重型武器已经全部入库，又失去了师少鹰这个能将他们战斗力百分之百发挥出来的指挥官，在猝不及防之下，他们纵然拼死抵抗，给入侵之敌造成重创，但依然被攻破防线。

蒋雯羽强忍着对师少鹰的牵挂匆匆赶回洪龙村，却连师啸杰的尸体都没有找回来。

面对到处都是弹孔、到处都是尸体，已经彻底变成一片废墟的村庄，还有村庄外被人放火烧掉的大片大片曾经的玉米田，蒋雯羽彻底呆住了。

她这一生，从来没有向人下跪，就算是对着自己的父母，也没有过。可是在那一刻，难以承受的重压却让蒋雯羽缓缓地屈下了双膝，跪倒在这片依然散发着浓重血腥气味和硝烟气味，空气中仿佛还回荡着人们的惨叫与嘶吼的土地上。

是她！

如果不是因为她，师少鹰不会悍然挑战十二个村子，给洪龙村留下如此致命的隐患；如果不是为了她，师少鹰也不会离开金三角，有师少鹰这头猛虎在，洪龙村会越来越强大，也许会强大到纵然这十二个村子联手，也不敢轻举妄动。甚至以师少鹰的性格和手段，用几年时间去经营，还可以将十二个村子全部吞并，成为金三角地区一支令人侧目的强大武装力量！

为了她，师少鹰抛弃一切；为了她，洪龙村被攻破，上百人战死；为了她，师少鹰的父亲阵亡，就连尸体都不知所终……

蒋雯羽在这个时候，唯一还能做的就是用尽一切方法，把师少鹰带回来！只要能把师少鹰带回来，哪怕是把自己卖给魔鬼，她也会毫不犹豫。否则的话，她过不了自己这一关！

所以，尚东波来了。

尚东波是谁，师少鹰根本不知道。但是尚东波的弟弟尚西然这个名字，师少鹰绝对记忆深刻。

尚西然和蒋雯羽从小在同一个院子里长大，很小的时候，他们就被所有人视为一对。他们两个人一起上学，一起接受非常规训练，他们两个包揽了学校各项比赛的前两名，他们也一起加入了UNX志愿者组织。

如果没有师少鹰横插一脚，这两个门当户对而且志愿相同的年轻男女说不定真的能水到渠成，自然而然地一起走进婚姻殿堂。

就算是知道蒋雯羽已经有了未婚夫，尚西然也没有放弃，反而攻势更加热烈。他跟着蒋雯羽一起参加行动，一起接受特殊训练，又陪着蒋雯羽一起再次进入缅甸。为了让当地人更容易接受他们，他们假扮夫妻出现在对方面前——据心理学专家分析，一对夫妻共同执行任务会让目标的警戒心大减。

师少鹰带着手下冲进缅甸营救蒋雯羽，他会救自己的妻子，却绝不会救一个和自己妻子住在同一间屋子里的男人，哪怕那个男人并没有和蒋雯羽同床共枕。没有当场一枪把对方击毙，已经是师少鹰能够做到的极限。

结果，蒋雯羽“救”出来了，尚西然死了，师少鹰和蒋雯羽离婚了。

作为一个从小就离经叛道、视规则如无物的叛逆角色，尚东波多年来一直在世界舞台上打转，到了今时今日，纵然不敢说是朋友遍天下，他的关系网和交际圈也远非蒋雯羽可比。

就连蒋雯羽都不知道，尚东波用了什么方法，到了非洲竟然可以在短短十几小时内请出一支人员数量不多，但是绝对精锐的雇佣兵部队，陪着他们一起潜入索马里，在师少鹰最需要帮助的时候突然出现在战场上。

尚东波做了这么多，而他提出的要求就是：蒋雯羽接受他的求婚，成为他的未婚妻。

平心而论，这个交易很公平。

他们以平民的身份到非洲旅游，再以偷渡的方式带着一队雇佣兵进入索马里，遇到任何麻烦，他们都只能自生自灭。

冒着这么大的风险，甚至赌上了自己的前途，尚东波当然有资格提出要求。

面对尚东波的提议，人急了、心也乱了的蒋雯羽真的不知道如何去拒绝。先确定未婚夫妻关系，把他们两个人的正式婚礼向后拖上三年，已经是她能做到的极限。

三年后，她就要正式嫁给尚东波为妻；三年后，她必须强迫自己忘记师少鹰，全心全意地去接纳尚东波。做了别人的妻子，还要三心二意，还要和原来的男人牵牵扯扯，这种事也许很多女人能做到，但是出身军人世家，从小就接受“忠诚”教育的蒋雯羽做不到！三年后，如果师少鹰真的和尚东波为敌，就算还记着、惦着、爱着，蒋雯羽也会毫不犹豫地站在尚东波的身边。

说她傻也罢，说她痴也罢，说她太过执着也罢，这就是蒋雯羽的为人处世之道。否则她又怎么可能惦着师少鹰那么久，久别重逢后主动敞开心扉，成为师少鹰的妻子？

不知道这样抱着师少鹰喃喃倾诉了多久、哭了多久，眼泪终于渐渐干了。用力擦掉眼角的泪痕，看着在昏迷中因为痛苦而皱起眉头的师少鹰，蒋雯羽低下头，在他的嘴唇上落下了也许是他们两个人之间的最后一记深吻。

两个人的嘴唇都是同样凉，尝着彼此嘴唇上自己泪水咸咸的味道。

一首蒋雯羽在夜深人静时，总是喜欢端上一杯清茶，独自坐在窗前凝望着头顶的明月，不知道孤独地听过多少遍，因为有太多的共鸣，所以能连带着她的灵魂都要为之颤抖的歌，就那样自然而然地浮现在她的脑海中：

你我皆凡人，生在人世间；
终日奔波苦，一刻不得闲；
既然不是仙，难免有杂念；
道义放两旁，利字摆中间。
多少男子汉，一怒为红颜；
多少同林鸟，已成分飞燕；
人生何其短，何必苦苦恋，
爱人不见了，向谁去喊冤？
……

短短的几句歌词，仿佛就道尽了师少鹰和蒋雯羽恩怨交缠的一生。当脑海中浮现出“多少男子汉，一怒为红颜；多少同林鸟，已成分飞燕”这两句歌词时，蒋雯羽的眼泪忍不住再次奔涌出来。

往日种种，似水无痕，留下的往往就是永远不可磨灭的伤痕。

“对不起，我不能带你回国，我真的无法想象，你知道我嫁给尚东波后会做出怎样疯狂的事情。我更不敢想象，如果尚东波把所有的一切都告诉你，你会不会因为气不过自己而疯了、死了。”

到了这个时候，明明受尽了委屈，她心里最担忧的还是怀里这个男人。她继续盘腿坐在车厢里，打开一只急救箱，从里面取出了一个小小的长方形卫生盒，在这只白铁皮制成的卫生盒里，放着一支一次性注射器，在它的旁边，还有两只淡黄色的药液瓶。

拿起其中一只药液瓶，就着车窗外透进来的阳光，打量着玻璃瓶中那个小小的气泡，她的脸上扬起了一片惨然：“少鹰，这支针剂的名字叫作‘爱丽丝’，这也是我能为你做的最后一件事情。”

《爱丽丝梦游仙境》是英国作家查尔斯于1865年创作的一部童话作品。这本书讲述的是一个叫爱丽丝的女孩，通过一个兔子洞进入另外一个神奇国度的故事。爱丽丝在那个神奇国度，遇到了很多稀奇古怪的事情，经历了很多精彩的冒险，直到最后她醒过来才知道，原来经历的一切，不过就是一场梦罢了。

通过静脉注射，蒋雯羽把一剂淡黄色的药液推进了师少鹰的身体。很快，师少鹰似乎在昏迷中看到了什么东西，他的表情一会儿开怀，一会儿悲伤，一会儿愤怒，一会儿平静，他的双手也一会儿用力握紧，一会儿重新张开，一会儿又像是正在忍受着什么剧烈痛苦般不停地颤抖。

足足挣扎了三分钟，师少鹰终于再次睁开了双眼，只是他的瞳孔中却看不到半点神采，剩下的就是犹如梦游般的迷茫。

蒋雯羽将一张自己的相片送到了师少鹰的眼前：“师少鹰，告诉我她是谁。”

两只眼睛呆滞地望着相片，师少鹰的声音犹如微风吹过一个亘古以来就已经出现在那里的山洞，空洞得没有一丝情感：“蒋雯羽。”

“她是你什么人？”

“她是我这辈子最爱的女人。”

听到这个回答，一个快乐而悲伤的笑容无法自抑地从蒋雯羽的脸上绽放。

她注射到师少鹰身体里的，是20世纪70年代某一个超级大国情报部门为了能够让受审者老实交代出秘密而致力研制的“诚实剂”。这种“诚实剂”最多的成分是麦角酸二乙酰胺（LSD），它可以影响人类的中枢神经，引起人类在感觉和情绪上的变化，对时间、空间产生错觉，直至自我歪曲、产生妄想甚至导致精神分裂。

这种药品最大的作用就是打破一个人对现实的执着，把他的精神带入催眠状态。

在这种状态下的人是不会说谎的。

“不，她不是蒋雯羽，也不是你最爱的女人，她只是你梦中的一个影子，等你梦醒了，重新睁开眼睛，就什么都没有，也什么都忘了。”

听着耳边犹如魔咒般虚无缥缈，无论他如何努力分辨都无法找到来源的声音，盯着眼前相片上那个女人熟悉的面容与微笑，师少鹰的脸上露出了挣扎的神色，就连他的声音中都透出一丝情绪：“她是蒋雯羽，是我师少鹰这辈子最爱的女人，她不是梦！”

他身受重伤昏迷不醒，被含有大量致幻剂成分的药液强行催醒，在这种状态下他依然不肯放弃对自己前妻的执着，在看似绝不可能的情况下，他竟然以自己的意志在和致幻剂对抗，甚至已经有了破局而出的可能！

“看着你面前的这只小球。”

蒋雯羽将两只用线串着的金属球放到了师少鹰面前，随着她手指轻拨，两只金属小球一左一右地荡开，各自在空中划出一道优美的弧线后，又在重力的作用下重新荡了回去。两只小球上面的线相隔两厘米，它们摆回原点，恰好能再排成一条线。

两只金属球就在师少鹰双眼焦点的位置，让他根本无法发现两只金属球的距离差距。从师少鹰的角度看过去，这两只小球仿佛拥有神奇的魔力，它们突然会左右分裂变成两个，可是它们荡回来后，却又会神奇般地重新凝聚成一个。如此周而复始，不停进行着在现实世界中绝对不可能出现的变化。

看着这两只金属球，师少鹰脸上挣扎的神色慢慢消失了。如果不是梦，他又怎么可能看到这种神奇得根本无法用科学来解释的场面？

在药物和道具的双重作用下，再加上身受重伤带来的精神疲惫，师少鹰原本坚强得无懈可击的意志力，终于被打破了。

蒋雯羽在某些领域可以说是无师自通的天才。她看电视上那些催眠大师表演如何催眠，她不相信，为了证明中间有虚假成分，她买来了大量书籍，可是渐渐地，她自己却沉沦进去并乐此不疲。当她通过互联网和一些拥有相同语言的人，一起探讨行为心理学和催眠知识时，那些来自世界各地，也许就有世界顶级催眠大师隐藏在其中的网友，给了她大量帮助，引导着她一步步踏入了催眠的殿堂。

但是蒋雯羽真的怎么也没有想到，她第一次真正使用催眠，就是要让自己最爱的男人忘记她与他之间这一段情！

“啪！”

蒋雯羽按着了手中的打火机，在师少鹰的眼前，慢慢点燃了自己的那张相片。看着相片上蓝色的火苗越着越旺，在高温的烤炙下，照片就像是风干的树叶般慢慢卷缩，直至被烧成了黑色的灰烬，师少鹰的脸上露出了比哭还要难过的表情，他的嘴唇不断蠕动着，似乎想要说什么，可是最终却什么也没有说出来。

“你看，她只是一个梦，一个你在梦中编织出来的影子，否则的话，她怎么会就这么飞了、没了呢？”

听着耳边那飘忽不定的声音，看着眼前袅袅翻滚的烟雾，师少鹰不由自主地呆呆点头。

“现在你再告诉我一遍，蒋雯羽是谁？”

迟疑了足足有半分钟，师少鹰终于开口了：“不知道。”

“你最爱的女人是谁？”

“……没有。”

她终于成功了，她终于让这个男人忘记了自己的存在！

“师少鹰，如果你真的爱我，求求你，忘记这个梦，忘记梦中那个叫蒋雯羽的女人，时间是……”

说到这里，蒋雯羽的声音突然停顿了。师少鹰现在的状态像是一个被人破解了所有防火墙的电脑主机，蒋雯羽说出来的每一句话，都会刻在电脑的硬盘上成为操作系统的最高命令，师少鹰就算日后恢复清醒，也会在无意识中遵守她留在思维层最深处的指令。

能做到这一点，除了因为他身受重伤处于最虚弱状态；除了因为那支药剂；更重要的还是，他相信她、信任她，为她敞开了心灵的大门。一旦没有了心灵的钥匙，就算是蒋雯羽，也休想再叩开师少鹰的大门。

当蒋雯羽说出了时间限定，在指令时间里，除非是有特殊诱因让师少鹰拼死反抗突破自我心灵的封锁，否则的话，他绝对无法再回忆起“蒋雯羽”这个女人，绝对无法回忆起他们两个人之间曾经的喜怒哀乐。

舌尖上尝到了甜甜的味道，不知道什么时候，蒋雯羽已经咬破了自己的嘴唇。伸出手轻轻抚摸着这个男人的脸，她似乎想要用这个动作，把这个男人的一切都深深印刻进自己的灵魂最深处，她猛地扬起脸，把几乎要再次夺眶而出的泪水狠狠憋了回去，就在全身轻颤中，她一字一顿的声音清楚地传进了师少鹰的耳朵：“时间是，一万年！”

师少鹰终于再次陷入了昏睡，蒋雯羽走下汽车，一个人慢慢走向了不远处的一个小山坡。走到山坡上后，她就像是一个无助的小女孩，双手抱膝坐在坡顶，望着远方的天与地独自一个人静静地发呆。

青年党叛军这里，孟坦死了，也不会再有人对师少鹰如蛆附骨般地追杀了。

他，终于安全了。

但是，也许今天以后，他们两个人就再也没有重逢的机会了。

可是，曾经的一切，她又怎么可能轻易就忘得干干净净？

第七章　缘起缘灭

请问，回忆起和师少鹰曾经的一切，如果换成你是蒋雯羽，在做出今天挥利剑斩情丝的一切后，又是否能够无怨无悔？

看着山坡上蒋雯羽那无助而孤独的背影，尚东波的眼睛里闪过一丝异样的情绪，但是他却并没有走上山坡，而是拉开车门钻进了汽车。

看着躺在担架上闭目沉睡的师少鹰，尚东波突然问道：“师少鹰，做英雄的感觉怎么样？”

仍然陷入昏睡的师少鹰当然无法回答这个问题。

“大家常说，有能力者改变环境，中等能力者适应环境，无能力者不适应环境。师少鹰，你这个自以为坚强，总是喜欢用我行我素来标榜个性的家伙又算是哪一种人？”尚东波找了一个位置坐下来，盯着师少鹰那张他痛恨了十几年的脸，“你路见不平就喜欢拔刀相助，你不跟红顶白，你喜欢我行我素并以此为荣。现在我真的想问问你，你难道不知道一个人如果没有足够的力量做支撑却想要处处出头，是要付出代价的吗？”

尚东波笑了，他原本充满阳光的脸庞上，因为这个笑容的出现，竟然多出了一丝难以言喻的阴鸷：“如果没有一个女人在背后处处替你擦屁股，你还能得意到现在，还能我行我素地悠然自得？恭喜你，我的大英雄，现在你终于把自己的老婆也给英雄丢了。”

“蒋雯羽把我们的婚期定到了三年以后，我知道，她虽然已经对你失望甚至是绝望了，却依然抱着最后一丝幻想。她还在天真地幻想着你能在最后关头，身披彩霞，犹如一个盖世英雄般出现在她面前，把她重新抢回去。可是，路见不平一声吼的大英雄、我行我素的男子汉，你现在就是一条丧家之犬，你凭什么再和我争！”

尚东波弯下腰，把嘴附在师少鹰的耳边，低声道：“放心，在我们洞房花烛夜的晚上，我保证会一晚上至少干她十次。一想到她是你最心爱的女人，而我在那个时候却以合法丈夫的身份把她压在了身体下面，我就会特别兴奋，我一定会让她在我身体下面品尝到你未曾给过她的快乐，我甚至要让她亲口承认，在这方面我比你强得多。”

说到这里，尚东波解开衣扣，从贴身的衣服里取出一张相片，把它放到师少鹰面前，他用空出来的另外一只手强行扒开了师少鹰的眼皮：“看仔细了，这是我原来的女朋友，她叫诗儿，是一个非常漂亮、非常温柔，对我非常好的女孩。可是我却决定要和她分手了，如果不和她分手，我又如何能娶你的前妻？

“但是你不要替我担心，我有的是办法和诗儿维系住感情，我会在蒋雯羽怀了我的种并为我生下孩子后，再让诗儿回到我的身边，用我最大的温柔去弥补她所受的伤害。这一套叫什么来着，家里红旗不倒外面彩旗飘飘？噢，不对，应该说是……宠妾灭妻才对！

“你知道我为什么说要等蒋雯羽怀了我的种并把孩子生下来后才让诗儿亮相吗？这些年，我一直在研究你和蒋雯羽，我太清楚蒋雯羽这种女人了，她天生就会为了别人而牺牲自己，她能为了你而变得像只螃蟹似的张牙舞爪，也会为了孩子学会委曲求全。当她有了孩子，成为一个母亲，心里有了太多的牵挂，哪怕是我把女人领到家里，当着她的面上床，她也不会起来反抗，更不会主动向我提出离婚，而只是一个人抱着孩子躲在黑暗的角落里默默地哭。”

尚东波现在脸上闪动着的分明就是快意恩仇的狰狞，连带着他额头上那块师少鹰在十几年前留下的伤疤也变得触目惊心起来：“别说我心狠，蒋雯羽长得是不错，性格也不错，的确是当老婆的最合适人选，但是什么样的女人能比我的亲弟弟更亲？我小时候不听话，总和老爸顶着干，老爸一火起来就会抡着棍子打我，每当到了这个时候，总是我弟弟冲上去抱住老爸的大腿，再对我喊一声‘哥哥快跑’。在他的头上，还有一条五六厘米长的伤疤，那就是他为了保护我被老爸失手一棍子打到头上敲出来的。我的弟弟死了，可是师少鹰你和蒋雯羽还活着，我又怎么能让你们这么快快乐乐，仿佛什么事也没有发生似的活着？！我每天都在关注着你们，都在等着给弟弟报仇的机会，我等了这么久，现在机会终于来了，师少鹰，我的大英雄，你说，我又怎么可能放过？

“哈哈哈……”

尚东波无法自抑地笑起来，他的笑声就像是一头正在玩弄眼前猎物的狼，残忍而无情，更透着一股暴虐的快感：“师少鹰，我的大英雄，你真的应该庆幸自己被蒋雯羽想办法封住了记忆，说实话，我还真的想看看你站在我们面前，看着我和蒋雯羽一起走进洞房的样子。等我们生了孩子，你就做孩子的干爹好不好？我连孩子的名字都想好了，不管男孩女孩，都叫尚笑师，好不好？

“啧啧啧……”

尚东波轻叹了：“蒋雯羽不愧是在行为心理学方面的精英，这最后一手釜底抽薪玩得真是不错。其实啊，我本来什么都计划好了，我对蒋雯羽不好后，她可能会找你哭诉，你们两个人一个郎有情，一个妾有意的，说不定哭着哭着就又一起滚上了床。那个时候我再来个捉奸在床，我想不仅仅是你们两个人，就连你们的祖辈也会气得从坟墓里跳出来吧！你想想看，真到了那个时候，以蒋雯羽的性格，她会做些什么？吃安眠药？跳楼？触电？还是割腕？不管她最终的结局如何，我都可以说，这是拜大英雄大豪杰师少鹰所赐……”

尚东波痛快淋漓的倾诉突然被打断了，在他不敢置信的注视下，因为身受重伤又被注射了一支“爱丽丝”，一直陷入沉睡状态的师少鹰突然睁开了眼睛，他那刚刚在战场上杀人无数的双手，猛地抬起死死扣住了尚东波的脖子。

师少鹰的双手就像是两把铁钳，死死钳住了尚东波的脖子，让他几乎喘不过气来。面对这种近在咫尺的缠斗，能够徒手战胜五六名老兵的尚东波至少有二十种方法可以反击，可是当他的眼睛和师少鹰的双眼对视在一起时，一股难以言喻的寒意，在瞬间就涌遍了尚东波的全身。

那是一双什么样的眼睛啊，受到致幻剂的影响，仍然没有恢复神志，但就是因为这样，那股发自灵魂深处最疯狂的杀气就像是一柄出鞘的神剑，带着舍生成仁无怨无悔的横行霸道，通过眼神直直地刺进尚东波的心脏。

“杀！杀！杀！杀！杀！杀……”

瞪着一双充血的眼睛，师少鹰双手的力量越来越大，大得甚至已经超出了人类力量的极限，也超出了尚东波能够摆脱的极限。感受着喉咙部位传来的压迫，听着师少鹰那没有半点人样的低声嘶吼，尚东波瞪大了双眼，在这个时候，他忘掉了最足以自傲的格斗技术，忘掉了超过二十种的反击方法，他就像是一个从来没有接受过训练的平民般下意识地伸手想要掰开师少鹰锁住他脖子的双手，可是他一个胆气都被夺去的人，又怎么可能在力量的角逐上战胜连整个灵魂都因为愤怒而在疯狂燃烧，拼上命也要拉着他一起进入十八层地狱的师少鹰！

肺叶中的氧气越来越少，尚东波猛然瞪大了眼睛，因为在精神略略恍惚中，他仿佛看到了一头虎，一头受了致命重创所以彻底疯狂起来，一声狂啸就足以让天地风云为之变色的战虎！

直到这个时候，尚东波才真正明白，为什么有师少鹰在的洪龙村可以凭一己之力将十二个村子压制得不敢吭声，老老实实签了城下之盟，直到几年后确定师少鹰不在他们才敢联合起事。

他们怕师少鹰这个人，他们畏惧这个男人一旦真的怒了，就连生命都可以跟着一起燃烧，带着整片大地都要为之沸腾的疯狂！他们怕这个天天说着“虽千万人吾独往矣”的男人在放弃一切希望后，打出那坦坦荡荡所向披靡的攻击！

“杀！杀！杀！杀……”

疯狂的咆哮一声接着一声在耳边响起，尚东波觉得自己憋得越来越难受。就在这个时候，师少鹰的头上突然传来啪的一声脆响，赫然是有人听到车厢里声音不对，打开车门发现了里面的情况，拿着枪柄对着师少鹰的头部狠狠砸了一枪托。

鲜血从枪托砸过的额角像朵玫瑰花般绽放，但是受到这样一记重击，师少鹰反而双手捏得更用力。

“啪！”

“啪！”

“啪！”

“啪！”

……

眼看着尚东波的脸上已经扬起了一片紫青色，那个雇佣兵再也顾不上犹豫，举起枪托对着师少鹰一下下地砸下来，每砸上一记枪托，鲜血就会在师少鹰的头上绽放出来，到最后他的脸上已经被鲜血浸满。这样的师少鹰看起来就像是一个刚刚从十八层血池地狱里爬出来向仇人索命的厉鬼，受到这种正常人早已经应该晕倒十次的反复重击，却依然用他那双充血的眼睛盯着尚东波，依然死死掐着尚东波的喉咙。

看到这一幕，就算是那名手持步枪，对着师少鹰头部猛击的雇佣兵也忍不住倒吸了一口凉气。

“噗……”

师少鹰突然一张嘴，将涌上喉头的大口鲜血狠狠地喷到尚东波的脸上。几乎在同时，他猛然扬头，张开大嘴，露出沾满鲜红色血液的两排牙齿，对着尚东波的脖子咬下去，看他的样子，赫然是要直接一口咬断尚东波的喉管！

在生命受到最直接威胁的时候，早已融入尚东波本能当中的军事技术终于被再次发挥出来，他手肘一顶，重重地撞在师少鹰的右侧太阳穴上，撞得师少鹰脖子一偏，可就算是这样，师少鹰依然一口直接咬了上来。

“龙有逆鳞，触者必死！”

看着师少鹰那两排在空气中闪烁着刀锋般质感的牙齿，不知道为什么，尚东波的心里竟然涌出了这句话。

可是，就凭师少鹰这小子，也配称之为……龙？

师少鹰的牙齿一落到尚东波的身体上，就深深刺入了尚东波左侧肩胛部位，紧接着尚东波就清楚地感受到，自己身体里的鲜血正在快速流出。这个疯子在急红了眼后，不但像只王八般一口咬住了他，而且正在吸他的血！看师少鹰的样子，似乎想要一直吸下去，直到把他全身的血都吸干，把他活活吸死才会松口！

“你们在干什么？你们在干什么？他受了这么重的伤，你们还这样对他，难道真的想要他死吗？”

发现情况不对，从山坡上飞跑下来的蒋雯羽恰好看到了这一幕，她用尽全力，把那个倒拎着步枪的雇佣兵狠狠推出七八米远，不顾一切地扑过去，紧紧抱住了师少鹰的身体。

“你又是这样，你又是这样！”

抱着这个男人的身体，看着眼前如此熟悉的情景，仿佛又回到了从前，蒋雯羽终于忍不住当着所有人的面放声哭泣：“这么多年过去了，我们都长大了，你还是这样，一点也没有变，你让我怎么忘了你，怎么能狠心把你留在这里，任由你一个人自生自灭？”

看着满脸泪痕死死抱住师少鹰的蒋雯羽，再看看全身是血，喉咙里还不停发出充满警告意味的“嗬嗬”声，犹如一头受伤的野兽危险而疯狂，还想对尚东波继续发起进攻，却因为本能不舍得伤害身后的女人而无法挣脱她怀抱的师少鹰，除了身临其境的尚东波，在场的所有人心里突然都涌起了一种怪异的直觉……一把杀气腾腾锋利无匹的剑，一只可以包容他的一切、用柔软化解危险的剑鞘，这两个人才是真正的一对。

终于摆脱危险的尚东波向后连挪了两步，他猛喘了几口气，直到惊魂初定才指着师少鹰，嘶声叫道："让他下车，让他立刻下车，我不想见到他，我再也不想见到他，永远也不想见到他！匹夫！匹夫！一个只知道逞血气之勇，牙齿比王八还硬的匹夫！"

随着尚东波的嘶声狂叫，一张原本他专门拿出来刺激师少鹰，后来根本没有机会重新收回口袋里的相片，就那样飘飘扬扬地落到了地面上。

相片里，一个长得清纯可爱的女孩在快门闪动的瞬间露出了最甜美的笑容，尚东波曾经说过，这个女孩叫诗儿，是他的女朋友……

也许这就是命运的巧合，这张相片，恰好落进师少鹰几乎失去意识的双瞳焦距之内。看着女孩那张笑脸，师少鹰突然从喉咙中爆发出一声已经再也没有半点人样的嘶吼，然后拼尽全力一挣。就算是蒋雯羽在这个时候都无法再压制师少鹰，被师少鹰狠狠甩出车厢，眼睁睁看着师少鹰就像是一头疯狂的怒狮，带着可能已经接近人类百米田径赛场极限的速度，对着尚东波再次发起了舍命狂攻。

啪！师少鹰一拳打到了尚东波的脸上。以尚东波的身体反应速度，他明明可以躲开，但是他的脸却结结实实地挨了这一拳。不是他不想躲，而是这一拳打出的时候，那种浩浩荡荡一往直前的杀气已经击破了尚东波的心防，让他甚至听到了死神在耳边的低语。生命对死亡的恐惧，更让他在一瞬间失去了所有反应能力。

啪！啪！

两只枪托同时砸在师少鹰的头上，鲜血从师少鹰的嘴里、鼻孔、耳孔里同时渗出，但是师少鹰却像没有任何感觉，他握紧了拳头，猛然发出一声再也没有了半丝人样的狂嗥，对着尚东波的脸部再次拼尽全力狠砸下去。

杀气，又是那股坦坦荡荡，疯狂到极限、炽热到极限，仿佛天地都要为之变色的杀气！又是那股让众生都要为之震颤，为之臣服的杀气！

尚东波躲无可躲，眼睁睁地看着师少鹰的铁拳第二次落到了自己的脸上。

啪！啪！啪……

旁边的人真的急了，尚东波可是他们的雇主，如果尚东波死了，他们剩下百分之五十的雇佣金又要找谁去要？两名士兵抡起枪托，不停地对着师少鹰的头部猛击。可是在这个时候，师少鹰却在笑。他顶着枪托的猛击，对着尚东波的脸部猛击，他以伤换伤，看着尚东波脸上的鲜血一股股流出，他在笑，他在快乐地笑，他在疯狂地笑，他在痛并快乐地笑。

师少鹰的拳头，突然停住了，他的拳锋距离蒋雯羽的脸只剩下不足一厘米，他的大脑已经忘记了这个女人，可是他的身体、他的每一个细胞、他被压抑住的灵魂，却依然本能地强行按住了自己这一拳。

无论是清醒的师少鹰，还是昏迷的师少鹰，抑或疯狂的师少鹰，他都不允许自己伤害他最爱的女人，哪怕这个女人挡在了他最痛恨的死敌面前，也不会有任何区别！

尚东波的脸被蒋雯羽挡住，再也看不到他最痛恨的东西，师少鹰的动作停了下来，直至再也没有半点反应。

看着再次昏迷却依然怒目圆睁的师少鹰，几名雇佣兵脸上都露出了浓浓的敬佩。

蒋雯羽伸手抱起再次陷入昏迷的师少鹰，没有理会被打得满脸是血的尚东波，慢慢走下了汽车。

找到一间废弃的土屋，把一张军绿色地毯平铺在地上，再将师少鹰轻轻放在上面。

巧克力、罐头、方糖、压缩饼干……蒋雯羽就像是要给自己即将远行的丈夫准备行装，她甚至在师少鹰的身边放了一套干干净净的外衣，又将一沓钞票外加一只小铁盒一起塞进师少鹰的贴身口袋里。

师少鹰身上的伤并不重，相信以他的能力，在恢复清醒后凭借她留下的东西可以轻而易举地活下去。以他的禀性和脾气，只要他真正忘了蒋雯羽这个人，他无牵无挂自由自在，哪里不能生存，哪里不能活得很好？

他原本就是一只鹰，一只一旦甩掉束缚，注定会展翅翱翔于九天之上的鹰！

也许，他会偷渡进入缅甸，和那两个在缅甸金三角地带已经混出一点名声的手下在一起，带领他们一起努力，展开一段全新的人生！

就算他站稳脚跟后，打电话回国，和亲人朋友取得联系，知道他和蒋雯羽故事的人也屈指可数。就算是知道的人，也会刻意在他面前回避蒋雯羽这个名字……时间长了，将来就算有一天他因为某种原因突然恢复记忆，那个时候他也有了新的家庭，甚至有了孩子，也有了新的牵挂，纵然心中会有遗憾，他仍然会为身后的女人和孩子努力挺直自己的腰！

凝视着眼前这个男人的脸，在短短几分钟时间里，蒋雯羽的心里已经是柔肠百转。

为了师少鹰，她安然回国后要做的第一件事情，就是想办法销毁她和师少鹰在民政局留下的婚姻档案，销毁师少鹰家里所有和她有关的事物与回忆，直到把自己彻底从师少鹰的生命里抹除。

至于师少鹰的父亲，她会想办法让师少鹰以为师啸杰还活着，只要他没有亲自回到缅甸，师少鹰就永远不会知道真相。

“我知道，那个女人叫诗儿。”

蒋雯羽的脸上突然露出了一丝奇怪的神色：“师少鹰，你是我蒋雯羽这辈子的初恋，你是我曾经的丈夫，更是唯一一个让我真的动了心的情人；你在我生命中留下了这么多色彩，注定是我心中最重要的一个人，所以我才会对你魂牵梦萦念念不忘。而他，尚东波，就算我嫁给他，我们之间有的也不过就是一桩交易，我会忠实地完成交易内容，至于他喜欢干什么我不会理会，也懒得理会，哪怕是在我面前找上三四个女人一起胡天胡地，我也只当是在看一场岛国爱情动作戏罢了。”

尚东波真的是太小看蒋雯羽了，他自以为能将蒋雯羽玩弄于股掌之间，可是他真的不知道，蒋雯羽早就将他看穿了。“尚东波想在我的心灵防线上打开一个缺口，唯一的方法就是让我变成他孩子的母亲。但是，我绝对不会给他这个机会，别的我控制不了，至少我能让自己绝育！也只有这样，我才敢保证，将来有一天，如果他站在你的面前，再次成为你的敌人时，我不会真的成为他的帮手。”

一个因为仇恨而产生，中间包藏着太多尔虞我诈的婚姻……

蒋雯羽已经做好了用一生去面对这个战场的准备，可是在这一刻，所有的一切，包括她和师少鹰的所有感情与未来，都烟消云散了。

“我是不是太坚强、太冷酷，理智得已经不像是一个女人了？”

她不知道应不应该感谢那个把她自小当成男孩子养的爹，她不知道应不应该感谢自己太过坚持的“信仰”，她更不知道，自己在缅甸待了好多年，在战乱之地训练出来的东西，对她而言，究竟是对是错。但是不管怎么说，她的人生轨迹和选择，使她磨灭了身上一部分属于女人的特质。在战场上像疯妇，在床上像荡妇，在舞会上像贵妇，在厨房里像巧妇的女人，根本不可能存在！

或者说，万中无一！

“这样坚强的我，已经拥有足够的力量保护自己，所以……求求你，忘记我们之间的一切，永远不要再想起来。去寻找一段新的人生，寻找一段新的爱情，找到一个全心全意爱你的女人，代替我去疼你、关心你、理解你，幸福地生活下去吧！这样的话，就算是远隔万里，知道你在同一片天空下幸福地生活着，我也会为你开怀微笑的。”

眼睛里还带着浓浓的不舍，蒋雯羽终于还是站直了身体，大踏步走向汽车，在这一路上，她没有再回头。在走上汽车的时候，她的身体微微一顿，在心里对静静躺在地上的师少鹰留下了最后的声音：“别了，师少鹰；别了，我曾经的男人；别了，我曾经的爱……”

有一句话，在蒋雯羽的心里回转千遍，但是她终于还是没有说出来。这句话、这个希望，对她而言，真的是太奢侈了……如果，可能的话，请你，在三年内，在我穿上婚纱嫁给那个男人前，回来找我！带着能够让我偿还尚东波所有债务，让我可以坦坦荡荡离开他，解除我们之间婚约的东西，来找我！

第六卷

海中的“罂粟花”

第一章 朋友

疼，真疼，全身都在疼！

不知道昏睡了多久，师少鹰是被疼醒的，他下意识地伸手想要抚摸一下疼得几乎要裂开的头部，可是手臂只是微微向上一挪带动了肌肉，胸膛部位就猛然传来一阵撕裂般尖锐的痛苦，让师少鹰发出一声痛哼，立刻停止了这种自残式举动。

师少鹰用尽可能轻缓的动作睁开眼睛，他首先看到的就是一片蓝得纯粹、蓝得亮丽，几乎不含一点杂质的蓝色天幕。

在这片蓝天下到处都是干燥的黄色，坚硬的岩石、大片的黄沙，组成了周围的主色调，夹杂在其中的几片灌木丛，一片并不大的草地，一朵在石头缝中挣扎着探出身躯正痴痴把一股幽香与嫣红散播开来的野花，就画龙点睛般为这片如此贫瘠又如此荒凉的土地注入了一股坚韧而持久的生命力。

远远传来了几声悠然而清脆的驼铃声响，师少鹰下意识地支撑起身体向远方眺望。一个穿着红白相间布裙、肩膀上还扛着两根长木条的男人，牵着四头排成“一”字形的白色骆驼缓缓出现在他的视线当中。

这个男人的生活环境一看就很差，营养严重不良让他看起来骨瘦如柴，走在由碎石子铺成的路上，他甚至连鞋子都没有穿，可是他却依然走得很从容。也许是正在想着什么开心的事情，他的脸上露出了一丝发自内心的笑容，连带着他的脚步都变得轻快起来。

四匹号称“沙漠之舟”的白色骆驼，它们身上都背着十几个长长的布口袋，沉重的货物并没有压垮它们的腰。这些以沙漠为家的生物，在上千年前，它们的祖先就是以相同的悠闲姿态，在驼铃的轻鸣声中年复一年、日复一日地走过这片土地，直至把它们的身影变成了这片土地上最亮丽的一道风景线。

悠久、质朴、贫瘠、坚强、乐观，远离繁华都市的尘嚣，处处透着大自然最本质的无华，这就是师少鹰重新睁开双眼，由于记忆的缺失，所以没有了偏见、没有了本能的俯视优越感，用最公正公平的眼光打量这片土地和生活在上面的人群时得出的第一印象。

一支由七辆汽车组成的小车队就停在这样的旷野中。司机和保镖们抱着步枪围坐在一起，用石头架起火塘。枯柴在火塘里发出一连串噼噼啪啪的轻声爆鸣，在蓝色的火苗轻舔中一口铁锅里冒出腾腾热气，不停向四周散发出诱人的香味。天知道昏睡了多久，现在饿得几乎能吞下一头牛的师少鹰不由得连连轻耸着鼻子。

至于师少鹰自己，他就躺在车队中某一辆皮卡汽车的车斗里，有人在师少鹰身下铺了厚厚几层骆驼毛编成的毛毯，虽然软软的很舒服，但是也热得要命。在他的头部还被人垫了一个非常柔软、枕上去非常舒服、日本原产、欧美流行，在海员中普及率最高，又号称是“海员之妻”的那个……呃……充气娃娃。

师少鹰在昏迷时，他就像小鸟依人般，把自己的脑袋直接拱进这个充气娃娃最柔软，用了特殊高仿真硅胶材料制成的保证无论你是摸揉按搓挤压擦拨都不会变形也不会断裂的胸部！充气娃娃那一头漂亮的金色长发披散下来，就垂在肩膀上，远远看过来，似乎还真像是一对热恋中的男女正在亲密地相偎依。

也就是因为有这样一个“亲密女友”的贴身保护，师少鹰在昏迷时脑袋得到了充分保护，没有随着汽车一路颠簸而伤势加重。

虽然对救起自己的人这种体贴细心感激涕零，师少鹰仍然毫不犹豫地推开充气娃娃想要支撑起身体。他双手压在毛毯上刚刚略一用力，一直和他保持最亲密接触、诱人的红唇紧贴在师少鹰耳边的充气娃娃突然开口说话了：“啊……啊……啊……噢噢……哦耶，哦耶……”

坦率地说，充气娃娃嘴里发出的声音并不算太大，但是双方的距离实在太近，角度实在太好，师少鹰又头昏脑涨全身无力，猝不及防之下当真是被吓了一大跳，他只来得及在心中叫了一声“要命”，就双手一软用最狼狈的动作狠狠摔倒在充气娃娃怀里。

更惨的是由于摔倒的动作太激烈、太热情，充气娃娃回应式地一低头，把她那不知道用什么做成，反正看起来是娇艳欲滴的红唇直接罩到了师少鹰的嘴上，一想到这玩意儿的用处，师少鹰就觉得一阵反胃。

最惨的是就算两个“人”的嘴唇已经亲密地处于热吻状态，充气娃娃的嘴里依然在持续发出一连串只要是正常男人都能听明白含义的呻吟，“嘴唇”相交，师少鹰甚至能感受到充气娃娃口腔里有什么东西正在轻轻震动……

师少鹰是谁啊，他可是一位职业作家，他笔下的任何一个男主角都是擅长制造诡雷的超级大师。师少鹰只是目光一转就想到了什么，他掀开身下的毛毯，一个比鸽子蛋略略大上一点，用一根白色电线和充气娃娃连在一起的触压式控制器就出现在师少鹰的面前。

科学在发展，技术在进步，充气娃娃这种正常人一听就觉得变态，但是依然在特殊群体中有生存空间的东西也在与时俱进。师少鹰身后的这只高仿真充气娃娃内部还安装了真人语音发声系统，如果谁和这只娃娃“亲热”，只要用力不同，娃娃就会根据男主人的力道变化而发出不同节奏的声音。

当然，这并不是重点！

真正的重点是，把师少鹰救上车的人不但用充气娃娃做护垫，保护住师少鹰肿得活像是个猪头的脑袋，还专门把充气娃娃自带的触压式开关放到师少鹰右手边的毛毯下面，硬是把这样一套成人用品的真人发声器变成了一个病人召唤护士的呼叫系统，或者说是……监控系统！

对此，就连师少鹰都忍不住在心中竖起一根大拇指，心悦诚服地说上一句：“高，真高，真他妈的高到喜马拉雅山去了！”

闹出这么大的动静，围坐在火塘边的司机和持枪保镖已经被惊动，一个正在捧着碗喝汤的男人快步走过来。男人打量了一眼已经恢复清醒的师少鹰，再看看师少鹰身后还在不停“呻吟”的充气娃娃，他的两片嘴唇上下一翻，露出了一个让师少鹰恨不得在他脸上凿出两朵黑茄子的“会心”笑容。然后叽里咕噜地说出一连串师少鹰半个字也听不懂的索马里语，看到师少鹰露出一脸迷茫，男人若有所悟又一路小跑回去，弯下腰将嘴附在一个二十多岁的年轻女人耳边说了些什么。

那个女人一站起来，师少鹰就看出了她的与众不同。她明显具有北欧血统，脸庞轮廓分明得犹如古希腊寺庙中的神像，那一头红色的头发随意披散下来带着点自然的弯曲，在微风的吹拂下看起来就像是一团火焰在跳动。

她快步走过来，走得近了，师少鹰可以看到她的眉毛斜挑如剑，把她内心的坚强与刚毅展现无遗。在高挺的鼻梁上，深深的眼眶里有着一双碧绿色的眼睛，远远地看过去，就像是两团绿色的火焰正在幽幽燃烧。似乎只要她怒了，哪怕是注定必死无疑，她也会毫不犹豫地冲上去，以燃烧自己为代价抱着敌人同归于尽！

她穿着一件用亚麻布制成的紧身背心，这件背心肩膀部位是用宽大的皮带相连，背心领口用黑色的棉线交叉连接形成像系鞋带一样的束缚效果，但这样反而让她过于丰满的胸部越发显得几欲裂衣而出。

她下身穿着一条棕色的布裙，这条裙子有三条开衩直越过膝盖，其中有一条甚至直接到达了大腿根部，它们最大的作用就是在必要的时候，让主人修长而有力的双腿可以踢到任何角度而不会有任何束缚感。黑色的高腰皮靴鞋跟很短，就算是在松软的沙地上快速奔跑也不会造成任何障碍。

她原本应该拥有像雪一样白的皮肤，但是长期生活在距离赤道只有几百公里的索马里，她的皮肤已经被晒成了充满健康活力的小麦色，和她双臂上戴着的一对用金属打制的加长版护腕相衬映，显得自然而美丽。

直到她走到面前居高临下地望着师少鹰时，师少鹰才发现，她真的好高！目测下来，她最起码有一米九，但是她的动作却丝毫不显笨拙，脚步轻盈得就像是一只猫。

她看起来就像是一个在中古世纪久经沙场的女战士，彪悍、强势，全身上下透着一股咄咄逼人的野性与危险。

抬起头和她的目光在空中相遇，就连师少鹰都有了一种“被压迫”的感觉，但越是如此师少鹰越是瞪大了眼睛，寸步不让地狠狠瞪视回去。两个人的目光在空中对撞在一起，几乎迸溅出无形的火花，但是由于是斜躺着往上看，师少鹰的目光很快就因为男人的某一种天性自然而然地向下一滑，摆脱了这种斗鸡眼式的针锋相对，落到了红发女郎人间“凶”器式的胸部，在上面狠狠打了几个转，再一次验证了诸如“牡丹花下死，做鬼也风流”“色胆包天”这些古语的真实性与哲理性。

面对师少鹰的目光侵扰，红发女郎眉头微微一皱，最后还是主动打破了他们之间这场对峙：“你是韩国人吗？”

师少鹰听不懂，微笑着摇头。

她又问道：“日本の方ですか？”（你是日本人吗？）

师少鹰本来应该听不懂，不过“日本”这个词他倒是听得清清楚楚，所以立刻一脸厌恶地摇头。

没错，他是喜欢看日本拍的诸如《火影忍者》《海贼王》之类的动画片，喜欢玩《生化危机》之类的电脑游戏，但是汉奸这玩意儿，还是让喜欢的人去担任吧！

红发女郎把师少鹰这个身受重伤，一看就全身带着麻烦的陌生人搬上汽车，甚至还把名贵的乳香抹到他身上大片大片青紫的皮肤上，让师少鹰身上的疼痛大大缓解。

红发女郎竟然真的能说一口还算流利的中文：“你是立刻离开去和同伴会合，还是跟着我们？”

“我现在身负重伤，没钱、没药品、没食物、没淡水，我真的不敢保证以这种状态，还能活着找到一个愿意收留我的村庄。”

师少鹰指着站在车队不远处的一只秃鹫，他只是实话实说：“我觉得应该数它最希望我离开车队，那样的话只需要一直跟着我，过不了多久它就可以享受到一顿美餐了。”

他可是洪龙村的少帅，又刚刚经历过一场九死一生的血战，师少鹰的声音中自然而然有着一种发自内心的从容不驯，让他就算是身负重伤前途未卜，也依然可以露出淡然的笑容畅所欲言。

“我不管你的真实身份是什么，到索马里又想做什么，就凭你现在需要帮助这一点，我不会眼睁睁地看你死掉。我允许你跟着车队，直到把你带到一个拥有港口的城市，但是有几条规则你必须遵守！”

盯着师少鹰满是伤痕的身体，尤其是师少鹰脖子上那条只可能由子弹造成的划伤，红发女郎沉声道：“你的敌人追上来，我们不会保护你。如果你敢在那个时候耍小聪明，试图用一些小伎俩拉我们当挡箭牌，我会用刀子把你全身的骨头一根根削断，让你的敌人看清楚我的立场！”

这个时候，师少鹰的目光透过裙角开衩直接落到红发女郎的右腿外侧，并不是他色鬼投胎现在还不忘占便宜，而是红发女郎在右腿上用皮套别着一把长度超过五十厘米的加重版开山刀。

这把通体用特种高碳钢打制的开山刀，带着犹如蒙古弯刀般的轻微半弧，但是和蒙古刀不同的是它的刀刃竟然在半弧内侧。

普通人拿到这种刀一定会觉得它使起来很不顺手，砍在什么东西上刀锋很容易嵌在里面拔不出来，但是真正精通冷兵器搏斗的人都知道，这种犹如镰刀般刀刃向内弯曲的武器就是逼着使用它的人在劈砍目标时必须倾尽全力，绝不能犹豫，更不能手下留情！否则一旦刀锋卡在敌人的骨头里拔不出来，死的就是自己！

师少鹰绝不会想着用自己的身体去豪赌一把，看看红发女郎是不是在虚言恐吓。那把开山刀刀柄上缠的布条已经变成了黑褐色，那是一次次被鲜血浸透又自然风干才可能留下的颜色。师少鹰绝对不会蠢得用自己的身体去赌眼前这个女人是否真的会下手无情。

“第二，你离开后不用想着报答我们。如果你能活着离开索马里，不要再联系我们，更不要想着报答，像你这种全身都是麻烦，敌人也绝对麻烦的家伙，你的报答我不想要，也受不起！”

师少鹰脸上露出了一丝无奈的苦笑，她说得真是对极了，在索马里这片土地上，他师少鹰先是被索马里国家安全部门当成恐怖分子通缉，又被恐怖分子追杀，可以说就是一个超级瘟神，谁碰上谁麻烦。这个红发女郎明明知道他身上麻烦不断仍然出手相救，已经是相当了不起的决断。

“第三，在离开我们之前不许搞小动作，不许向外界传递消息，更不要让我们中间任何一个人听到不应该听的秘密，接触到不应该碰的东西！”

说到这里，红发女郎手中扬起一沓钞票：“我不管你带这些东西跑到索马里究竟想干什么，但是在加入我们车队期间，你必须把这些会要了人命的东西全部交出来！”

“这些钱是我的？”

师少鹰脸上露出疑惑的神色，他在进入索马里之前是和司空伯文一起兑换了一些美元，可是那些钱他早已经在摩加迪沙的军火黑市里花得干干净净，就算是这样他仍然有一种钱不够用的感觉，又怎么可能在身上留下这么多的钞票不把它们转化为战斗力？

红发女郎的脸色慢慢阴沉下来，她从口袋里取出一块压缩饼干，慢慢将饼干外面的塑料皮一点点撕掉，然后把饼干送到师少鹰面前，低声喝道：“吃！”

虽然不明白那沓钞票和这块压缩饼干之间有什么关联和特殊含意，但是师少鹰清楚地知道如果自己在这个时候拒绝，他与红发女郎之间那并不算太牢固的友情就会在瞬间破裂，甚至可能直接转换为敌对立场。师少鹰没有任何犹豫，接过那块饼干大口啃咬起来，很快就把那块压缩饼干吃得干干净净，然后一脸坦然地伸出手，微笑道：“饼干太干了，来点水。”

红发女郎点点头，走回汽车驾驶室从里面取出一瓶矿泉水，把它递到师少鹰面前。师少鹰接过矿泉水拧开瓶盖，就在他已经把瓶口送到自己的嘴边，准备一仰脖子就把整瓶水都灌进自己干渴得要命的喉咙里时，红发女郎突然一挥手，把师少鹰手中的矿泉水瓶扇出七八米远。

红发女郎解下身上的水壶把它丢给师少鹰，冷漠地说道：“知道吗？我现在已经后悔了。你是我这辈子见过的最会演戏的人！看在你敢用自己的命去赌的分上，我可以容忍你一次欺骗，但是你最好记住，这种容忍只会有一次！”

留下这些让师少鹰莫名其妙的警告，红发女郎拾起刚才被她一巴掌抽飞的塑料瓶，手腕微转把瓶子里剩下的水全部倒在地上，又把塑料瓶丢到一边。

师少鹰在这个时候已经把水壶里的水一扫而空，把水壶递向红发女郎。红发女郎看了一眼师少鹰身后那只充气娃娃，目光在充气娃娃因为受到师少鹰口水"滋润"显得更加娇艳欲滴的嘴唇上打了一个转，神色不动："这只水壶送你了。"

半个小时后，这支只有七辆车，但是司机加保镖却超过二十人的小车队又再次起程了。师少鹰认命地把脑袋再次枕到了充气娃娃的胸膛上，还专门拱了拱让自己可以躺得更舒服，当他习惯性地再次扫视一眼四周时，他双眼的瞳孔在瞬间猛然收缩。

他看到了一只秃鹫的尸体，那只秃鹫就倒在塑料瓶的旁边，它喝了红发女郎刚才倒在地上的水。

那些食物和水，本来就是尚东波为师少鹰准备的。

第二章　人在旅途

师少鹰跟着这支由两辆小型货车、四辆皮卡车、一辆越野车组成的小车队，在索马里境内已经整整走了三天。在这段并不算漫长的旅途中，师少鹰一直半躺在其中一辆皮卡车的后斗里，用自己的双眼看到了一个原汁原味的索马里。

直到远离城市、远离海岸线，进入索马里内地，师少鹰才知道这个国家究竟有多穷。

索马里境内根本没有铁路，车队走在年久失修到处都是尖锐碎石子和大坑的公路上，往往走上一段就会有汽车爆胎，整支车队走走停停平均每小时只能向前开出十几公里，甚至还比不上骆驼的速度。

就算是这样，沿着破破烂烂的“公路”到处都是武装哨卡。索马里乱成一团，军阀割据，不管是谁只要手里有枪有人，往路上架一根木桩就可以理所当然地向过往汽车收取过路费。如果一支车队里带着足够多的物资却没有足够的武装力量保护，谁也不敢保证这些收过路费的人会不会转眼就变成杀人越货的武装悍匪。

每次遇到这样的关卡，都是由红发女郎出面去应付，有超过三分之二的关卡“驻军”在见到她都是熟络地聊上几句后就直接抬手放行，剩下的那些哨卡也只是象征性地拿了几包香烟，一路上走下来基本是畅通无阻，鲜少有人会刻意刁难。

看到这一幕幕，就连师少鹰都必须承认，能在战乱不断的索马里做到这一点的人绝对不会很多！

整支车队走在全世界条件最恶劣的路上，忍受着到处都是武装哨卡盘查剥削，一点点向前挪动。他们往往要走上几个小时才能在萧索的天空下，看到几幢横七竖八用石块垒成的房子，或者是用树枝外加干牛粪搭成的窝棚。它们就是索马里北部山区里的村庄了。

这些村庄大的也不过就两三百人，小的可能只有几户人家。交通状况极其恶劣，生活在这些村庄里的人基本上过着与世隔绝的生活。师少鹰看到他们时，这些村民总是坐在家门前神情呆滞地望着某一个方向，不知道在想些什么，或者他们就是在用这种无聊的枯坐来消磨时间。

“一寸光阴一寸金，寸金难买寸光阴”这句传承了几千年的哲言，在这片土地上似乎已经失去了原有的意义。

这些瘦得皮包骨头、营养严重不良的人身边，是大片大片因为持续不下雨已经干枯的玉米田和同样瘦得可怜的骆驼群。一具具黑瘦的身影、一双双呆滞无神的眼睛，还有那一片片干枯的玉米田，在蔚蓝的天空下显得分外醒目与刺眼。

平均每平方公里人口密度二十三人，比中国内蒙古大草原上的人口密度还要低。地广人稀、穷山恶水，外加无可救药的懒惰，这就是索马里村民的最真实写照。

每找到一个村庄，车队就会停下来，在红发女郎的指挥下，司机和保镖们把车上装的食物还有毛毯搬下来，把它们分发到村民的手中。她和手下的人显然不止一次做类似的工作，没有人哄抢，所有村民都自觉地排成一条长队，一切都显得井井有条。也只有在这个时候望着红发女郎，那些村民呆滞的双眼才会多出一丝神采。

虽然语言不通，也根本不知道那些领到食品的村民在向红发女郎鞠躬后都说了些什么，但是他们每一个人嘴里出现频率最高的一个单词，让师少鹰知道了红发女郎的名字，一个非常好听的名字：凯贝琳。

师少鹰亲眼看到有一个得了重感冒的人在领取食品时，咳嗽得几乎挺不起腰，凯贝琳从医药箱中找出抗生素想要送给对方服用，那个得了重感冒虚弱得几乎挺不起腰的村民虽然很感激，却仍然态度坚决地拒绝了。一直在一旁用眼睛仔细看，很少去评论什么的师少鹰在凯贝琳从自己身边走过时，终于忍不住问了一句：“为什么？”

“因为他知道，就算这次吃了我送他的药可以恢复健康，但是下次再生病，就不会这么幸运了。”

凯贝琳没有回头，师少鹰无法看到她的脸色，但是她的声音很低沉：“所以他宁可硬扛过去，也不敢接受我的药。”

回答了这个问题后，凯贝琳走了，只留下若有所思的师少鹰。

他们这样一个村庄接着一个村庄地走着，在路过第七还是第八个村庄时，就连师少鹰一直当成枕头使用的充气娃娃也被分发出去了。

也许是因为这个充气娃娃一直是由师少鹰来“使用”，在把它送走时应该给师少鹰一个“交代”；也许是因为一个年轻而漂亮的女人把一只充气娃娃送给男性村民显得太过暧昧，凯贝琳难得地主动向师少鹰解释了一下：“这个村子里有超过三分之一的男人得了艾滋病，我没有办法给他们发足够的避孕套，就算发了他们也不会去用，所以每次登上那些货船收取过路费时，我都会让人顺手从那些船员房间里找一些这种东西，分发给得了艾滋病的村民。”

看着领到充气娃娃的男村民大大咧咧地把充气娃娃扛在肩膀上，就连充气娃娃的头发倒拖在地上都没有理会，师少鹰心里竟然滑稽地产生了一种“好白菜都让猪给拱了”的想法，而凯贝琳的理由更是让他无语望苍天，瞪了半天眼睛，师少鹰才挣扎着问了一句："有用吗？"

凯贝琳望着面前那些同样瘦得皮包骨头，但是至少还有青春，生命中还有未来与希望的年轻女孩，低声道："总比什么都不做要好。"

"那你又为什么要当海盗？"师少鹰不是一个记者，但是面对一个货真价实的女海盗，看着那些领到食物后紧紧抱在怀里快步走回家的村民，师少鹰仍然忍不住问道，"就是为了帮助这些人，或者说你更喜欢当一个现代版的侠盗罗宾汉？"

看着凯贝琳带人跑到索马里各个村庄分发食品，师少鹰一度以为凯贝琳是国际红十字会之类人道主义援助组织成员，直到凯贝琳坦言那只充气娃娃是她带领手下登上别人的货船收取"保护费"时，"顺手"从船员房间里抢来的，他才知道眼前这个全身透着彪悍气息的女人竟然是一个货真价实的女海盗。确切地说，是一个在这片土地上混得相当不错，称得上朋友遍天下的女海盗头子！

如果司空伯文还在师少鹰身边该有多好啊，在知道凯贝琳的真实身份后，她一定会眼冒绿光嗷嗷乱叫地扑上去，不把凯贝琳的内幕"挖"干净绝不会善罢甘休。

一个明显不是索马里土著的女人在排外性极强而且严重男尊女卑的索马里当了一个海盗头子不说，还做着劫富济贫的工作，无论是什么原因让她做出这种行为，都足够在新闻中成为最吸引人关注的一点，更何况她本身还是一个气质过于狂野却依然让人看着赏心悦目的美女。

她绝对是一个有故事的女人。

但是凯贝琳明显并不愿意和师少鹰这样一个陌生人去谈自己的往事，她对着师少鹰礼貌地略一点头，就快步走向排队等待领食品和毛毯的村民。

他们这支车队就这样一个村庄接着一个村庄地经过，汽车能够装载的食物有限，分发到每个村民手中的都只是小小的一包，但就是这样小小的一包食物，却可以在最需要时救人一命。

在这三天时间里，师少鹰也看到了凯贝琳更加真实的一面。

村子里的人产生争执了，他们会请凯贝琳去裁决，对他们来说，只有村子里的长者或者最值得尊敬的人才能得到这种殊荣。这些村民之间的冲突大都是一些鸡毛蒜皮的小事，可是凯贝琳却总是认真地聆听、认真地开导，争取让争吵得面红耳赤的双方都能获得满意的结果。

村子里的男孩抢走了凯贝琳送给小女孩的巧克力，她会像个温柔的大姐姐般擦掉小女孩的眼泪，然后再找到那些男孩把他们带到小女孩面前让他们道歉。她从头到尾都不会说一句恐吓的话，更不会挥手就打，但是在她的注视下，再倔强的男孩都会老老实实地低下自己的头。

在她的身上似乎有着一股因为喜欢多管闲事，所以自然而然慢慢养成的魅力。

到了第三天傍晚，太阳已经快沉到山的一边，在群山之间师少鹰又看到了一个依山而建的小村庄，从车厢里剩下的食物来看，他们在这个村庄里分发了最后的食物后就应该返程了。

车队刚刚停在村口，一个女人就迎面飞跑过来，她一把就抓住了凯贝琳的手飞快地说着什么，说着说着豆粒大的眼泪就从她的眼眶里流出来。凯贝琳伸手安慰式地拍了拍女人的肩膀，转过身从车厢里抓起医药箱，跟在那个女人的身后跑向村子。

三天时间一直静静地躺在车里，得到充足的食物摄入，又有乳香这种药材消炎止痛、舒筋活血，师少鹰已经可以凭自己的力量站起来，跟在其他人身后慢慢走进了村庄。还隔着很远，师少鹰就听到村庄其中一间石屋里传来女人的哭泣声和男人的叹息声，顶着周围村民怪异的目光，师少鹰缓缓走到了那间石屋的门前。

一个十三四岁的男孩仰躺在用木板架起来的床上，他的呼吸声明显比正常人要急促得多，全身黝黑的皮肤上都透出一抹病态的嫣红，身边的一个女人每隔一段时间，就会用布醮上凉水放到他的额头上，试图用这种方法让男孩稍稍好受一点。

站在房门前的师少鹰轻轻耸着鼻子，他在空气中闻到了一股腐烂的味道，最后师少鹰的目光落到了那个男孩的左臂上。男孩的左臂不知道被什么划伤，留下长长的一道伤口，现在上面敷了一层黑褐色的草药，显然是村子里的人已经用土办法对男孩手臂上的伤口进行了处理。虽然不知道那些草药的成分是什么、有什么效果，但是师少鹰却在暗中摇头。

凯贝琳从医药箱里取出一瓶抗生素，把药片捣碎后喂进男孩的嘴里，又用棉团蘸了医用酒精擦拭了男孩的额头。做完这一切后，看着面前这个全身都烫得要命，已经连续昏睡了两天，嘴里还在不停发出痛苦呻吟的男孩，指挥几十号人在公海里四处游猎，就算是面对美国海军战舰也可以面不改色的凯贝琳也觉得束手无策起来。

她再彪悍、再强势，也没有办法拿着一把开山刀和死神去搏斗，她当然明白仅凭几粒抗生素外加一点酒精降温根本不可能让眼前的男孩恢复健康，可是除此之外，她根本不知道自己还有什么办法，能让男孩哪怕是再好受一点。

凯贝琳下意识地抬起头，目光慢慢从面前每个人的脸上扫过，似乎想要从人群中找到一个可以帮助她的人。可是很快凯贝琳收回了目光，就连她这个头领都束手无策，手下那群由渔民、水手和难民组成的海盗又有什么办法？

可是当师少鹰分开人群走进房间的时候，凯贝琳的眼睛猛然亮了。

没错，这个男人是一个超级大麻烦，但是反过来想想，一个能惹下天大麻烦现在还能活着的人，他又怎么可能是一个泛泛之辈？

师少鹰走到床边伸手在男孩的额头上探了一下，触手一片炙热，师少鹰低声问道：“多少度？”

凯贝琳迅速回答：“39.1摄氏度。”

男孩现在整只手臂已经肿大起来，就算是敷在上面的草药都无法抑制腐烂的味道。师少鹰用手指轻轻拈起一点草药送到自己的鼻端仔细嗅了嗅，这些草药是用不知名的水果和石类混合在一起，又加了少量的橘子皮一起捣碎弄出来的玩意儿。

这东西从成分上来说属于原始的果胶酸，对治疗身体炎症有一定的效果，有利于人体受损细胞恢复，如果口服甚至可以治疗胃溃疡，用它来治疗伤口也并不算错，但是这种东西绝对不是包治百病的灵丹妙药。

当着所有人的面，师少鹰用盆子里的水小心翼翼地将男孩手臂上的草药一点点洗掉，直到伤口彻底暴露在自己面前。看着那条足足有一尺多长、半寸深的伤口，师少鹰深深皱起了眉头。

男孩手臂上的伤口可能是在几天前被尖锐的木头或者铁器划伤，因为没有及时进行消毒处理，现在已经大面积感染溃烂，伤口表面绝大部分肌肉组织坏死，伤口重度炎症，才让男孩一直高烧不退，甚至已经昏迷不醒。

如果让伤口暴露在空气中，这样伤口产生的脓液和其他受感染坏死的组织部分还可以从伤口里流出来，就是这些自制的草药封住了男孩手臂上的伤口，让他伤口恶化的速度急剧加快，直至超出了口服药剂可以治愈的极限。

伤口已经恶化到这种程度，除非把这个男孩送进医院，用扩创术彻底清除伤口腐烂组织，然后再定时服用抗生素药品，否则这个男孩唯一的结局就是在亲人的哭泣声中受尽痛苦折磨，直至心脏慢慢停止跳动。

师少鹰略一犹豫，在凯贝琳的注视下还是摇了摇头，把男孩的手臂轻轻放回原处。就在他准备站起来的时候，男孩的母亲突然猛地扑过来一把抓住他的手臂。她抓得是那样用力，用力得就连师少鹰这样的男人都感到了疼。

师少鹰脸上犹豫的神色虽然只是一闪而逝，但是它绝对逃不过一个关心儿子，宁可自己代替儿子受苦的母亲的眼睛！

她知道师少鹰一定有什么方法可以帮助自己的儿子，她想要开口求师少鹰救救命，可是在这个时候面对一个陌生男人，她没有钱、没有食物，没有一切可能吸引师少鹰的东西，她除了“中国人，朋友”这句话之外，她根本不知道应该说什么，她就像是一个快要淹死的人在水中抓住了一根稻草般死死抓着师少鹰的手不放，眼睛里明明已经流出了悲伤与绝望的泪水，却仍然拼尽全力，嘴唇一边不停地颤抖，一边不停地说着相同的话：“中国人，朋友！中国人，朋友……”

第三章　另类治疗

师少鹰看了一眼门外，太阳已经坠落到西方的地平线下，但是天色还没有黑透，他抱起全身都在发烧的男孩，把他放到了门外一块平坦的地上。

男孩手臂上的伤口已经严重腐烂，在洗掉涂在表面的草药后，浓重的腐臭味远远散发出去，很快就有几只苍蝇被气味吸引过来，在男孩手臂伤口上方不断飞舞。看到这一幕，男孩的母亲抓起布条想要去驱赶苍蝇，可是却被师少鹰伸手拦住了。师少鹰挥舞着双手示意所有人和男孩保持最少三米的距离，然后眯起双眼看着那几只苍蝇不断盘旋，在确定没有危险后，那些苍蝇终于落到了男孩的手臂上。

苍蝇这种生存在最恶劣环境中每天和腐烂物质打交道的生物，它们身上很可能携带了大量病菌，不要说是让苍蝇接触到没有愈合的伤口，就算是吃了被苍蝇爬过的食物都可能引发一些疾病。

在正常情况下，绝不会有人像师少鹰这样放任苍蝇落在别人的伤口上乱爬，稍有点卫生常识的人都会知道，这样很可能会带来可怕的并发症。但是师少鹰却放任越来越多的苍蝇飞过来落到男孩手臂的伤口上，到了最后男孩的手臂上至少有二十只苍蝇在爬来爬去，猛地看过去有说不出来的恶心。

没有人相信这也算是治疗，不知道有多少含着浓浓怀疑甚至是已经透出敌意的目光落到了师少鹰身上；可是师少鹰却依然平静，他用严厉的眼神警告在场的每个人不要去驱赶苍蝇，直到天色完全暗下来那些苍蝇停止活动，他才走过去将男孩重新抱回房间。

男孩的母亲端着一盆新换的清水快步走到师少鹰身边，想要动手擦洗男孩的伤口，被师少鹰迅速制止了。看着自己的孩子，女人的脸上露出了深深的担忧，她面对师少鹰欲言又止，但是她最后还是什么也没有说，默默地走开了。

作为一个母亲，在看到刚才的那一幕后，她绝不可能无动于衷，但是她又不敢因为一时莽撞赶走了有可能挽救儿子生命的最后一丝希望。如果她再不离开这个房间，她真的会被自己逼疯的。

身后再次传来了脚步声，是凯贝琳。凯贝琳望着男孩手臂上的伤口，低声道："不要告诉我，这就是你的治疗方法。"

"看起来很诡异是吗？"

师少鹰回头凝视着凯贝琳的双眼，沉声道："你救了我的命，我没有向你道过谢，大恩不言谢。既然你想救这个孩子的命，我就帮你救。如果你认为我没有那个能力，没关系，只要说上一声，我会立刻离开，绝不给你带来麻烦！”

“我能相信他吗？”听着师少鹰咄咄逼人的话，凯贝琳在心里低声问着自己这个问题。

她明明知道眼前这个男人身上带着天大的麻烦，他身上带的都是一些危险到极点的东西，甚至连他的名字可能都是假的。可是四目相对看着这个男人眼睛里的专注与认真，在她理智地做出决定之前，她属于女人的感性，她当海盗与危险为伍渐渐培养出来的敏锐直觉已经让她用力点头。

“你去想想办法，在不生明火的情况下让这间屋子的温度保持温暖。拜托！”

当天晚上，在村子外的平地上架起几个火塘，每隔一段时间就有人将烤得滚烫的石头送进用毛毯把门窗都密封住的屋子里，用这种方法让房间的温度始终保持在师少鹰要求的程度。有时候师少鹰也会亲自把一点清水淋在石头上，随着白色的水雾袅袅升起，房间里就会变得潮湿起来。

连续十一个小时，外面负责把石头烧热再送进屋子的人不知道已经换了几拨，时不时用放大镜仔细观察男孩伤口的师少鹰脸上终于露出一丝笑容。一直陪在他身边的凯贝琳看到这一幕，脱口问道：“孩子有救了？”

“至少有了一个好的开始。”

凯贝琳从师少鹰手里抢过放大镜，借着手电光学师少鹰的样子仔细观察男孩的伤口，只看了一眼，凯贝琳的身体就猛然凝滞了。

通过放大镜，凯贝琳可以清楚地看到在男孩的伤口里，有一些极为细小的白色肉线在慢慢蠕动，它们是有生命的。如果凯贝琳没有猜错的话，它们就是昨天晚上在男孩的伤口上爬来爬去的那些苍蝇排下的蝇卵，在师少鹰刻意制造出来的适当温度与湿度下被孵化了。

凯贝琳深深吸着气，如果是一般的女人突然看到这一幕，就算没有当场呕吐，也会吓得放声尖叫。要是让孩子母亲看到这一幕，估计会当场发疯，抓起身边一切可以用的武器，对着师少鹰发起不死不休的进攻！

凯贝琳不懂，她真的不懂师少鹰想要干什么！她更不相信用这种让人看了就心里发冷的方法，能把已经陷入昏迷的男孩从死神手里拉回来！她沉默了良久，把放大镜还给师少鹰，在走出房间前她突然回头，望着师少鹰认真说道：“我不懂你究竟想干什么，但是我知道你是因为我才愿意出手救这个孩子，就凭这一点我凯贝琳就要谢谢你，更必须信任你！现在他这个样子绝不能让外面的人看到，现在我要你告诉我，你这种治疗方法究竟要多久才能起效？”

师少鹰略一思索，答道：“保持室内温度，三天！”

“好，那我就替你挡住三天！”凯贝琳断然道，“三天后无论他是死是活，你必须要给所有人一个交代。我希望到了那个时候，我不会因为今天的选择而后悔。”

说完这些话，凯贝琳走出房间，小心地把门前的毛毯重新挂好，把屋子里的一切都遮得严严实实。

聆听着凯贝琳在屋外和男孩父母交谈的声音，想象着她阻拦男孩父母进来的样子，一个由衷的微笑从师少鹰脸上缓缓扬起。过了几分钟后，门外的低声争执消失了，很快师少鹰又听到了凯贝琳的脚步声，还有什么东西被丢到地面上发出的沉闷声响。师少鹰疑惑地走到门边轻轻掀开毛毯。

凯贝琳在门外铺了一张毛毯倚门而坐，在毛毯的另一端还放着一个叠好的睡袋。看她的样子，似乎要在未来的三天时间里一直守在门前，直到师少鹰结束治疗为止。

放下门帘，师少鹰又走回到男孩身边坐下，借着烛光打量着男孩那张写满痛苦的脸，师少鹰低声道：“言必信，行必果。好一个精彩的女人！”

房间的空间很小，到了晚上师少鹰比画了好几次只能确定，他必须和凯贝琳隔着一个门帘并躺而眠，两个人的距离不到二十厘米，师少鹰甚至可以听到自己躺下后，门帘另外一侧的她呼吸一下变得急促起来。

再彪悍、再强势，她也是一个女人，一个长得不错、身材更不错的年轻女人！估计她这一辈子都没有和一个男人“睡”得这么近过。

在三天的时间里，师少鹰已经忘了在毛毯另一侧，凯贝琳为了把孩子的父母拦在门外产生了多少次争执。

在三天时间里，凯贝琳也没有数清楚，师少鹰为了照顾孩子，在晚上究竟爬起来过多少次。有时候她把食物递到师少鹰手里后，听着里面传出来的勺子和碗轻碰的声音，凯贝琳都会忍不住想象师少鹰一个大男人小心翼翼地给一个孩子喂粥时的样子，估计会有点手忙脚乱吧！想到这里，不知道为什么，凯贝琳的脸上就会露出一丝近乎顽皮的微笑。

在夜深人静的时候，他们两个人一个因为要照顾病人不敢稍有大意，一个因为心事太重而辗转反侧，时间长了渐渐彼此习惯了近在咫尺却隔着一张毛毯存在的那个他和她；他们甚至仅凭毛毯对面传来的细微声音，就能判断出对方正在做什么。有一次在睡梦中凯贝琳无意识地翻了一个身，她的手臂直接穿过门帘落到了师少鹰的脸庞上，只是轻轻一触她就像是被烙铁烫到般飞快地收回手臂，然后她好像整夜都没有再睡着。

时间就像流水，随着日出日落，在紧张和一种彼此守护的温馨中悄无声息地滑过。

在三天的时间里，师少鹰每隔一段时间就会用放大镜仔细检查一遍伤口，他亲眼看着蛆虫以腐肉为食物越长越大，它们挤在男孩的伤口里蠕动着四处乱爬乱拱。师少鹰平时必须用绷带把男孩的伤口绑住才能让蛆虫老老实实待在伤口里，而不是爬得到处都是。

随着时代的发展，特种兵这支纯粹为战争服务的战斗体系被赋予了越来越多的使命，这其中相当一部分需要在远离后勤基地的敌占区来完成。一支特种作战小队往往要在没有补给、没有情报持续支持，到处都是敌对眼光的区域进行渗透活动，在这种前提下，一旦作战负伤甚至是和队员失散，利用身边一切可以找到的东西去战胜疾病和痛苦，就成为特种兵必修的一门基础课。

想要生存，特种兵可能使用到的物品绝不仅仅是白糖止血或者用治疗性病的药品来提取抗生素那么简单。他们往往要在最恶劣的自然环境中自救，他们不但要懂得使用一些最基本的草药，从矿物中提取一些最原始的矿物质或者化学材料，有时候还需要使用一些看起来让人心惊肉跳，甚至可能会被人当成巫术的生存技术。

这些生存技术也许看起来并不卫生，甚至可以称为异端，但是不可否认，在必要的时候它真的能救人一命！

而师少鹰让男孩的伤口里长满蛆虫，就属于这一范畴。

早在16世纪，人类就发现在感染创面上滋生出来的蛆虫非但不会加重伤口感染，反而会有利于伤口愈合。到了19世纪，拿破仑的军队就使用这种方法为受伤的士兵治疗枪伤。这种“蛆虫疗法”直到20世纪40年代随着抗生素的出现才被抛弃，并被视为一种简陋而不科学的土方法。

但是在非洲当雇佣兵时，教导师少鹰他们野战生存技能的教官，却对“蛆虫疗法”推崇备至。师少鹰现在还能清楚地记得，教官在传授他们这种让正常人看了就觉得恶心，没有坚韧神经就根本无法使用的治疗方法时，谈到的一系列治疗“机理”。

蛆的分泌液能够破坏伤口里已经腐烂的组织，却对健康的部分无害，换句话来说，蛆虫在伤口里只会吃腐烂的肉，却不会碰完好的部分。

蛆虫能够产生胶原酶、类胰蛋白酶和类糜蛋白酶，能将伤口坏死组织分解成半液状泡沫然后再吞食消化。这说明蛆虫在伤口里啃咬腐肉时，人并不会感到痛。

且蛆虫在吃掉伤口腐烂的组织后排泄出来的物质中含有生物碱，能够改变伤口的酸碱浓度。

蛆虫还有一个非常有益的特点，那就是在它们的体内有生物类抗生素，可以直接提高宿主的免疫力，有助于伤口愈合。其实想想看也是，如果蛆虫体内没有如此强大的生物抗生素，它们又怎么可能在非常恶劣的环境中“茁壮成长”？

到了21世纪，由于抗生素被滥用，导致大自然中出现了一些“耐药性病菌”，新一代医生开始减少抗生素的使用，重新青睐自然疗法，而蛆虫疗法就在其列。

当然了，在21世纪，医学上使用的蛆虫疗法，他们使用的医用蛆是一种学名叫“丝光绿蝇”的幼虫，用无菌方法养殖培养，绝不会像师少鹰做的这样野蛮粗暴。

也只有雇佣兵或者特种部队这些特殊群体，在远离后勤补给基地，没有足够医疗设备的时候，才会选用这种看起来让人毛骨悚然的“天然”疗法。

就连记载了这种治疗方法的美国陆军特种部队训练教程，都在反复提醒，不到万不得已，绝对不要选择这种方法！

师少鹰用镊子把它们一条条夹出来，放在几支用动物脂肪制成的蜡烛下照耀，可以清楚地看到，这些饱食腐肉的蛆虫已经长得白白胖胖，看起来像极了师少鹰在参加野战生存训练时，从蜂巢里采集到的蜂蛹。当时师少鹰真的是饿极了，他直接把那些小东西丢进了嘴里大嚼，别说，味道还相当鲜美……

蛆虫被师少鹰用镊子夹住后不断摇摆身体，似乎想要摆脱束缚重新回到温暖而到处都是食物的乐园。只可惜师少鹰绝不会再给它们这个机会，不仅仅是因为已经到了凯贝琳为他争取的最后时间期限，也因为男孩伤口的腐肉已经被蛆虫啃咬干净，如果再继续下去，这些蛆虫就会啃咬伤口里那些健康而新鲜的组织。

取出最后一条蛆虫，师少鹰用一块干净的白布擦掉脸上的汗水，最后伸手探到男孩的额头上。男孩还发着低烧，但是只要连续服用抗生素，再加上适当的营养和维生素，随着身体炎症的消失，他自然会健康起来。

再次看了一眼托盘上那些还在不断蠕动的白色蛆虫，师少鹰手腕一转将它们全部倒在地上，心里说了一声“抱歉”，又往上补了几脚，把这些治疗男孩伤口的“功臣”全部踩成了一摊肉泥。估计男孩的父母宁可相信师少鹰是巫神转世，用了某种“特异功能”让孩子恢复了健康，也不愿意相信是一群蛆虫救了他们儿子的命。

习惯性地再次检查了一遍房间里的一切，直到确定再也没有任何遗漏，师少鹰才拉开那块挂在门上当门帘的毛毯。

现在外面的世界刚刚进入黎明，初升的太阳看起来就像是一个巨大的火球，并不炽烈却温暖得让人心醉，徐徐吹来的山风还带着夜的清凉与舒爽。凯贝琳在这个时候裹着一张薄被斜倚在门框上，自从昨天她无意中摸到师少鹰的脸后，她就拒绝再和师少鹰“同床共枕”，而是选择了这种半卧的姿势休息。

凯贝琳依然沉睡着，她的胸膛以一种自然的节奏轻微起伏。山区的夜晚有些冷，她蜷曲着身体，就是这样一个不经意的动作却大大中和了她身上那股咄咄逼人的野性难驯，透出了一丝属于女性的柔美。金色的阳光斜斜抛洒在她那头火红色的头发和长长的睫毛上，让她看起来全身都像镀上了一层玫瑰般的色彩，在瞬间映亮了师少鹰的双眼。

喉咙里突然传来一阵冰冷而锋利的触感，直到这个时候师少鹰才发现，也许是眼前出现的一幕太美丽，自己竟然情不自禁地弯下腰，用尽可能轻柔的动作摘掉了凯贝琳额角上的一片枯叶。而凯贝琳在瞬间就做出了回应，将她腿上别着的那柄开刀山直接顶在了师少鹰的脖子上。

凯贝琳握着刀子的手略一用力，皮肤上传来的刺痛就逼着师少鹰抬高了下巴，她一字一顿地道："如果你下次再敢这么偷偷接近我，我会像杀鸡一样直接割断你的喉咙。听明白了没有？"

师少鹰的动作微微一滞，不知道为什么，这一幕真的好熟悉。

师少鹰伸手轻轻拍了一下凯贝琳的手腕，等她把手中的刀子往下放开一段距离后，他冲口说出来的第一句话就是："不公平！"

凯贝琳听着这莫名其妙的抗议，脸上露出了疑惑的神色。

在这个时候，师少鹰就像是一个争取男女平等的斗士，吹响了通往自由与公正的号角："你大半夜偷偷摸我的脸，面对赤裸裸的调戏与偷袭我都没有抱怨，我只是帮你摘掉额头上的一片树叶，你就直接动了刀子，这未免也太'只许州官放火不许百姓点灯'了吧？退一万步讲，看看你这挺拔的身板、看看你那霸气外露的野蛮，再看看你这堪称女中金刚的暴力，你不会真的认为，一个身上有伤又连续三天只睡了不到十个小时的人，在这个时候还有力量去推倒你这样的铁血真爷们儿，去做一些必须体力充沛心情良好才能做的事情吧？"

说到这里，他发现凯贝琳瞪大了双眼，握刀的右手上已经暴出几根青筋。师少鹰又迅速补充了几句："当然，我并不是说你的身材不好，只是说你的身板比较魁梧，这两者并没有矛盾。不信咱们两个人站在一起比较一下，你至少要比我高出半个头！"

凯贝琳猛地跳起来，用阴沉的目光盯着师少鹰，就在师少鹰真的以为她可能会恼羞成怒向自己发起进攻时，凯贝琳突然咬牙切齿地道："有理！"

说完这句话，凯贝琳掉头就走，看着她的背影就能清楚感受到她勉强压抑已经到了爆发边缘，百分之百谁碰上谁倒霉的强大怒气，让从一开始就已经做好准备面对最坏情况的师少鹰真的愣住了。

可是很快凯贝琳就去而复返，她的声音几乎是从牙缝里挤出来的：“那个孩子怎么样了？”

师少鹰掀开门帘，对着凯贝琳做了一个“请”的手势，凯贝琳就像是一道旋风般冲进房间。师少鹰猝不及防之下被顶得连退了几步，直到狠狠撞在一堵墙壁上，嘴里发出一声痛哼才终于站稳脚跟，看着凯贝琳的背影，师少鹰咬牙切齿地挥舞着拳头，他可以百分之百确定，她根本就是故意的！

而且坦率地说，被一个女人用野蛮冲撞直接撞出几米远，的确是一件够丢脸的糗事。

仍然陷入昏睡的男孩脸上已经露出了久违的平静，就连他的呼吸都变得轻快起来。看到这一幕，就算是再迟钝的人也会明白，这个孩子已经脱离危险，一切都在向好的方向发展。

凯贝琳霍然转身，师少鹰还没有搞清楚她究竟想干什么，凯贝琳就双手一伸用近乎粗鲁的动作抱住了师少鹰。她真的比师少鹰高出了半个脑袋，看着她低下头嘴唇向自己直凑过来，师少鹰还没有想好自己应该是欣然接受和她来一个法式湿吻，还是应该摆出一副共产党员宁死不屈的正大形象把眼前这个女人一把推开，凯贝琳的额头就已经落到了师少鹰的额头上。

两个人额头亲密地紧贴在一起，他们彼此感受着对方的体温，甚至可以听到对方心脏跳动的声音。不知道用这种方式彼此拥抱了多久，凯贝琳微微偏转头部，附在师少鹰耳边低声道：“谢谢！你不会知道，在这个时候我究竟有多么感激你。”

师少鹰无耻地踮起脚尖，用这种方法让自己的身高勉强和凯贝琳持平，他用相同的方法凑到凯贝琳的耳边，低声道：“那就以身相许喽！”

“啪！”

“啊哟！”

被人第二次重重地推到墙上，目送着凯贝琳风风火火地冲出房间，师少鹰小心翼翼地撑起身体，明明疼得全身发颤，脸上却扬起了一个大大的快乐笑容。

这一次凯贝琳没有再对他动刀子，这说明在他完成了“救治小男孩”的任务后，他们两个人的亲密度已经从“认识”迅速跨越到了“友好”。

第四章　世界的另一面

师少鹰和司空伯文进入索马里之前，曾经不止一次地对比着大量资料在地图上研究海盗们的大本营究竟在哪里。

绝大多数人都认为，海盗们的老巢在索马里巴里州的博萨索。博萨索的旧名为“卡西姆港”，是索马里北部一个最重要的港口城市，它不但是一个地方性贸易市场，可以出售各种物资和武器弹药，而且濒临索马里海盗最活跃的亚丁湾一带。海盗们通过博萨索出海，可以在最短的时间内出现在亚丁湾海域，对来往船只发起攻击。而且博萨索也有足够大的港口和海域，让海盗们停泊劫持的货轮。

可是师少鹰和司空伯文猜错了。

他们这支已经搬空货物的车队并没有进入博萨索，而是直奔地图上一个非常不起眼的海滨小城——埃勒。

“不可能啊！”

当知道他们此行的目的地后，师少鹰找出一份索马里全国地图，在上面比画道：“你们到埃勒打劫，不，应该说是‘收保护费’的亚丁湾，如果是用船走水路的话，沿着海岸线最起码有六百公里，你们不会每干一票都得这么劳师动众千里迢迢吧？”

“是七百公里长！”凯贝琳先用平静的语气指出师少鹰的一个常识性错误，然后淡然道，“你认为我们会傻傻地在政府军控制的城市里建立基地，把自己变成别人随时可以光顾的提款机吗？既然要建立一个基地，当然要够坚固，坚固得让政府军或者青年党成员看着就头皮发麻，不敢轻易进攻才对！”

从师少鹰和司空伯文搜集的资料中得知，在博萨索附近有一个连索马里人都不愿意进去的“海盗村”，只要政府军一围剿，海盗村就会像受到十二级暴风扫荡般变得残破不堪，但是用不了多久海盗村又会像只打不死的蟑螂般恢复元气。司空伯文甚至想办法找到了几张法国女记者在博萨索监狱拍的相片——关押在监狱里的海盗已经人满为患，那些连鞋子都不穿、剃着小平头的海盗一个个笑容满面、谈笑风生，似乎他们都是在战场上胜利凯旋，即将在万众瞩目的舞台上接受勋章与荣誉的英雄。

可是直到和凯贝琳谈起海盗大本营的问题，师少鹰才知道，原来他们错了，错得厉害、错得离谱。

把“基地”设在博萨索的海盗，充其量只是一些上不了台面的小角色，他们就像是城市街头的小偷，能赚一票是一票，如果失手被抓，大不了进监狱吃上几顿牢饭。

索马里当局现在根本没有太多的闲钱来养他们这些人，就是抓了过不了多久也会把他们放出去，他们理所当然地会重操旧业。这些小海盗一边通过抢劫来满足自己的消费，一边努力积攒一点“战略储备资金”，只有口袋够饱，他们下次被逮进监狱时，才能用钞票买到足够的优待。

抓人，放人；再抓人，再放人，钞票在这个周而复始的循环中，起到了催化剂的作用。

难怪博萨索附近的“海盗村”生命力会如此顽强。

真正够规模的海盗团体，就在远离政府军控制的区域，建立了属于自己的武装，将政府军和青年党叛军排斥在外，形成了第三股武装力量。

想到这里，师少鹰的脑海中不由自主地浮现出山寨、木栅栏、几个吊儿郎当抱着步话机嘴里叼着香烟的匪兵甲匪兵乙之类，在电视剧里可谓是千篇一律的画面。如果突然传来一声女孩子的尖叫，紧接着看到一个匪兵两眼冒着狼一样的绿光紧追不舍，一个全身衣服都被撕得破破烂烂脸上带着惊惶到极点表情的少女正在没命地逃跑，周围的匪兵甲乙丙丁一边看一边发出猥琐到极点的笑容，那就更逼真、更完美了。

看着师少鹰脸上露出若有所思的表情，凯贝琳淡然一笑，什么也没有说。只是在第二天下午，她突然下令整支车队停止前进，然后把一只望远镜递给了师少鹰。

在远方的地平线上出现了一片蓝色，蓝色的天空、蓝色的海面形成了一个不分彼此的蓝色世界。看到这一幕，师少鹰知道他们已经快要走到这片陆地的尽头，而那片浩瀚得仿佛无边无垠的蓝，就是印度洋。

举起手中的望远镜向远方眺望，师少鹰看到了一座依山而建、背对着印度洋的繁荣城市。

没错，就是繁荣！

这个海滨城市并不大，首先吸引师少鹰注意的就是一支由丰田、三菱、尼桑等日系越野车组成的车队。它们在海滨小城外排成了一条长龙，从长度上来看，这些汽车的数量甚至已经超过了一百辆。

它们以最嚣张的姿态挤满了整条公路，师少鹰拿出望远镜仔细观察，他有些惊讶地发现，在这支车队里除了能够适应恶劣路况的越野车，竟然还有宝马、奔驰之类的高级轿车。直到这个时候，师少鹰才注意到这个海滨小城的另一个与众不同之处——它的公路是新修建的！

虽然这条公路的质量远远达不到让名牌跑车全速飞奔的程度，但是相对于索马里境内那些由碎石子铺成的小路，它的出现已经可以说是一个奇迹。

以军人，呃，不对，是以小军阀的眼光来看，这座海滨小城的地理位置非常优越。

它依山而建俯览四周，大有一夫当关万夫莫开的气势，如果谁试图进攻这个城市，在没有重型攻坚武器和空中火力压制的情况下，必然会付出惨重的代价。同时这座小城又背靠印度洋，除非是从地面和海上同时发起包围式进攻，否则小城里的人哪怕是被重兵围剿，也能从海路乘船逃之夭夭。

公路、发电站、并不大却非常繁华的商业区、学校、咖啡屋、网吧、餐厅、美丽的大海与海滩……这座海滨小城已经具备了一个旅游城市所有的硬件，但是在这座城市的一些角落仍然可以看到贫穷与落后的痕迹。繁华与贫穷并存，甚至是彼此交融，这说明它的兴起时间并不长。

面对这样一座在索马里境内繁华得不可思议的海滨小城，师少鹰简直不敢想象，这就是索马里海盗的真正大本营。如果凯贝琳没有骗他的话，在这座城市里，有超过两千名海盗。当师少鹰的视线通过望远镜掠过一幢两层高，用铁栅栏围出一个院落的私人别墅时，他双眼的瞳孔突然微微收缩。

那幢私人别墅带着明显的英式风格，美轮美奂中又透着几分典雅。在自动喷洒设备的转动中，宝贵的淡水犹如下雨般被甩溅到四周的地面，硬是用这种奢侈得近乎犯罪的方法，弄出一片令人心醉的绿色草坪。在这片草坪中间，一个通体用大理石雕成的美人鱼高高举起手中的花瓶，一道清泉从花瓶的瓶口流淌而出，在空中划出一道晶莹的轨迹后落到它脚下的水潭，发出一连串小河流水般的汩汩声。

一片草坪、一座雕像，设计这个别墅的人只寥寥几笔，就硬是用人工的方法，匠心独具地将大自然中最动听的天籁与最美丽的画面一起融入到这个私人世界中。

只可惜，别墅中随意堆放的杂物，毫不怜惜直接碾压在草坪上的汽车，还有不知道什么时候举办烧烤晚会留下的啤酒瓶和食物，外加几条没有受过训练满院子乱窜，将排泄物弄得满院子都是的狗，将所有的意境都破坏得干干净净。看到这一幕，就算是身体里没有几个艺术细胞，师少鹰也仍然摇头轻叹了一声。

而真正让师少鹰心生警惕的是那座别墅四周，几个身穿美式迷彩服、手持AK自动步枪的人。他们的身份应该是这幢别墅主人请的保镖，从他们持枪的动作以及彼此间的配合程度来看，他们虽然没有接受过特种训练，但也是经过战火考验，懂得在战场如何有效保护自己的老兵。

一座别墅里就有八至十二名保镖，如果这里真是索马里海盗的大本营，那么有资格住在里面并为自己配备如此多保镖的人，必然是一个海盗团伙的头目甚至是掌门人！

看到这一幕，师少鹰突然想到了牛群与冯巩曾经表演过的一个相声《小偷公司》。在那个相声里，有一段说得相当精彩，得到了满堂喝彩：越是贼窝，越要做好安全防盗工作！

别墅和里面的保镖充分说明，上面这段话并不完全是调侃之语！

把目光从别墅上挪开，以别墅为圆点向四周扫视，师少鹰很快发现，在埃勒这座海滨城市里到处都可以看到荷枪实弹的武装人员。与其他城市不同的是，这里的人携带的装备更侧重于火箭筒和重机枪之类的攻坚武器。

“咦？”

师少鹰嘴里发出一声轻叹，因为他看到十几个刚刚从海港里走出来的船员身上不但装备了美式班用轻机枪和RPG火箭筒，有两个船员的肩膀上还赫然扛着两门单兵肩扛式地对空导弹发射器！

这种单兵携带型地对空导弹发射器曾经在阿富汗战场上大放异彩，阿富汗游击队就是用美国援助的“毒刺”式导弹，不知道击落了多少苏联空军的武装直升机。

虽然已经对埃勒的海盗开始刮目相看，但是看着那两名船员身上的单兵肩扛式地对空导弹发射器，师少鹰仍然被震惊了。

两个船员身上扛的导弹发射器比“毒刺”更长，口径也更大，估计有效射程和有效高度比毒刺式导弹还要高出不少。作为一个曾经的职业军人，师少鹰在心中思索着……难道这就是传说中由伊朗自行研发制造，能够追踪摧毁低空飞行目标，能够填补雷达盲区空白，在必要的时候甚至拿出来同敌军进行电子战的“Misagh-2”新型单兵肩扛式导弹？

从港口里走出来，也许是此行收获不菲所以满心兴奋，见人就打招呼的一名船员，由于心情实在太愉快步伐飞扬，背后扛的导弹发射器又太长，在他没有注意的情况下，竟然让发射器的一边和路边的石柱狠狠碰到一起，发出砰的一声脆响，猝不及防之下就连那个船员都被反作用力推得微微打了个趔趄。当身体恢复平衡后，他却看也不看继续热情洋溢地向周围的人打着招呼，眼珠子更是在一个年轻的女孩胸部不停打转。就连这名船员身边的同伴都一脸形若无事，依然有说有笑。

直到这个时候，师少鹰才如梦初醒，低声叫道：“我操！”

什么狗屁地对空肩扛式导弹发射器，那分明就是用一根不知道从哪儿找出来的钢管锯出两米多长的一截，在上面焊了一个把手，再装模作样地安装了一个“高科技”雷达瞄准器就算大功告成的玩意儿！

这东西看起来口径不小炮管超长，威力似乎绝不容忽视，往那里一站向空中一抬，纯粹就是以忽悠为主，不求有功但求无过！如果真有武装直升机驾驶员突然在上面看到有人用这么一件东西对准了自己，还在装模作样地锁定，准备发射什么的，估计也会被吓上一大跳，然后立刻向总部报告要求返航。

如果下面的那群人能够再专业一点，在山寨版的单兵肩扛式地对空导弹发射器上安装一个红外线发射装置那就更完美了，光凭直升机上反雷达警戒装置探测到红外线后发出的一级红色警报，就足以吓得绝大多数飞行员落荒而逃。

在战场上自己驾驶的武装直升机被敌军击落，甚至是失手被俘并不可耻，可是如果在占据绝对优势，又在万众瞩目的打击海盗行动当中被海盗用导弹打下来，被俘后转手向自己国家索要一笔天文数字的赎金，那可真是丢人丢到喜马拉雅山去了！

包括重机枪、火箭筒在内的大量重型武器层层布防，超过两千名武装海盗据守，外加一个进可攻退可守，根本不可能被完全封锁的战略要地，把这些因素糅合在一起，已经足够让只拥有几千名士兵而且拖欠了几个月工资，士气低得要命的索马里政府军无从下手。

最可怕的是海盗们通过抢劫获得大量财富后，通过放纵挥霍大大刺激了地方经济，其中有一部分人甚至可能无偿拿出一部分资金投入到这个城市的基础建设上，让整个城市以非自然状态欣欣向荣的同时，也获得了大量平民支持。在这个城市的平民眼里，海盗甚至已经成为一个光荣的职业，成为平民的守护神，平民也愿意为海盗们提供各种服务！

无论是索马里政府军还是得到基地组织支持的青年党武装叛军，面对这样一个武器装备精良、人员众多、“军民”一心众志成城的战略要地，要么敬而远之，要么想办法拉拢合作，除非是他们的指挥官脑袋进水突然发了疯，否则绝对不会有人试图攻击埃勒。

师少鹰承认他真的震惊了。

这就是埃勒，索马里海盗的真正大本营！

“其实你看到的还只是我们这个群体的一部分。”

凯贝琳似乎很喜欢看到师少鹰吃惊的样子，在适当的时候她又适当地煽了一次风点了一次火："埃勒、加罗韦、哈拉尔代雷都是我们的据点，而且都在我们这个群体的刺激下蓬勃发展成为新兴城市。越来越多的人加入了我们这个群体，或者为我们服务，因为和其他地区的血腥战乱、干旱、粮食价格上涨导致的饥荒相比，我们控制的区域可以二十四小时供电，随时有热水洗澡，孩子们可以上学，生病了可以医治，已经可以称之为天堂了。对了，你知道为什么博萨索监狱里明明关着海盗，当地官员却不允许记者进去采访吗？"

师少鹰摇头，司空伯文之所以放弃了博萨索而把索马里的首都摩加迪沙当成第一站，就是因为博萨索有海盗也不允许采访，包括州长在内的一些政府官员对记者都有相当的抵触情绪，所以她才被迫改变计划。

"曾经有西方国家的记者进入博萨索监狱采访，但是他们最终的报道却严重实失，他们刻意在公众面前展现出一批疯狂而血腥为了钱不择手段的疯子，用来满足观众对海盗的猜想，获得人们投票支持自己国家的海军远赴索马里打击海盗。所以从那一刻开始，博萨索监狱关闭了对世界各国记者的大门。"

师少鹰下意识地点头，西方一些媒体记者为了达到政治目的，刻意忽略事实进行宣传，这种伎俩在师少鹰眼里早已是司空见惯。可是很快，师少鹰就怵然动容，因为他终于想明白了凯贝琳这些话背后的含义……就算是在远离埃勒的博萨索，某些政府官员的行为举止也受到了海盗影响，最起码他们在为海盗受到的不公平评价而感到不满。

海盗，这个特殊群体在索马里绝不是过街老鼠，他们已经拥有了自己牢固的基地，得到了广泛支持，甚至正在慢慢形成属于自己的独特文化。

第五章　谁是英雄？

车队再次开动了，很快他们这支小车队就驶上了那条刚刚建成没有多久的公路。由于两个人的关系已经达到“友好”程度，师少鹰可以坐在凯贝琳身边的副驾驶座上，通过汽车前挡风玻璃盯着越来越近的埃勒小城，隔着很远他都能感到一股生机盎然的活力扑面而来。

“嘀嘀嘀……”

身后突然传来了一连串近乎歇斯底里的汽车喇叭声，师少鹰霍然回头，一辆悍马H3六轮军用吉普车一路狂飙地追上来，几个臭小子把大半个身体都探出车窗，一边摇晃着手中的酒瓶，一边对着他们这支车队的所有人放声狂呼。一时间，在师少鹰的耳边充斥着鬼哭狼嚎般的欢叫，还有汽车音响里发出来的疯狂重金属音乐。有一个小子可能是喝高了，他竟然在众目睽睽之下抄起一支AK，从自动天窗上露出身体，对着天空就是一连串不间断的扫射。

看到这一幕，凯贝琳却笑了，她从身后一名保镖手中接过一支手枪，把手伸出车窗对着天空把弹匣里的子弹全部射完再把手枪抛回给保镖。

凯贝琳在这个时候心情好极了，发现师少鹰正神色怪异地望着自己，她放声叫道：“别忘了我们是海盗，想笑就笑，想叫就叫，早已经被贴上横行不法标签的海盗！”

说到最后，凯贝琳放声大笑，然后猛地一脚把刹车直接踩到最底。汽车轮胎和地面之间发出尖锐到极点的摩擦声，车还没有停稳，凯贝琳就跳下飞跑出去，和同样紧急刹车的悍马车司机紧紧抱在了一起，他们两个人将额头亲密地贴在一起半分钟，就像是久别重逢的兄弟般，用你打我一拳我打你一拳来表达自己的开心与喜悦。

两个人足足闹腾了五六分钟，凯贝琳又和那个看起来三十多岁，脸上带着久经海风沧桑的男人飞快地交谈着。过了好久好久，她突然掉过头对着师少鹰笑着叫道：“介绍一下，这是我最好的朋友亚慕尔，他刚刚完成了一件不可思议的壮举，他创造了一个奇迹，他是我们的英雄！”

虽然听不懂中文，但是在凯贝琳一脸兴奋地向师少鹰介绍自己的时候，亚慕尔一边对着师少鹰点头微笑，一边用对待妹妹式的态度伸出手，本来想要揉揉凯贝琳的头发，最后却因为两个人的身高差距实在太大，变成了在凯贝琳的肩膀上轻轻拍了两下。

“你知道他做了什么吗？师少鹰，你可以想象亚慕尔究竟做了什么吗？”

凯贝琳在这个时候脸上闪耀着兴奋的红晕，她望着师少鹰叫道：“亚慕尔三个月前在北部海域劫到了一艘日本货船，结果还没有把船带到安全的地方，就被美国海军的巡洋舰给截住了，最后七艘军舰把他们围得水泄不通，这一围就是整整三个月！”

听到这个绝对意外的消息，就连师少鹰都不禁动容，不得不对眼前这个其貌不扬，全身透着一股病恹恹气息的男人刮目相看。

美国人对待恐怖分子一向秉承着决不妥协的原则，因为他们认为一旦向恐怖分子妥协，在短时间内是能把人质营救出来，解决一场危机，但也会因为他们的妥协让恐怖分子看到希望得到鼓舞，从而发动更多的恐怖袭击来获取更大的利益。真到了那个时候，号称国际警察，一向手伸得长管得宽，敌人遍天下的美国，必然会处处烽火步步充满杀机。

眼前这个男人在公海抢劫日本货船后被美国海军抓个正着，经过三个月的对峙还能活着回来，就像凯贝琳所说的那样，这不仅仅是一场持久战式的胜利，更是一个不可思议的奇迹！

师少鹰思索着，寻找一切可能解释这个奇迹的原因：“那艘日本货船上应该载有大量原油，或者是易燃易爆品吧？”

“没错！”

凯贝琳用力点头：“那艘货船上装满了极易爆炸的化学原料‘苯’，只要有一发子弹打中这些化学原料，整艘货船就会被炸沉。那些美国人根本不敢派人冲上来抢船，只能用战舰围住亚慕尔，让他们无法动弹。”

师少鹰有些明白了，索马里海盗们不止一次在公众平台上宣称，他们只是为了钱而抢劫，他们没有任何政治目的，也不会提任何政治要求。这些海盗已经拥有了强大的武装力量，可无论是政府军的招安，还是青年党武装叛军递过来的橄榄枝，他们都一概不理，继续经营着自己的那片小天地。

看起来似乎有点不思进取，但就是因为这样，他们在世界各国政府眼中才只是一群海盗，一群为了钱而铤而走险的罪犯！世界各国，也包括美国，绝不会向恐怖分子妥协，但是为了人质的安全，他们却可以在一定程度上满足危害相对要小，更不会涉及国家安全的海盗的要求。

这些海盗真的很聪明，他们避开了世界各国政府绝对无法接受的逆鳞，打死也不和基地恐怖分子搅在一起，这就让他们在遭遇世界各国海军时，有了谈判和回旋的余地。

不到最后关头，这些海盗绝不轻易举起屠刀，他们最希望的就是在抢劫和收取赎金放人这一系列过程当中，双方都不流一滴血。而且索马里海盗非常有“职业道德”，他们只要收取了自己满意的赎金，就一定会放人，不会再次狮子大开口地进行二次勒索。他们展现出来的良好“素质”，赢得了相当不错的“口碑”，让越来越多的船东宁可付钱赎人尽快结束这场漫长的对峙，也不愿意再把希望放在海军的营救行动上。

绝不和政治有任何牵扯，尽可能规避风险，减少激怒包括世界大国在内的所有国家的可能，在这个基础上再保障利益最大化——这就是索马里海盗的生存之道，也是眼前这个男人能在美国战舰及特种部队的包围下生存下来，甚至活蹦乱跳地重新回到索马里最根本的原因！

至于那艘货船上载满化学原料“苯”，让美国海豹突击队或者是日本雄鹰特种部队都投鼠忌器无法轻易发起进攻，不过是在满足了上述“天时”的前提下，一个无心插柳适逢其会的“地利”罢了。

“美国人故意给他们留下了一条缝隙，让他们可以乘坐快艇逃生，可是亚慕尔却顶住了压力，在船上和美国人、日本人整整对峙了三个月！”凯贝琳脸上露出了引以为傲的自豪，“但是亚慕尔他们就是死不撤退，三个月时间他们把船上几乎所有能吃的东西都吃光了，最后亚慕尔发了狠，通过无线电给日本海军下达最后通牒，说再这么僵持下去他就不再给船上的船员提供食物，如果他们中间有人饿死，那就是周围海军造成的结果！最后一向强硬的日本人终于低头了，他们通过谈判老老实实交纳了整整300万美元的赎金，又眼睁睁看着亚慕尔带人离开。师少鹰，你说亚慕尔是不是很能干，是不是一个英雄？”

在这个时候，凯贝琳身上的强势与彪悍都消失了，她看起来真的像极了一个拿着最心爱玩具，渴望获得其他人认可与赞扬的小女孩。望着全身瘦得要命，眼神犹如岩石般坚定的亚慕尔，师少鹰竖起一根大拇指，诚心诚意地道：

“你牛×，佩服！”

亚慕尔感受到师少鹰的善意，他突然转身走回汽车，从驾驶舱里取出一捆树枝般的东西，从里面挑出两根叶子最多的送到师少鹰面前。

“这是阿拉伯茶叶。”凯贝琳立刻微笑着解释道，“在索马里，只有真正的朋友才会一起分享这种礼物，看起来亚慕尔对你的印象不错，甚至已经愿意把你当成要好的朋友了。”

说到这里，凯贝琳自己先从树枝上摘下几片叶子，把它们送到自己的嘴里嚼了起来。

师少鹰仔细打量着亚慕尔送到自己面前的“阿拉伯茶叶”，作为一名精通野外生存的职业军人，师少鹰不止一次在植物图册上看到过这种东西。虽然这些植物的注解过于繁复，但是想要生存，师少鹰必须把它们全部记在脑子里。

阿拉伯茶叶又称作“咖特”和“非洲沙拉”，是一种生长在东非和阿拉伯半岛的植物，它的茎叶中含有天然安非他命，通过咀嚼叶子中含有兴奋剂成分的物质会对人体中枢神经产生刺激作用使人上瘾。阿拉伯茶叶现在已经被世界卫生组织定性为II类软毒品，人长期使用会形成轻度至中度的依赖心理。

很多人认为好些非洲人太懒，明明面临饥荒威胁，却懒洋洋过着得过且过的日子，只要今天不挨饿根本就不管明天会是什么样子。无论是哪个部门效率都低得可怜，政府官员只要不贪污，有相当一部分人甚至能在一周内花掉自己一个月才能赚到的钱。形成这种现象，其中有一部分原因就是他们中间有大量成年男人长期咀嚼这种软毒品成瘾，失去了对工作、学习和生活的积极性。

其实大量非洲人喜欢咀嚼“阿拉伯茶叶”，还有一个让人哭笑不得的原因，那就是咀嚼这玩意儿可以抑制饥饿感——在某种程度上，这也和非洲持续了二十几年的饥荒有着不可分割的关系。

越饿越嚼，越嚼越懒，越懒越容易挨饿……想着这条软毒品与非洲大饥荒之间的关系链，师少鹰突然扭头望着凯贝琳，认真地问道：“你确定他肯请我嚼这种‘阿拉伯茶叶’，是因为已经把我当成要好的朋友甚至是兄弟了？”

凯贝琳肯定地道：“当然！你要知道，在索马里，男人会用两种方式来表达他们对朋友的亲密，一种是在大街上手拉手地行走；第二种就是请朋友一起分享阿拉伯茶叶。”

师少鹰用力一点头，大踏步走向亚慕尔开的那辆悍马军车，拉开车门目光四下一扫，几个浑小子在车厢里一边像喝自来水般把酒往喉咙里灌，一边嚼着阿拉伯茶叶。师少鹰毫不客气地大手一伸，就把车厢里几捆阿拉伯茶叶一起抱进怀里，发现车门边放着一瓶威士忌，他顺手又把这瓶高浓度烈酒一并扫走。

看到师少鹰这种近乎抢劫的行为，亚慕尔眉头略略一皱，但是他很快又扬起一个笑脸，对凯贝琳道：“告诉你的朋友，如果他喜欢阿拉伯茶叶，我还有很多，足够让他吃很久很久。”

凯贝琳还没有来得及翻译，师少鹰就把怀里抱的几捆阿拉伯茶叶一起丢到地上，扭开瓶盖把整瓶烈酒都倒到了“茶叶”上，然后变戏法似的从手中亮出一只打火机，用它直接点燃了几捆茶叶。

浇了高浓度烈酒的阿拉伯茶叶一点就着，看着它们在火焰中迅速燃烧，听着空气中传来的那一连串“噼噼啪啪”的声响，亚慕尔的脸色终于无法自控地阴沉下去。对于一个拥有强烈自尊心，而且已经向对方伸出友谊之手的索马里男人来说，师少鹰这种行为无异于当众打脸，而且还是打得特别狠的那种！

最让人无法接受的是，师少鹰当众干出这么一件事后，竟然还能对着亚慕尔伸出右手，似乎想要和亚慕尔来个握手礼。

亚慕尔脸色铁青地对着凯贝琳略一点头，然后看也不看师少鹰送到自己面前的手，直接转身上了汽车。

目送着汽车一路冲进埃勒小城，再看看依然保持着握手姿势的师少鹰，凯贝琳摇头叹息道：“你刚刚拒绝了一个索马里男人的真诚友谊，甚至让自己直接变成了他最讨厌的人。我真的很奇怪，以你的这种行事风格，竟然能在索马里活到现在！”

“他不是想和我做最好的朋友吗？”师少鹰玩弄着手中的打火机，说道，“好朋友好兄弟首先要以诚相待，我总不能眼睁睁看着他吸毒不劝阻，甚至还要陪他一起犯错并以此来加深感情吧！古有林则徐虎门销烟，今有师少鹰埃勒烧茶，我做了一个好朋友应该做的事情，他却甩了脸子把我丢到一边，这说明他要找‘好朋友’要么是在你面前树立面子工程，用向我表达善意来彰显他的胸怀与气概，要么就是想要交一些酒肉朋友，大家根本尿不到一个壶里，那还不如彼此挥手告别，各回各家各找各妈吧！”

凯贝琳不由得哑然，她还真没有见过像师少鹰这种为人处世的方法。虽然从理论上来说，师少鹰做得并没有错甚至是很对，但是在现实当中，敢用这种态度和人相处的绝对可以称得上是另类。她上上下下打量了师少鹰一番，轻哼道：“我一开始以为你身上的伤够重了，可是现在才知道原来你身上的伤是太轻了。以你这种不给别人留半点情面的处事风格，能在索马里活到现在已经可以称之为奇迹了！”

“在我们国家的语言中，对英雄这个名词的注释是——英雄者，有凌云之壮志，气吞山河之势，包藏四海之心，更要拥有藐视一切虚伪之坦坦荡荡！”

师少鹰坐回汽车的副驾驶座，剩下的几句话他没有说出来，但是所谓闻弦歌而知雅意，凯贝琳也应该能想到：连几捆阿拉伯茶叶都烧不起，烧了也没有被烧明白的亚慕尔，没有资格称为英雄。他充其量就是一个看到了利益不想松手，所以拉着所有人陪他豪赌了一场的亡命之徒。

第六章　满城尽撒婚礼花

半小时后车队终于驶进了埃勒，一个全世界都为之瞩目的索马里海盗大本营！

埃勒在几年前还只是索马里东北部邦特兰省辖下一个不起眼的沿海小镇，镇上的人绝大多数靠打鱼为生，住在用铁皮搭成的最简陋窝棚里。可是在短短的几年时间里，受到“海盗产业”的刺激，这个渔村已经发展成一个美丽的城市。

街道的两边到处都是用石头建成的二层小楼，中间掺杂着一些占地面积惊人的豪华别墅，在港口附近，当地人建起了对于索马里这个国家来说，已经具有相当档次的酒店和饭店，它们的作用是用来“招待”那些来自世界各地，被他们劫持的水手或者客人，让他们在埃勒可以吃到自己喜欢的食物。

索马里海盗在优待人质方面，做得相当不错。

在这个城市里，除了可以看到随身带着AK步枪的平民，还能看到一些西装笔挺、皮鞋擦得锃亮、头发梳得一丝不苟、手中还拎着笔记本电脑的男人行色匆匆地登上停在路边的汽车，他们用力按着喇叭，转眼间就消失在街道的另一头。

“他们是翻译或者会计，一旦有人在亚丁湾一带劫到货轮或者远洋捕鱼船，并带着船绕过博萨索成功回到埃勒港，就会有翻译出面和对方船东谈判，敲定具体的赎金数目，在船东按照谈判内容在指定地点用小船运送或者用直升机空投钞票后，又轮到会计出动去清点赎金。”凯贝琳一边开车，一边向师少鹰简单介绍一些他们这个特殊群体的基本“业务”流程，“我们不收支票，为了安全起见也拒绝银行转账，船东必须按照我们的要求准备大量不连号美元，而且必须要旧钞。我们会派出自己群体当中年龄最大的一个人去负责接收这些赎金，然后再交由会计清点和分发。”

说到这里，凯贝琳又补充了一句：“在外界人的眼里我们是一群乌合之众，实际上我们中间早已经拥有了先进的管理、明确的分工，甚至已经形成了一条日趋完善的产业链。”

师少鹰一边仔细聆听，一边打量着街道两侧的人与物。他必须承认，一群海盗能让一个原本是海边渔村的埃勒在短短几年时间内变成这个样子，绝不是乌合之众那么简单。

在凯贝琳停下汽车向路边的一个行人问好时，师少鹰清楚地看到几个年轻男人在街边商店里买了一些商品后，商店的老板并没有收钱，而是把他们的名字和赊购的商品记录在一个小本子上，然后微笑着向这些年轻男人挥手道别。

以师少鹰在行为心理学方面的造诣，他一眼就可以断定，那几个眼睛里发着光，连举手投足中都透出兴奋情绪的年轻男人，肯定是即将踏上“征途”，所以对未来充满希望，但是迄今为止口袋里还依然很羞涩的“菜鸟”海盗。

商店的老板之所以愿意向他们赊销货物，最大的原因就是因为这些年轻的孩子跟着母船出海后，一旦找到猎物并成功干上一票，事后就能分到钱，自然会立刻还清所有的债务，然后再用慷慨的小费来回报店主的善解人意。

等到凯贝琳和街头的熟人交谈完再次发动汽车时，师少鹰问了一个司空伯文曾经非常关注却到现在都没有得到答案的问题："得到赎金后，你们是怎么分配的？"

"船东都是最早的海盗，他们早已经赚够钱移民到肯尼亚之类的国家，成为我们这个行业的幕后老大，他们现在很少出面，几乎不会干涉我们的行动，但是一旦赎金到手，他们会抽走其中的30%；负责行动的船员，还有刚才你看到的会计和翻译一共能拿到总额的30%，而这30%中，有四成要归船长和副船长；有20%会拿出来向政府官员交纳保护费；最后还有20%会拿出来购买各种武器，还有更先进速度更快的快艇和各种通信设备，保证我们在亚丁湾一带发现目标后成功率更高。"

师少鹰从口袋里取出一本小笔记本，认真地把这些数据记在了上面，然后他很快就发现了一个新的问题："你曾经告诉过我，埃勒拥有上千名武装人员保护已经形成的体系，你们为什么还需要拿出20%的收入向政府官员交纳保护费？"

"在索马里，因为武装军阀割据严重，地方官员拥有相当大的决策权，在利益受到冲突时，他们甚至会直接拒绝直属上级的命令。在这种情况下，就算是索马里政府受到其他国家的压力，想要剿灭我们这些海盗，只要我们能拿出足够的'保护费'收买地方官员和那些武装军阀头领，我们就自然能相安无事。"凯贝琳淡然一笑，却无法掩饰眼底的讽刺与不屑，"从去年到现在的十二个月里，我们所有海盗赚的赎金加起来超过了1.5亿美元，所有人都知道我们赚了大钱。如果我们只顾自己快活，不理会同样手里握着枪的那些武装军阀，迟早有一天他们会因为眼红而对埃勒发起突袭，与其这样还不如拿出部分钱来买一个平安无事。这也是那个组织十几位智囊高参在经过'脑力风暴'探讨后，综合计算机推演最终给我们的建议……"

说到这里，凯贝琳的话戛然而止了，但是师少鹰的眼睛却突然亮了。

从凯贝琳的话里师少鹰不难推测出一个理论：索马里海盗本来只是一群乌

合之众，但是在发展前期或者中期获得了某个组织帮助，在团队构成、风险评估、效率整合等方面进行了系统整合，才让索马里海盗在夹缝中一点点壮大到现在这个样子。

也只有这样，有些地方才会变得顺理成章起来……

一群受教育程度极低，因为历史原因又相当排外的渔民，当他们拿起枪走进大海成为海盗，在面对手中犹如绵羊般乖巧的猎物的时候，掌握了生杀予夺大权的海盗们，又怎么可能对手中的人质表现出如此“文明”、如此“温和”的一面，这其中甚至没有经历一个必要的发展与学习过程？

看着凯贝琳脸上已经露出警惕的神色，师少鹰也知道在这个问题上继续追问下去也不会有任何结果。师少鹰收起了手中的小笔记本，再用眼角偷瞄了凯贝琳一眼，果然，她的脸色渐渐缓和下来。

“我终于知道这个城市为什么这么繁荣了。”

师少鹰把双手枕在脑后，叹息道：“你们只收取现金，由于清楚地知道自己做的事情不合法，心里没有安全感，拿到这些钱后，没有人会傻到把它们存进银行，除非是离开索马里，否则你们处理这些钱的唯一方法就是把它们都花出去！这样围绕着你们，就出现了大量奢侈消费行业，让局部地区经济高速发展，形成了我们眼前这座繁荣的城市。”

“对啊！”凯贝琳望着街道两侧那些年轻的女孩，她们的眼光总会不由自主地落到那些海盗的身上，“她们都明白，这些海盗现在还穷得一文不名，可是也许明天或者后天，他们中间就会出现一个百万富翁，她们也会因为嫁给一个富翁而摆脱现在贫困的生活。”

说到这里，凯贝琳莞尔一笑：“索马里北部的女孩绝大多数都希望能嫁给一个海盗。”

“那反过来说，索马里的男人绝大多数也希望能娶一个女海盗喽，尤其是一个漂亮而富有同情心的女海盗头子。”

师少鹰突然轻吹了一声口哨，伸手指点着面前的挡风玻璃，微笑道：“看看，你的爱慕者已经在前面摆下求爱大阵了。”

凯贝琳狠狠白了师少鹰一眼，可是当她的目光下意识地随着师少鹰手指的方向眺望时，她惊讶地发现，前面的路竟然被人封住了。

一个用铝合金制成的展架大大咧咧地横在路上，只有行人才能从两侧走过去，在这个面积至少有三十平方米的展架上，挂着一张用广告彩喷机打印出来的巨幅相片。

相片的主人就是凯贝琳。

那张相片很可能是出自专业摄影师之手。相片背景显示当时已经是夕阳斜斜欲坠，整个印度洋上仿佛都镀上了一层金色的光彩，随着水波荡漾映出了一片星星点灯般的灿烂与瑰丽。凯贝琳就静静地站在码头上眺望着远方，微风拂起了她满头的红色长发，撩起了她的裙角，她可能正在享受海风与落日的洗礼，她大大张开了双臂，在下巴微扬中任由更多的阳光轻轻映到她的脸上，随着快门闪动，风的灵动与阳光的瑰丽外加凯贝琳本身就具有的美丽，竟然被妙手偶得般糅合在一起，形成了一道亮丽的风景线。

看到这样一张把自己身上的“美”展现得淋漓尽致的巨幅相片，凯贝琳却皱起了眉头，在嘴里发出一声带着强烈厌恶情绪的轻哼，显然她已经知道是谁摆出这么大阵势向她示爱。

师少鹰打量着前面的一切，嘴里发出一连串让凯贝琳差一点暴跳起伤人的啧啧轻叹：“你这个爱慕者真是不得了啊，敢在海盗窝里封路，而且到现在都没有人出面挑刺，这种横行霸道可真不是一般的强。”

凯贝琳咬紧了嘴唇，突然冷声道：“下车！”

说完这句话后不再理会师少鹰，凯贝琳率先走出车外，对着一个穿着白色衬衣、头上戴着白色圆顶帽、全身须发尽白，但是依然显得神采奕奕的老人主动鞠躬致礼。不仅仅是凯贝琳，街道上几乎所有人看到那位老人后，都在用相同的方式向老人致敬。

对那位老人还有搀扶着他的一个年轻女孩，师少鹰竟然觉得有些眼熟。看着越来越多在长相上总是有某些类似的人出现在老人身后，师少鹰突然狠狠一拍自己的脑袋。

在进入索马里之前，师少鹰曾经在互联网上找到了一条足以让他看得目瞪口呆的新闻，一个年龄高达112岁的索马里老汉，在两个月前迎娶了一个17岁的少女。这位足以让绝大多数男同胞羞愧到死的老人家，一生娶过六次妻子，现在有十八个子女、九十多个孙子孙女和曾孙曾孙女，后代人数总计有一百一十四个。

在第六次婚礼上，他老人家直接娶了一个比自己小九十五岁的女孩，而且竟然雄心万丈地宣称，他现在依然精神不错、体力充沛，他打算在婚后和新婚妻子生育更多的儿女。

这样一个夫妻双方年龄相差将近一个世纪的“世纪婚礼”震惊了索马里甚至是全世界，引起了巨大争议。一些专家认为，尽管这样的婚姻符合索马里的法律与风俗，但是夫妻间年龄相差太大很容易造成代沟，也会对生活质量造成影响。也有一些人认为，真正的爱情可以突破年龄的限制。

但是更多的索马里人对这位老人家产生了崇拜。子孙繁衍本来就是一个种族生存的根本，尤其是在索马里这样一个人口密度极低、平均寿命才四十岁的国度来说，这个老人的故事不但是一个新闻，在某种程度上甚至已经隐隐成为一种另类的“民族英雄”。所有人对他的尊敬和崇拜，就和人类仍然处于母系氏族社会时对生殖器官的崇拜相同。

发现路边行人正在用恶狠狠的目光瞪着自己，师少鹰立刻跳下汽车，学其他人的样子对着那个老人弯下了腰。可就是在这种情况下，师少鹰的眼珠子依然兴奋得到处乱转。

凯贝琳的爱慕者可谓是出手惊人，把生活在索马里中部某个小村里的这位百岁老人和他上百个直系子孙全部请到埃勒，花费的时间与金钱可想而知。

可能是有人通过无线电指挥，突然间街道两侧的窗户都被打开了，漫天的花雨随之在整个街道上空飞扬，让师少鹰周围都变成了一片花的海洋。只要看看街道上那些一脸憧憬，恨不得群起而攻之冲上去代替凯贝琳的年轻少女，就可以知道这一手对依然生活在贫困环境中的怀春少女震撼究竟有多大。

面对此情此景，师少鹰必须感叹，钱真他妈的是一个好东西。

普通人累死累活一个月才能赚上两千元钱，咬牙切齿拿出五百元钱给女朋友买份礼物，却根本敌不过富家子弟随意从珠宝店买的一颗钻戒。有些女人会理直气壮地说，男人肯为她们花钱就代表了心意，可是她们却没有想过，平民男朋友送她的一件普通衣服用了四分之一的工资，扣去生活费、交通费、手机费，扣去各种乱七八糟却免不了的费用，那五百元钱可能已经是他所有能够挤出来的钞票；而富家子弟的那颗钻戒，甚至只是他们一天的零花钱。

相对而言，师少鹰宁愿喜欢那个敢在综艺栏目中面对摄像机坦言“宁可坐在宝马车里哭也不愿意坐在自行车上笑”的女人。虽然很伤男人的自尊心，而且引起了众怒，但至少她说了实话。

欢快的音乐声突然从巨幅相片后面传过来，那位已经被凯贝琳讨厌的爱慕者竟然还专门从国外请来一支乐队。紧接着，一些身穿礼服的年轻女人就端着托盘从巨幅相片后面排成两排走出来，在她们手中的托盘上放满了各种糖果和香烟，无论是谁都可以伸手从托盘上拿来享用。

孩子们发出快乐的欢叫，就连男人们也忍不住伸出手从托盘上拿走了香烟，一时间整个街道到处都是欢乐的笑声，让师少鹰彻底明白了什么叫作拿钱砸人的快感！

师少鹰慢慢走到凯贝琳身边，低声道：“我知道你为什么不喜欢他了。”

凯贝琳神色不变，只是斜瞄了师少鹰一眼：“噢？”

“他竖那幅照片是拦住你的路；他请那位百岁老人还有一百多号子子孙孙过来，说白了最终目的就是逼你下车；他撒得满街是花又到处散发礼物，为的就是赢得大量支持者形成舆论压力。他这些行为看起来是在向你示爱，当真是情真意切不惜血本，步步强迫不留余地，但是彻底忽略了你的感受！我甚至有一种感觉，他不仅是在示爱，而且是在示威！”

说到这里，师少鹰做了最后的总结：“他最大的错误就是用对付绵羊的方法试图征服一头雌虎！”

惊讶的神色从凯贝琳脸上一闪而逝，她真的没有想到师少鹰在这么短的时间内竟然看到了这么多。看在师少鹰主动站在自己这一边的面子上，凯贝琳低声回答道：“你如果看到他本人就会明白，我讨厌他的原因绝不止这一点！”

“啪！啪！啪……”

小礼花的声音突然连环响起，师少鹰瞪大了双眼，在烟雾缭绕中努力向前看，然后就看到了一个在众星捧月般的簇拥下向他们走过来的年轻男人。

这个男人看起来有二十五六岁，身上穿着一件估计少说也得值一两万美元的名牌西装，他在走路的时候，还刻意把左手轻搭在自己的额头部位，除了手上四只戒指分外光彩照人之外，手腕上那块黄金版劳士力更是差点亮瞎了师少鹰的眼睛。

师少鹰敢和任何人打赌，为了今天这场示爱，这个年轻人一定请专业教练教导他学会了模特在T型台上走秀时的模特步，一走、一扭、一扭、一摆，一摆又那么一跨，就这么扭扭摆摆、甩甩跨跨、走走停停，配合着他始终放在额头位置的左手，形成了一种相当具有舞台气息的艺术步伐。

令师少鹰差一点当场笑喷的是，这个年轻男人嘴里竟然还叼着一支名为“蓝色妖姬”的玫瑰花。

衣服是名牌，手表是名表，戒指是好钻，鲜花是好花，模特步也是好步，但是把它们组合在一个身高撑死也就一米六五，脸上还带着英国名流参加社交舞会时那种高傲表情的男人身上，怎么看都有了一种沐猴而冠的滑稽。

可是当这个年轻人在街道上的猫步走了三分之二，突然停下脚步摘下唇边的“蓝色妖姬”玫瑰花向四周的人挥舞致敬时，热烈的掌声竟然响成了一片！

经过片刻的惊诧后，师少鹰也想明白了，在索马里的绝大多数兄弟还挣扎在生存线上，文化生活和艺术追求方面仍处于启蒙阶段时，有足够的钱也有心情引领时尚潮流的，大概也就是这些钱多了烧的、又不敢往银行里存的海盗了。

在没有前人可以借鉴的情况下，这位年轻而富有的男人觉得模特们走猫步的动作很性感，电影里的詹姆士·邦德在舞会上和美女跳舞时嘴里叼支玫瑰花很浪漫，拍劳力士名牌广告时男主角无论怎么走怎么做动作，始终把手腕上的手表亮在摄像机镜头前的姿势很有型，然后把它们全部集中在一起一锅烩了，又有什么不可以的呢？

艺术本来就来源于生活，更需要高于生活嘛！

“这丫的究竟是神马东西啊？”

师少鹰一激动，竟然把国内的网络用语脱口而出，也真难为凯贝琳略一思索竟然猜出了师少鹰的问题，并做出了如下回答：“他叫雅克，他老爹是我们这里最大的海盗团伙‘海岸警卫队’司令，也是埃勒城由三十五个海盗团伙组成的‘中央委员会’的主席，他老爹不但掌管着我们这个小城中最大的武装力量，而且现在已经开始渐渐控制我们所有人出海的时间与顺序，我看迟早有一天他会把我们都吞并了！”

官二代+富二代+海盗二代+太子党——难怪这位雅克先生能够一手遮天在海盗窝里为了追求一个女人封路，而且表现得这么……嗯，另类。

“看来你是不喜欢他喽？”

“废话！”凯贝琳狠狠地送了师少鹰一个白眼，“他已经有了四个老婆，竟然还敢跑到我面前求婚，拍着胸脯表示只要我答应嫁给他，他就会和前面的四个老婆都离婚。像他这种男人，我看了都想吐！”

“那就走吧，还站在这里干什么？”

师少鹰握住凯贝琳的手迎着雅克走过去。就在三个人成为公众视线的焦点时，看着师少鹰和凯贝琳亲密紧握在一起的手，所有的掌声、所有的喧哗在瞬间就都凝滞了。只剩下躲在巨幅相片后面的乐队，依然在尽职吹吹打打演奏着快乐的乐曲。

在快和雅克擦肩而过时，师少鹰停下脚步，从一个面部表情呆滞的女孩手中托盘里取下一根香烟，把它送到了自己嘴里。一直以小女人姿态乖乖任师少鹰牵手而行的凯贝琳发现师少鹰对她使了一个眼色，这个从来没有对男人假以辞色的悍妞竟然心有灵犀地取出一只打火机，在众目睽睽之下帮师少鹰点燃了香烟。

师少鹰立刻投桃报李，从托盘上又取出一颗水果糖，当众表演了一个单只手拆糖纸的绝活，然后把那粒水果糖送进了凯贝琳的嘴里，最后还把他和凯贝琳嘴唇接触过的手指送到了自己嘴里轻吮了一口。

到了这个时候，如果还看不出师少鹰和凯贝琳的“亲密”关系，那他不是瞎子就是白痴。

尴尬、愤怒、委屈、幽怨、不解……各种复杂的表情从雅克的脸上交替闪过。看他呆若木鸡的样子，就好像是一个人累死累活在社会上打拼了十几年，终于攒了那么一点老婆本，然后交女朋友、订婚、下彩礼、装修房子、买车、拜堂，几乎累成一条死狗，等到终于可以进洞房享受“性福”人生的时候，却发现新郎已经换人了！

看着雅克的样子，一直被雅克烦得两眼冒火的凯贝琳真的是满意极了，也许是为了表达对师少鹰的认可，也许是想要干得更狠一点永绝后患，她将手臂向师少鹰的臂弯里一挽，把自己半边身体都小鸟依人般紧贴到师少鹰身上。两个人就用这种一般而言只有情侣才会采用的亲密姿态，和全身僵硬就像是中了石化魔法般的雅克擦肩而过。

两个人一边走，一边用只有他们自己才能听到的声音低低交谈着。

师少鹰：“你能不能别靠我这么近？我觉得我们两个现在的样子看起来就像是一对母子，你是母，我是子！”

凯贝琳：“你一个男人个子长得比女人还低，怪谁呢？”

师少鹰：“拜托，你能不能别把身体重量都压到我身上，我还是病号呢！还有，你知不知道你的胸部真的很丰满，衣服的料子又少，现在我身体的血液已经开始向某个位置集中了……哎哟！”

凯贝琳一脸的温柔：“怎么了，我只是用两根手指掐住了你肋部玉米粒那么小的一块肉，又轻轻扭了一圈罢了，你至于叫得这么惨吗？而且，我想现在你身体的血液应该已经不再往某一个位置集中了吧？”

师少鹰咬着牙、切着齿：“你狠！”

可能是乐队也得到了指示，那喜气洋洋的乐曲声终于停了。

师少鹰和凯贝琳的背后传来了雅克近乎歇斯底里的叫声：“凯贝琳，你违反‘中央委员会’的指令私自出海，我父亲已经准备动手制裁你了！你不要后悔！”

凯贝琳的身体微微一顿，但是她很快就恢复过来，用一种近乎骄傲的姿态昂起了自己的头，和师少鹰依偎着继续向前走。就像师少鹰说的那样，凯贝琳是一只雌虎，而雅克却在用对付绵羊的方法试图征服她，所以凯贝琳始终没有回头。

第七章　杀人诛心（上）

暴戾的气息从雅克的脸上涌出来，在这个时候他整个人的表情已经近乎狰狞。

他的父亲可是阿卜杜希尔，是这个城市最富有、最有权力的人！雅克这几年跟在他父亲身边，已经习惯了周围人对他的阿谀奉承，已经习惯了只要钩钩手指头就有美女主动投怀送抱，更习惯了用横行霸道的姿态予取予求。

他可以“容忍”凯贝琳的拒绝，因为他把这种拒绝与求婚当成了一个展示自己财富与浪漫的舞台，可是他不能容忍自己看中的女人身边又出现了另外一个男人，更何况这个男人当众用最直接的方式给了他一个响亮的耳光！

扯掉身上那虚伪的绅士风度，甩掉一钱不值的艺术气息，伸出一只不停发颤的手，雅克深深吸了一口气，猛地发出一声犹如公鸡打鸣般的嘶叫：“拦住他们！”

随着雅克一声令下，至少有二十支枪对准了师少鹰，不可否认，雅克的父亲在这个城市里真是有着无与伦比的影响力，就连他儿子狐假虎威都能展现出如此强势的一面！

凯贝琳的身体微微僵住了，她知道师少鹰从中间横插一杠很可能会惹祸上身，她也做好了转手就把师少鹰送出埃勒，一直送到一百公里外的邦特兰省首府加罗韦，再想办法为他在博萨索订上一张飞往肯尼亚机票的准备。到了那个时候天高皇帝远，就算雅克想要发狠报复也只能无可奈何地摇头叹息。

可是她真的低估了一个几乎没有受过教育，从小就被宠坏了的二世祖身上那种骄横与目空一切。

师少鹰伸手在凯贝琳的手腕上轻轻一拍，低声道：“放心，哥哥我在缅甸时也是一个少帅，虽然手下不多，但是捏他这种货色就跟玩似的。”

凯贝琳真的是又气又急，在这个脱离政府控制已经变成海盗大本营的城市里，雅克的父亲就是天、就是地、就是主宰，就连她这个海盗团的头领都要受到雅克父亲阿卜杜希尔的控制，更何况师少鹰只是一个陌生人？

如果雅克真的是急红了眼，不顾一切下令当场打死师少鹰，在场这么多人，大概除了凯贝琳之外也不会有人能站出来为师少鹰鸣冤！

师少鹰在这个时候已经转过了身，正面迎向雅克。

雅克看着师少鹰现在还叼在嘴里的半截香烟，脸上突然露出了一个绝不正常的笑容：“那烟只是招待普通人用的，既然你和凯贝琳的关系这么好，来，吸一支我最喜欢的烟吧！”

雅克一边说，一边从口袋里取出一只金质的烟盒，从里面取出一支带着过滤嘴的香烟，把它递到了师少鹰面前。然后又取出了一只打火机，看样子似乎想要主动替师少鹰点烟。

一个一直紧跟在雅克身边，身上还穿着伴郎西装的翻译立刻用中文把雅克说的话一字不落地翻译给师少鹰听。

事出反常必有妖！

看着雅克那双因为愤怒过度充血，已经像兔子一样红的眼睛，师少鹰却一脸坦然，随意吐掉了嘴里剩下的那半支香烟，把雅克递过来的香烟送进了嘴里。在雅克点燃香烟后，师少鹰甚至还伸手在雅克的手背上轻轻拍了拍，用这种属于烟民文化的举动对雅克“道”了一声谢。

师少鹰大大咧咧地吸了一口，然后用手指轻弹着自己的脸颊，一个个小小的烟圈随之从他嘬成“○”形的嘴里喷出来。

“真棒，真棒！”

雅克带头鼓掌，发现其他人还傻傻地站在那里，他目光四下一扫：“还愣着干什么，这位朋友带来了这么有趣的节目，大家鼓掌啊！”

所有人都愣了三秒钟后，犹如潮水般的掌声突然从街道上响起。同时，雅克突然一拳狠狠地砸在师少鹰的小腹部位，面对这种重击，师少鹰的身体不由自主地蜷曲起来。

看到这一幕，凯贝琳就像一只猎豹般猛扑过来，可是她只冲出几步就猛然停住了。

雅克将一支“掌心雷”微型手枪顶到了师少鹰的太阳穴上，他盯着凯贝琳嘶声道：“来啊，来啊，你上来救他啊！我知道你很能打，但是如果你想让他活命，就老老实实站在一边看着！否则你就准备给他收尸吧！”

雅克一把抓住师少鹰的头发，硬揪得师少鹰扬起了脸：“凯贝琳，你看看你的男人，他现在的样子像不像是一坨屎啊？你能不能告诉我，这种我随随便便就能踩得永世不能翻身的垃圾凭什么获得你的喜欢？”

说到这里，雅克挥起手中的袖珍手枪，用坚硬的枪把狠狠地砸在师少鹰的头上，鲜血很快就从师少鹰的额头上流出来。

“疼不疼，你疼不疼啊？”看到鲜血，雅克的眼睛里露出了快意的光芒，他用枪把又连续在师少鹰的头上连砸了几下，他一边砸一边叫道，“刚才我给你吸的烟里可是掺了大麻的，它能止疼啊，怎么样，我对你够好的吧，怕把你疼坏了，还提前想办法给你止疼。你怎么感谢我？你说啊，说啊，说啊！”

枪把一下下砸在师少鹰的头上，发出一连串啪啪啪的声响，鲜血不停地从师少鹰被砸破的伤口里溅出来，一连砸了十几下，雅克才终于气喘吁吁地停止了攻击。

在这种情况下，师少鹰嘴里竟然还叼着那支雅克帮他点着的香烟，他伸手甩掉了几乎要流到眼角的血珠，满不在乎地又深深吸了一口掺杂了大麻的香烟，然后伸手指着站在雅克身后的翻译，轻轻钩了钩手指。

没有人知道为什么到了这个时候，师少鹰还敢用这种态度去挑衅雅克。翻译看了一眼雅克，略一犹豫还是走到师少鹰面前，任由师少鹰在他耳边低声说了一句什么。

翻译的脸色变了，他再次看了师少鹰一眼，快步走回到雅克身边，在雅克耳边又急又快地说着什么。不一会儿，在这个城市里横行霸道惯了，天天耀武扬威的雅克脸上那种不以为然、那种趾高气扬突然全消失了。

“我知道一个男人喜欢了很久的女人被抢走，一定会很生气；我也知道为了这次求婚，你一定做了相当长时间的准备，所以我一动不动让你揍了这么多下来出气，怎么样，现在舒服多了吧！”师少鹰走到雅克面前，当着所有人的面，对着雅克大大方方伸出右手，微笑道，“男人之间就应该一笑泯恩仇，毕竟我们以后相处的日子还长着呢。”

最令人意外的一幕出现了：雅克竟然真的伸出手和师少鹰握了握，然后什么也没说，带着身为翻译的伴郎掉头就走。

两个人坐到了巨幅相片后面那辆崭新的保时捷跑车上，雅克发泄式地狠狠一踩汽车油门，这辆车身上点缀着鲜花，车首部位还装了一对身穿婚纱和西装的人偶，明显是用来接新娘的名牌跑车发出沉闷的发动机轰鸣，以惊人的加速度沿着街道直冲出去。

师少鹰静静地站在原地目送着保时捷跑车离开，在跑车转出街道即将脱离他的视线时，师少鹰突然扬起自己的右手，对着保时捷跑车的尾灯挥了挥手，在这时候他声音很轻、很轻地说：“Bye…Bye…”

吱啦……

在短时间内就已经完成百公里加速，冲到另外一条街道上的保时捷跑车不知道为什么突然失控。雅克在第一时间拼命紧急制动，可是高速行驶的汽车在惯性的作用下仍然被狠狠甩了出去，玩出了一记绝对称不上漂亮的漂移，车轮随之在地面上发出刺耳到极点的尖锐摩擦声。

这辆在城市里都敢以超过一百公里时速飞奔的名牌跑车，在旁人的尖声惊叫中在地上连翻了两三个跟头，它一边翻滚一边弹跳，发出噼里啪啦的声响，什么挡泥板、碎玻璃、遮阳帽之类的鸡零狗碎，更是不断被飞甩出去。这辆已经被碰得体无完肤的玩意儿，最终狠狠地撞到一根一米多高的水泥柱上，在发动机都被撞得飞出来后才终于停止了翻滚，只剩下倒翻起来的底盘上面两只后轮依然在那里转个不停。

三十秒钟后，巨大的轰鸣混合着一团火焰，猛然从这堆废铁中间扬起，将一团浓重的黑烟猛然推送到十几米的高空。

看了一眼那片黑色的浓烟，师少鹰回过头望着一脸怪异的凯贝琳，温和地道：“记住，以后在城市里千万要遵守交通规则，不要开快车，更不要玩什么飞车。不管是撞到人还是撞翻了车，都会要了人命，就算是没撞到人也没撞翻车，压到路边的花花草草也是不好的嘛！”

看到凯贝琳依然神色呆滞地站在原地，师少鹰悻悻然地走过去，伸手在凯贝琳肩膀上用力一拍："前面有好戏正在上场，一起过去欣赏欣赏吧！"

两个人沿着跑车的轨迹一路走过去，当他们走出小胡同时，可以看到手里拎着水桶和灭火器的人来回奔跑，在他们的身上再也看不到平时的慵懒与散漫。还有一些人取出手机，可能是已经拨通了这个城市的急救中心或者是消防中心，正对着话筒用师少鹰听不懂的方言在飞快地说着什么。

至于这个由海盗控制的城市里有没有急救中心和消防中心，师少鹰就不敢轻易判断了。

一阵劲风突然从这个城市的上空掠过，刮得他们身边的大树枝叶猎猎作响，满地的花瓣在劲风的席卷下直冲上蓝天。劲风如刀落花似血，一时间风起云涌，似乎就连那辆汽车上的火焰也变得拥有生命般，开始不断摇曳，将炽热的温度一波波向四周扩散，为四周那满地的狼藉与鲜血，蒙上了一层唯美而残酷的玫瑰质感。

紧跟在师少鹰身后的凯贝琳缓缓停下了脚步，不知道为什么她突然感到，师少鹰和眼前的这片血与火竟然有着难以言喻的合拍。看着他放下身上的背包，一步步走向那辆正在燃烧的汽车，女性敏锐的直觉，还有身为海盗慢慢培养出来的职业本能都在无声无息地提醒着凯贝琳——也许这才是师少鹰，一个习惯了铁与火，更习惯了面对死亡的男人！

空气中散发着浓重的焦臭味，不知道有多少人刚才还拿着灭火器，突然就转过头急冲几步，然后趴在地上用力呕吐。车里并不止一个人，可是只有雅克在汽车完全失控即将翻滚的时候打开车门提前跳车。坐在副驾驶席上的翻译在汽车翻倒后，也曾经伸出手向路人呼救，只可惜他的身体被车厢卡住，周围的人还没有来得及把他拖出汽车就已经爆炸了。

只要是一个正常人，就无法忍受空气中那浓重得仿佛再也无法化开的焦臭味道。

师少鹰却在深深地吸着气，他先看了看四周，确定附近没有监视器和摄像头，也没有自动提款机之类的设施后，才走到雅克面前，先是对着雅克露出一个充满善意的微笑，然后蹲下身体，慢慢从雅克上衣右口袋里取出那只黄金烟盒，从里面挑出一支烟："这支烟里可是掺了大麻的，它能止疼啊。怎么样？

我对你够好的吧，怕把你疼坏了，还要想办法给你止疼。”

看到雅克一脸茫然，师少鹰歉然一笑，对着呆立在一旁的凯贝琳挥了挥手：“麻烦你过来给我和雅克当一下翻译。”

总算是及时跳车没有被烧成焦炭的雅克这个时候全身是血，他甚至连放声大叫的力量都没有了，他仰躺在地上看着师少鹰和送到他嘴边的香烟，在他的脸上流露出来的，也不知道是痛苦还是面对死亡的恐惧，抑或是两者兼有。

身边就有一块正在燃烧的胶皮，师少鹰把那支香烟凑过去，等到香烟被点燃后，他把香烟送到了雅克的嘴边。

虽然心里清楚地知道师少鹰绝对不是朋友，在这个关键的时刻无故献殷勤百分之百不怀好意，但是全身不知道受了多少外伤，不知道摔断了几根骨头，已经疼得晕过去两次，又疼得重新恢复清醒的雅克根本没有选择，他含住师少鹰送到嘴边的香烟，使出吃奶的劲深深吸了一口。因为这个动作太剧烈，他还没有品尝到毒品带来的快感，就先猛地咳嗽起来。

当着所有人的面，师少鹰用手臂托起雅克的上半身，他现在的动作看起来就像是在对待一个相识多年的老朋友。在旁人看来，师少鹰正在轻声地安慰这个受了重伤的可怜虫：“放心，你很快就感受不到痛苦了。我保证，你永远都不会再感到疼了。”

凯贝琳在向雅克翻译这些话时，不知道为什么，一股寒意却缓缓地从她心底升起。

说到这里，师少鹰又把手探进雅克上衣的左口袋，从里面摸出一个四寸多高，通体用尼姆树树根雕刻成的艺术品：“这个根雕是我和凯贝琳救了一个孩子后，他送给我的礼物。别看它其貌不扬，却是那个孩子用了两个月时间才雕刻成的宝贝。我本来还打算把它作为礼物，带回去送给徒弟，可是刚才看你这么客气，怕我疼着还提前请我吸烟止疼，我怎么也得投桃报李，还你一件礼物吧！”

雅克瞪大了双眼，他真的无法理解，师少鹰为什么要悄悄把这样一个手工拙劣得让人想笑的根雕艺术品放进他的上衣口袋里。难道这就是他面对“朋友”的礼节?

接着，师少鹰伸手指着自己的左肋部位，问道：“你知道这里有什么器官吗？”

雅克身受重伤鲜血逆冲上喉头，他现在连呼吸都感到困难，当然没有办法说话。师少鹰也清楚地明白这一点，所以他没等对方回答就直接公布了答案，他现在展现出来的风度依然是无懈可击：“我们一起学习一下，人体这个部位的学名叫上腹部脾区，我们人类的脾脏就在这个位置，平时脾脏被左侧的第九和第十一根肋骨遮盖保护，而我的脾脏一般长12厘米、宽7厘米、厚4厘米，长轴自左向右前斜行，大约与第十根肋骨平行。”

说到这里师少鹰笑了，他笑得温柔而充满善意，电视剧里那些为国为民舍生取义的英雄也没有他笑得这么阳光、这么动人：“所以我悄悄送给你的这个根雕，无论是尺寸还是造型都刚刚好，刚刚好能在你跳出汽车，在惯性的推动下满地打滚时，卡在你的腰部，一下下撞击你的脾脏，直到把它撞裂撞碎为止。”

雅克的身体突然不能自已地拼命颤抖起来，明明一颤抖他全身就疼得要命，明明知道这样颤抖只会让自己死得更快，可是面对这样一个笑得温柔而体贴、瞳孔深处却散发着森森杀意的男人，他不能不颤抖，不能不害怕!

第八章　杀人诛心（下）

“人的脾脏破裂后，离死亡最长的会有几个小时，最短也得有一个小时。所以呢，脾脏破裂，只要能在一个小时内得到急救，一般都能活下来。”

听着师少鹰在耳边的低语，雅克的脸上又露出几分希望与生机，可惜他高兴得太早了。有人曾经说过，一个作者在描写主角时，总会习惯性地把自己的一部分融入进去，这样不但有代入感，而且写得也会顺手。

师少鹰迄今为止也出版过几部小说，其笔下的主人公无论出身、性格、成长经历如何，在他们的身上都有一个闪亮的共性，如果非要用文字表达出来的话，这个源自师少鹰本身的特性就是——侵略如火，不动如山。狮子搏兔，一击必杀！

师少鹰抱着雅克，让他始终保持着最符合急救要求的姿势，仿佛在尽心尽力地想要让雅克活下去，可是他低声说的每一句话却是字字如刀：“你本来至少能挺住一个小时，可惜刚才你吸烟的时候吸得太狠，肺叶急速扩张，使你的腹腔内出血速度加快，所以，不好意思，你能支撑的时间要先减去十分钟了。你从高速行驶的汽车里跳出来，至少摔断了两根肋骨。我们人体的肋骨第一至第三根，有锁骨、肩胛骨和肩肌带群的保护，不容易折断；第八至第十根肋骨渐次变短，而且连接于软骨肋弓上，有弹性缓冲，骨折机会也不大；第十一根和第十二根肋骨为浮肋，活动较大，很少会骨折，所以呢，你的骨折应该发生在第四至第七根肋骨之间。”

师少鹰侃侃而谈，竟然在这种情况下给雅克上了一堂别开生面的人体生理教育课：“你刚才跳出汽车，胸部撞在地面上，属于直接暴力骨折，肋骨断裂处会向内部移动，同时也会刺破肋间血管、胸膜和肺叶，产生血胸和气胸，你吸烟时呛出一口鲜血，就已经充分说明这个问题。虽然这两项在正常情况下并不会要了你的命，但是不好意思，伤上加伤，你支撑的时间又要减去十分钟。

“还有，我和你谈到脾脏，谈到内脏出血，谈到那个孩子用两个月才完成的根雕艺术作品时，你的心跳突然剧烈加快，就算是一个健康的正常人，心脏没有任何准备就剧烈收缩，也会让身体产生无法抵抗的疲劳感，然后会感到全身发软，至少需要休息半个小时才能恢复正常。以你的身体状况，根本无法承受这种心脏的剧烈变化，这样会让你更疲劳，我敢向你保证，以你的状态，一旦无法抵抗对睡眠的渴望，你就永远无法再重新睁开眼睛了。就算你能坚持着不睡，不好意思，你能支撑的时间，还要再减去十分钟。”

听到这里，雅克的脸上露出了一种死灰般的绝望。

他生活在这个国家，他太清楚这个国家政府机关，包括医院急救系统的工作效率了。

政府工作人员一边聊天一边给签证盖章，可以十分钟才盖一个章。而排队等候的人也能不温不火，仿佛这一切都是天经地义。非洲大多数国家都穷，最大的主因并不是地理位置，而是因为他们太过懒散与漫不经心，把大把的时间都消磨掉，使他们根本无法适应现代化生活的高强度与高节奏。

在这种大环境下，想让一辆急救车从加罗韦的医院驶出，再把他送到医院的手术台上，中间不超过三十分钟，可能性无限接近于零。

“对了，你想不想知道，为什么你的汽车开得好好的，却突然会在车尾发生小爆炸，让你直接失控？”

望着面前这个笑容犹如天使，却已经绽放出最黑暗色彩的男人，雅克全身都在轻轻颤抖，但是他却点了点头。他就算是死了，至少也想死得明明白白。

“还记得你大方地随处乱发的打火机吗？我刚才也随手拿了一个。”

由于这个问题实在太关键，实在太容易给自己惹来天大的麻烦，就算是知道附近没有监视器之类的设备，师少鹰仍然低下头用最隐秘的方式，附在雅克的耳边，把自己的嘴唇形状变化都小心地隐藏起来：“在你喊我，甚至让人用枪对着我的时候，我就知道你是一个被人宠坏了、无法无天根本不把人命当成一回事的龟儿子，我们两个人之间只有一个人能继续活下去。所以我就手指那么一弹，把拿到的打火机甩进了你那辆一看就价格不菲的保时捷跑车的排气管里。”

汽车的排气管当时是冷的，当师少鹰把那只塑料制成的气体打火机丢进排气管里，并不会当场爆炸。但是，当雅克发动汽车，排气管由于受到高温炙烤，打火机里的液化气体很快就会在排气管里直接引发一场小型爆炸，让情绪过度激动高速驾车的雅克在瞬间因为惊慌而彻底对汽车失去了控制。

一只一次性打火机、一个用尼姆树树根雕成的工艺品、一根掺了大麻的香烟……如果没有师少鹰的解说，以雅克的智商他永远也不会知道，原来在这个世界上有那么一种人，随手把这些东西组合在一起，也能将它们变成杀人不见血的死亡利器！

“不要着急，我知道你们这些海盗为了自身的安全，应该在这个城市里准备了足够的急救设备，甚至可能还会准备一辆‘救护车’，虽然它们并不能救你的命，但是在一堆维生设备的帮助下，你完全可以撑到加罗韦，然后再被送进医院急救。”听到师少鹰的这段话，雅克的眼睛再次瞪圆了。师少鹰说得没错，在这个城市里的确有类似“救护车”的汽车，凭汽车里的维生设备，他真的可能支撑到加罗韦。虽然这个概率并不算太高，但在人快被淹死的时候，就算手里只抓到一根稻草都会拼命抓紧，哪怕只有万分之一生的可能，他又怎么可能轻易放弃？

“傻孩子，你怎么真信了？”

凝视着雅克渴望继续活下去的脸，师少鹰嘴角缓缓扬起，分明就是猫戏老鼠般的残酷快意，他的声音听起来真的像极了死神在耳边低语：“你忘了在索马里，只有首都摩加迪沙才有一座由外国援建的医院，就算加罗韦是邦特兰省的首府，顶多也只是有几间私人卫生所罢了！你认为，就凭那里的医疗条件，有办法救活一个内脏都破裂的人？”

师少鹰在成功激起雅克对生存的渴望后，转手又将这个希望的泡沫直接击碎。如此反反复复，最终的结果就是，嘴里叼着的那根香烟还没有吸完，雅克的心脏就毫无预兆地停止了跳动。就算是死了，他的眼睛依然睁得大大的，里面盛满了浓浓的恐惧与悔恨。只可惜，他再也没有机会向旁人讲述他临死前经历的一切了。

看着雅克死不瞑目的双眼，还有从他嘴角突然渗出的大量白色泡沫，凯贝琳厌恶地皱起了眉头。

也许周围的路人不懂，但是凯贝琳可是目睹了师少鹰在雅克看不到的位置，悄悄从口袋里取出了那支根雕，他根本没有提前把那支根雕放进雅克的身上，所以雅克也没有内脏破裂。也就是因为他身上的摔伤并没有达到致命的程度，师少鹰才会那么温和地坐在他身边，向他不停地诉说，然后把他……他是被活活吓死的！

当一个人受到绝对惊吓时，大脑会指挥肾上腺分泌大量儿茶酚胺，促使心脏剧烈跳动，血压在瞬间升高，心肌代谢的耗氧量急剧增加。

从生物本能来说，这是一种面对危险时身体做出的自救行动。肾上腺分泌加速，就犹如给身体注入了兴奋剂，心脏剧烈跳动会给全身输送更多的氧气，并通过肌肉的有氧运动释放出比平时更强的力量。

所以有些人在面对危险时，会爆发出平时绝对不可能拥有的力量，做出近乎奇迹般的壮举。

还有一些人是因为缺乏遇强则强的勇气，没有办法在身体做出应急反应时把这股力量释放出去，让循环过快的血液像洪水般剧烈冲击心脏，导致心脏纤维撕裂出血，最终心脏骤然停止跳动。

人被吓死基本可以归为两类，有可能是骤然受到惊吓而猝死，也有可能是因为逐步受到心理恐吓，心理防线被攻破，导致身体自我调节失衡而死亡。

师少鹰就是运用逐步心理恐吓，一点点撕破了雅克对生存的渴望，用各种方法让他的心脏不断快速跳动和剧烈收缩，直至他本来就受了重伤的身体终于不胜负荷，让心脏猝死。

师少鹰轻轻把雅克的头放下，让他平躺在地面上，他把那个根雕工艺品珍而重之地放进雅克的上衣口袋里，说道："带着这个根雕一起上路吧！如果人死如灯灭，那自然是一了百了，如果这个世界真有阴曹地府，真的可以投胎转世的话，看清楚我这张脸，记得再看到我时，千万不要再自以为是地站到我敌人的位置上！因为……你还没有做好不死不休的准备！"

师少鹰拍拍手站起来，对着围观的人摊开双手，做了一个爱莫能助的手势。周围的观众虽然不知道师少鹰一开始究竟对雅克说了什么，雅克会突然停止进攻，以和他平时作风绝不相符的姿态迅速退出；但是所有人都看到两个男人当众握手言和，他们还看到师少鹰扶着雅克的头，让他枕到自己的膝盖上，他已经尽了最大的努力去营救雅克。雅克仗着老爹在这个城市里的权势目空一切，总是喜欢发疯似的把汽车开得飞快，结果出了车祸伤重死亡又能怪得了谁？

直到空气中再也嗅不到半点汽油和塑料燃烧的味道，一直默默跟在师少鹰身后的凯贝琳才终于开口了："你能不能告诉我，你最开始究竟在那个翻译耳边说了些什么，能让雅克突然中途停手，甚至是被吓得落荒而逃？"

师少鹰微笑了："我让他转告雅克，我是美国FBI派来的特工，我已经代表美国政府和你建立了合作关系。作为一个男人，我知道他当众丢了面子想要找回来，所以我不介意让他打上几下，可是如果他真的敢得寸进尺，小心有头睡觉没头起床！”

凯贝琳思索了片刻，长长地吐出一口闷气，低哼道：“好一招借力打力，以势杀人！”

在很多人的印象中，只要是索马里人一看到美国人，就会立刻操起步枪扫射。在《黑鹰坠落》那部电影当中，美国特种部队在索马里首都摩加迪沙也的确陷入了一种“人民战争”的沼泽中无法自拔。

但是这种认知并不完全正确。

索马里的南方大部分区域被青年党武装叛军占据，他们依靠基地组织支援混得风生水起，就算是现在美国特种部队出现在他们控制的区域，《黑鹰坠落》之类的故事仍然会再次发生。

可是在军阀割据的北方却展现出另外一种状态。这些武装军阀几乎没有信仰，或者说他们生存在乱世当中，只会信奉“有奶就是娘”这个规则。只要有利可图，可以让自身发展壮大，他们敢与任何人打交道做生意，甚至包括死神！

所以在索马里的北方区域，平民对美国人的态度远远没有南方那么排斥和敌对。

最重要的是，生活在索马里北部地区的海盗已经通过在公海四处劫掠，过上了有钱人的幸福生活，他们已经从光脚的变成了穿鞋的，他们在公海打转，清楚地知道美国这个国家所拥有的力量，更知道如果真的越过了美国政府的底线，他们就会被封杀得一无所有。他们越是抢得多，就越不愿意站到美国政府的对立面，更不希望自己的名字被打入美国情报局黑名单！

雅克这个被宠坏了，在自己的一亩三分地里可以目空一切的小屁孩，面对比自己弱的人就会露出比狼更凶残的一面；可是当他突然知道自己面前的人原来比他的父亲更强势、更可怕，所有的依附都消失时，他自然会露出像狗一样温驯的面孔。

一个陌生人莫名其妙地出现在索马里海盗大本营，又和凯贝琳搅到了一起，在明明知道雅克身份的情况下，还敢当众挑衅“权威”，就凭这两点雅克就不敢怀疑师少鹰的“身份”。小孩子被吓坏后第一反应就是逃开，而这样反而加快了他坠入陷阱的速度！

望着师少鹰挺拔如剑的背影，感受着他身上那种犹如大山般厚重的稳健，慢慢品着空气中那缕还未散尽的杀机，一向眼高于顶的凯贝琳真正读懂了两句话的含意：杀伐决断，狠辣无情！

第九章 缥缈的水云

在走到一个路边的小商店时，凯贝琳突然停下脚步，向商店老板略一点头打过招呼，便伸手摘下挂在墙壁上正在售卖的双肩旅行包，接着把柜台里的饼干、罐头还有瓶装的矿泉水大把大把扫进背包里，顺手又从柜台边角取出一个崭新的手机和一张可以在索马里本地使用的电话卡。

背包里已经塞满了各种食物，凯贝琳连钱都没有付，就拉着师少鹰大踏步往前走。她撒开双腿越走越快，最后快得连师少鹰都要时不时紧跑几步，才能勉强跟上这个比自己高出十几厘米的女人的步伐。

凯贝琳带着师少鹰走过街道穿过小巷，一直走到这个城市的港口才停下脚步，她跳上一条装备了四台发动机的小型快艇上，迅速检查了一遍摩托艇的发动机和燃料状况，确定整艘船处于最佳状态随时可以驶出港口后，才掀起快艇右侧的胶皮垫，从下面翻找出一把钥匙。

回头看到师少鹰到这个时候还站在岸边，凯贝琳低声道：“还不快下来！”

师少鹰学着凯贝琳的样子跳上快艇，他刚才看到凯贝琳跳进快艇后，整艘船安静得几乎纹丝不动，就是因为这一幕让师少鹰对这艘以速度为主的快艇的水上稳定性产生了错误判断。他整个人刚刚落到甲板上，就觉得整艘船先是狠狠向下一沉，然后又猛地向左侧一荡，要不是凯贝琳眼疾手快一把拽住他的手臂，师少鹰大概已经被甩出船舱，以最狼狈的样子摔进水里。

看着无论快艇如何摇晃都站得稳如泰山的凯贝琳，师少鹰心悦诚服地对她竖起了一根大拇指。正所谓业精于专方显卓越，没有长年累月在水面上讨生活的经历，凯贝琳也绝不可能拥有如此精湛的水上平衡力。可是凯贝琳在这个时候真的没有心情去理会师少鹰的赞美，她劈手将一件救生衣甩给师少鹰，然后默不作声地解开缆绳。

在马达的轰鸣声中，高速快艇就像一支离弦之箭直冲向远方更辽阔的蓝色大海，在水面上留下一道近乎笔直的白色尾浪。

以惊人的高速在大海上冲锋了十几分钟后，埃勒小城早已被甩得几乎看不到一点痕迹，师少鹰突然在海面上看到了一片用铁链和船锚连接在一起的船。这些船粗略一数至少有二十艘，它们有的是远洋货轮，有的是大型捕捞船，它们中间有一部分看起来似乎已经在这片海域停留很久很久了，在船体外侧竟然长满了海贝却没有人清理，猛地看上去就像是探出水面的礁石。

双方的距离越来越近，师少鹰可以看到在一艘货轮的甲板上有十几个人在垂钓。他们明显不是来自同一个群体，他们中间有一部分人身穿迷彩服，随意把自动步枪放到一边，一边悠闲地吸着烟一边享受垂钓的乐趣；剩下的那些人，看他们的肤色和脸部轮廓特征，很可能来自印度和越南之类的亚洲国家，他们双手握着渔竿，眼神却有些空洞不知道在想什么，当他们听到快艇的乘风破浪声，目光缓缓落到师少鹰的脸上时，他们的眼睛里才突然恢复了几分神采。

大概他们以为，同样拥有黑眼睛、黄皮肤的师少鹰很可能是来交付赎金，带他们回家的吧？

“砰！砰！砰……”

空气中突然传来几声清脆的枪声，师少鹰霍然转头沿着声音传来的方向看过去。一个船员被人绑在船首的柱子上，头上扣了一个黑布巾的头罩，虽然看不清楚在他身上究竟发生了什么，但是只要看看在七八支AK步枪的威胁下，二十几个跪在甲板上全身发抖的船员，师少鹰就明白显然是因为某种原因，那艘船上的海盗刚刚用屠杀人质进行了一次杀鸡骇猴式的武力震慑。

“我们平时很少这么做。”

听到枪声，凯贝琳下意识地放慢了船速，看到师少鹰脸色迅速阴沉下去，不知道为什么，一向独立而坚强，从来不会在乎别人误会什么的凯贝琳，竟然开口解释了：“除非是他们有人带头试图反抗，或者是船东态度过于强硬拒不支付赎金，实在不得已他们才会采用这种极端的方式。”

师少鹰轻哼道：“在你们对着人质‘实在不得已’扣动扳机时，有没有想过这些船员也只不过是一些靠出卖劳动力来赚钱的穷人，在他们身后还有亲人和朋友等着他们平安回家？”

凯贝琳转过脸望着师少鹰：“要么饿死，要么拿起枪当一个海盗。师少鹰，你能不能告诉我，如果换成你，你会怎么做？如果一个是你的亲人，一个是陌生人，他们中间非要死上一个，让你去选择，你是会选自己的亲人，还是选那个素不相识的陌生人？”

师少鹰沉默了。

如果设身处地地换位生存，为了能让自己爱的人活下去而不是眼睁睁地看着她或者他活活饿死，不要说是当一个海盗，就算让他抱着炸药包去冲击美国白宫，师少鹰也会毫不犹豫地去做！

爱，是自私的。至于那些为国为民舍生取义，救了别人的孩子让自己的孩子死掉，这么大公无私的博爱，还是让圣人们去做吧！

“你们生活在优越的环境当中，有衣穿、有饭吃、有屋住，病了能去医院，平时还能上上网、看看电影、逛逛公园，无聊了的时候，你们再用高高在上的姿态俯视着索马里。所以你们也许永远不会明白，如果有选择，我们不想当海盗；如果有选择，我们宁可用自己的双手去换取劳动果实，也不想这样一夜暴富，然后过着心惊肉跳的生活。”

说到这里，凯贝琳指着甲板上的那些海盗，扬声道：“不管你信不信，以前他们都是渔民，他们在几年前当渔民的收入比现在当海盗还要好。”

师少鹰下意识地就想摇头，当渔民的收入比当海盗好，这也太奇葩、太不符合逻辑了吧！可是迎着凯贝琳那双碧绿色的眼睛，看着她那张因为认真而变得严肃起来的脸，师少鹰再次沉默了。

用自己有限的知识去评价一个自己没有真正接触过的世界，然后非要把自己的价值观和道德观强加给生活在另外一个世界当中的人，这本身就是一种自大兼不公正的表现。

就像凯贝琳说的那样，如果能衣食无缺堂堂正正地生活在阳光下，又有谁愿意过着朝不保夕有钱都不敢往银行里存的阴暗生活？如果他们打鱼真的比当海盗抢劫赚的钱还要多，没有特殊原因，又有谁会脑袋进水地抛弃没有危险却收益更多的工作，成为全世界的公敌？

两个人各自想着心事，一时间他们两个人都闭紧了嘴巴，只剩下快艇冲破海面时发出的声响。

这种近乎尴尬的沉默在两个人之间持续了将近一个小时，直到快艇停在了一片平坦的沙滩前。

凯贝琳把装满食物和矿泉水的旅行包递给师少鹰，伸手指着前方：“你一直向前走，最多徒步走上两三个小时就能进入加罗韦，在那里想办法找一辆车，沿着贝莱德文·布尔奥公路就能到博萨索。博萨索有直接飞往肯尼亚的飞机。”

凯贝琳又将手机连同手机卡一起给了师少鹰：“如果有什么朋友能够帮到你，立刻打电话和他们联系，让他们想办法帮你找到最后一次航班的机票立刻离开。记住，无论是在加罗韦还是在博萨索，都不要到处乱逛，在加罗韦，你看到的任何一个人都可能是海盗或者是曾经的海盗，到了博萨索的港口，你看到的任何一个人都可能是为雅克父亲服务提供情报的眼线！”

看到师少鹰现在一脸坦然，似乎对她的话不以为然，凯贝琳真的有些急了：“你做的那些是很隐秘，你杀雅克的方法是很高明，但是雅克的父亲绝不是一个会和你讲道理的人。他承受不了丧子之痛，无论什么原因他都会找人给自己的儿子陪葬，而你就会成为他眼中最大的目标。至于什么美国特工之类的，你能吓得雅克落荒而逃，却绝对吓不住他的父亲！”

师少鹰绝对相信这一点。雅克的父亲阿卜杜希尔能在海盗云集的埃勒城只手遮天，不管他经历过什么，又凭借什么才能拥有今天的成就，他都必然拥有钢铁般刚强的意志，更拥有亡命之徒的疯狂与暴戾，否则面对海上抢掠这样的巨大利益，他早就被下面的人给联手推翻死无葬身之地了！

更何况这个人已经把儿子宠得没了边！

塑料材质的手机上面还带着凯贝琳的体温，捏在手心里暖洋洋的。师少鹰静静地站在凯贝琳的面前，微笑着看着这个女人一脸焦急地在口袋里来回翻找，当她取出一沓厚厚的一百美元面额的钞票后，却没有把它们递给师少鹰。

“这些钱是我们从你身上找到的。”

凯贝琳扬起那沓钞票，她的手指从钞票上划过，钞票就像是书页被翻动发出好听的哗啦哗啦声：“我不知道你身上带着这些钞票究竟想要干什么，但是现在你的麻烦已经够多了，我建议你最好把它们全部丢掉。还有，身为一个在索马里出生、在索马里长大的人，我不喜欢钞票上隐藏的那些信息，很不喜欢！”

师少鹰不解地盯着凯贝琳手中的那沓钞票，他真的不记得自己身上有这样一沓数额不菲的钞票，而且听起来在这些钞票里面可能隐藏着某些会给他带来巨大麻烦的东西。

回想起和凯贝琳初次相逢时，凯贝琳递给他那瓶有剧毒的矿泉水，还有她当时那奇怪的行为，师少鹰的脸色慢慢沉下来，就连他双眼的瞳孔都收缩成最危险的针芒状。

如果说这沓钞票和那瓶含有剧毒的水都是从他身上找到的话，那么在他用重机枪对着骑兵扫射，最后引爆汽车上所有炸药和子弹，却因为跑得不够远而被冲击波撞晕，到被凯贝琳一行人救醒的这一段时间里，必然发生了什么。

但是师少鹰无论如何努力回忆，都无法想起被遗漏的记忆片段。

难道是那些青年党武装叛军在找到昏迷不醒的他后，为了让他遇到更大的麻烦，才将这样一沓有问题的钞票，外加含有剧毒的食物与清水留在他身边？

想到这里，师少鹰旋即摇头，双方在战场上早已打成了不共戴天的死敌，小镇里青年党武装叛军对他们恨之入骨，一旦落入对方的手里当场就会被乱刀剁成肉泥，那些武装叛军绝对不会想出这么“斯文”又这么麻烦的方法来对付他，更不会给他重新逃出生天的机会！

那么究竟是谁，既想让他死，又不敢做得光明正大？

师少鹰伸手从凯贝琳那里接过钞票，从里面抽出几张，纸质柔韧，用手指一弹还发出啪啪的声响。略一思索，师少鹰举起手中的钞票，借着阳光仔细观察，很快师少鹰就注意到有人用某一种特殊的化学药水，在钞票上写了几段阿拉伯文，旁边还穿插着一幅很简单的图画。

手中的钞票有将近一半都有文字或者图片。

师少鹰沉默了片刻，他舔了舔有点发干的嘴唇，问道：“假钞？”

只有制作精美的假钞才会让人为了分辨它而仔细观察，进而发现里面的玄机。

凯贝琳用力点头。

“上面写的什么？”

“索马里人，你们活该饿死，因为你们太懒！”

“索马里人，以前你们没有独立的时候还有主人，饿了还能汪汪叫两声来乞讨，现在知道独立是什么下场了吧？”

……

凯贝琳慢慢叙述着，听着她那平淡得不含情绪的声音，一股难以言喻的寒意缓缓从师少鹰心底涌起。可以想象，当他拿出这样的假钞去购买食物或者做其他事情时，上面的文字被发现，他在索马里将会面对何等愤怒和狂暴的冲击！

可以说，无论是这沓钞票还是含有剧毒的食物与清水，都是某一个师少鹰现在还想不出名字的人在他身边留下的诡雷！

“我们的车队远远经过那个荒废的村庄时，一道用镜子反射过来的阳光突然刺痛了我的双眼，让我产生好奇带人过去观察，结果发现了躺在一间废弃石屋里的你，外加这个。”凯贝琳右手往师少鹰面前一伸，在她的手里赫然多了一个军用信号镜。

这种专门用来在野外发射求救信号的信号镜，由双层玻璃制成，中间夹着一层网络化圆盘，在这种镜子的中间有一个圆孔，当有人拿着这种信号镜对准求救目标发射信号时，由于光学原理，从远处看过去，仿佛有一个火球在跳跃，能够用最大的概率来提醒对方求救者的存在。在必要的时候，还可以用这种信号镜连续晃动，发射出“SOS”国际求救信号。

看着这个军用信号镜，师少鹰可以完全确定，把他丢到石屋里的人绝不是青年党武装叛军，因为以他们的训练和装备程度，距离使用这种专业性极强的军用信号镜还有一段遥不可及的距离。

而且也不可能是希马尔他们，否则他现在已经搭乘那架破破烂烂的雌鹿武装直升机，和大家一起离开了索马里。

那么除了他们，究竟还有谁会出现在索马里，有能力把他从强敌环伺的战场上救出来，却不肯把他带出索马里，一边留下军用信号镜让有可能经过那条路的人发现他，却又唯恐他活下来而留下一系列致命陷阱？

“究竟是谁救了我，又是谁想要置我于死地？”

“做出这两件自相矛盾事情的人，他们之间又有什么关联？”

……

面对这道扑朔迷离的难题，师少鹰真的迷茫了。从种种迹象上来看，救他的人和想杀他的人分明是在一起行动，否则绝不可能形成眼前这种生与死、希望与绝望混杂的局面。但是他真的无法理解，想救他的人和想杀他的人，既然目的相反为什么还会组成一支团队一起行动。

“究竟是谁宁可冒天大的危险赶到索马里来救我？”

一个影子突然从师少鹰的大脑中浮现，就在师少鹰准备看清楚他或者她究竟是谁，长什么样子时，一股尖锐到极点的疼痛就像是一把烧红的钢锥猛地刺入他的心脏。面对这种超出人类承受极限的可怕痛苦，师少鹰只来得及发出一声轻哼，全身就失去力量半跪在沙滩上。紧接着，师少鹰的大脑一片空白，差一点从他脑海中浮现出来的图像和那张正在慢慢转向他的脸在瞬间变得点点破碎，再也无法重新拼接起来。

不知道跪在地上多久，师少鹰的意识终于被一只在他背后轻轻拍打的手唤醒。

脸上有什么热乎乎的东西流过，师少鹰下意识地伸手一抹才知道，由于刚才来自大脑的刺痛太鲜明、太锐利，竟然让坚强的他不由自主地流出了眼泪。

不对！

慢慢品尝着身体里那股陌生而难以言喻的酸楚与苦涩，师少鹰隐隐明白，这些眼泪并不仅仅是因为身体疼痛造成的反应，它们之所以流得这么快、流得这么多，更多的原因似乎是因为一种连他自己都无法解释的、发自内心的——悲伤！

第十章　乱世枭雄

师少鹰望着自己在失去意识只能半跪在地上，用一颗颗眼泪润湿的那片沙子，伸手把它们抓进手心紧紧地握住，似乎想要用这种方式逼迫自己找出内心那股悲伤的来源。

“你看我的手，我不知道原因，但它们就是在不停地抖啊抖的，它们似乎想要告诉我，我忽略了一件很重要很重要的事情，我正在犯一个不可原谅的错误。如果我现在不去改正它，那么我迟早要面对一个我根本无法承受的代价……”

师少鹰这个时候的声音听起来又干又涩，透着一种低沉的嘶哑：“可是无论我怎么用力去想，我都想不出我究竟犯了什么错，我更不知道为了这个错误我又要付出什么样的代价。可是明明什么都想不起来，似乎什么都没有发生，但是我却怕得连挺直身体的力量都没有了。”

望着师少鹰那张低垂的脸，还有他那双无论如何用力握紧都在不停轻颤的手，凯贝琳第一次在师少鹰的身上看到了如此软弱的一面。要知道，这个男人可是面对几十支自动步枪和几乎疯狂的雅克都能面不改色谈笑自若，转手之间就在众目睽睽之下痛下杀手的师少鹰啊！

又是什么恐惧，能把这样一个男人压迫得连站立起来的力量都没有了？

屈起自己的膝盖半跪在师少鹰面前，当他们两个人的额头再次亲密地紧贴在一起时，凯贝琳惊讶地发现，他的身体真的好凉。

凯贝琳紧紧地拥抱着这个男人，似乎想要用自己的体温让他温暖起来。过了好半晌，她从地上拾起那只刚才交给师少鹰的手机，低声道：“你家的电话是多少？”

师少鹰立刻说出一串熟悉的阿拉伯数字。很快，电话就接通了，虽然国际长途的通话质量很不好，但是师少鹰仍然能听出那是父亲师啸杰的声音：“喂，哪位？报名！”

师少鹰没有回答，他伸手直接挂断了这次通话。只要听到父亲平静的声音他就知道，父亲一切安好，家里没有出什么意外。

“你的妻子或者女朋友的电话是多少？”

师少鹰张开嘴刚想说什么，可是他的嘴型却突然固定成了一个大大的“○”状，思索十几秒钟后，他摇头回答道：“我没结过婚，现在也没有女朋友。”

“那么，你还有什么放心不下的朋友或者亲人吗？”

师少鹰思索了片刻后缓缓摇头，他相信有希马尔的保护，司空伯文一定已经安全地离开索马里，他更相信“变态大本营”的那群兄弟，平时不招惹别人已经是万幸，谁敢向他们挑衅，那无异于是捅马蜂窝。

就连凯贝琳都不知道，原来她这一辈子还能用如此轻柔的声音去安慰一个男人：“你现在也应该确定，你最关心的亲人和朋友都好好地活着，没有危险、没有麻烦。我们认识的时间虽然并不长，但是我相信自己的眼睛，我坚信师少鹰是一个顶天立地的男人，无论面对什么样的困难和打击，你都绝不会折下自己的腰，更不会放弃！”

只是打了一次电话，凯贝琳就驱散了师少鹰内心深处大部分的恐怖与不安。

两个人就这样半跪在沙滩上额头相抵拥抱在一起，通过肌肤相触他们彼此可以感受到对方的心跳和体温。不远处的海浪就像是母亲的手，一波波轻柔地抚上沙滩，又慢慢地退却下去。他们抛锚停在二十多米外的海面上的快艇，随着海潮轻轻摇曳，似乎正在用顽皮的眼光悄悄打量着这两个用最亲密的姿势拥抱在一起，彼此之间内心深处却只是流淌着最自然的关怀与友谊，没有掺杂一点其他东西的男人与女人。

两个人不知道这样彼此额头相触着拥抱了多久，师少鹰终于为自己内心深处的不安找到了一个自己能接受的理由——自己在索马里闹出这么大动静，回去之后必然会成为国家安全部门的常客。如果不想过这样的生活，只怕就只有老老实实滚回缅甸金三角，去当一个玉米大王了。

咦，他为什么会离开缅甸金三角呢？

师少鹰想了又想也没有找到理由，大概是自己在小山村里静极思动，想要到外面的繁华世界看一看。怎么说自己也是在外国住了这么多年，又认识了一帮志同道合的狐朋狗友，当然不想离开了。

找到这样一个答案，师少鹰终于勉强振作起来，低声道：“我这样走了，那你呢？”

“我怎么说也是一个不大不小的海盗团团长，手下有着三十多号兄弟。雅克的父亲阿卜杜希尔再愤怒，也不会轻易对我动手，因为这样只会让人认为他是在找借口开始剪除异己，试图独霸埃勒城，逼得所有人联手对付他！”

凯贝琳将她的勇敢与坚强毫无保留地展现在师少鹰面前，就连她的声音中都透出一种金属般的铿锵：“如果不是他还缺乏压制我们所有人联手的力量，他也不会暗中支持儿子大张旗鼓地追求我。说到底，阿卜杜希尔就是想用这种方法兼并我手下的海盗团，让他拥有更强大的力量与话语权。就凭这一点，他也得三思而后行！”

凯贝琳分析得似乎头头是道，但是师少鹰没有忘记凯贝琳曾经说过的话——雅克的父亲绝不是一个讲道理的人，他承受了丧子之痛，无论什么原因他都会找人给自己的儿子陪葬！

既然阿卜杜希尔的这种疯狂和不可理喻已经深入人心，那么他对凯贝琳动手在旁人的眼里看来，也许就变得理所当然。看着凯贝琳付出血的代价，那些海盗团的头头们也许非但不会联合抵抗，甚至可能会暗中长长松上一口气，为阿卜杜希尔的怒火已经发泄出去，他们终于逃过一场大劫而感到庆幸。

这就是所谓的“羊群理论”！

“你跟我一起走吧！”

面对师少鹰突如其来的邀请，凯贝琳全身都不由自主地轻轻一颤，师少鹰低沉中却透着绝不容置疑的认真与严肃的声音，就那样清楚地送进她的耳朵：“你能说一口流利的中文，不会有沟通上的障碍；哪怕是偷渡，我也可以把你带进去；我有一幢很大的房子，有一群很要好的朋友，他们都会毫无保留地接纳你、迎欢你，你在那里会找到一间属于自己的卧室，找到一个新的开始。别的我不敢多说，到了那，无论谁敢欺负你，除非先从我的尸体上踏过去！”

只要在这个时候点头，她就会远离阿卜杜希尔带来的危险，就可以再也不必以一个女儿身带着一群海盗在公海上像狼似的四处游荡，寻找一切可以攻击的目标；更不必再担心来自世界各国的海军战舰突然出现在他们面前。

一群意气相投的朋友、一间属于自己的卧室、一种稳定的生活、一段重新开始而充满希望的人生……这些她最渴望获得的东西，在不经意间，竟然因为师少鹰的邀请而这么意外又这么突然地出现在她面前。

凝视着师少鹰的双眼，凯贝琳知道师少鹰没有和自己开玩笑，他说的每一句话、每一个字，都像是砸进木板的钉子，真实得无可置疑。

凯贝琳笑了，她笑得开怀而坦荡，她再次像个男人似的用力抱紧师少鹰，然而她的回答却是：“谢谢，谢谢你的邀请！但是，我必须留下。”

“你还是放不下你的海盗团？”

凯贝琳用力摇头，她的眼睛里突然涌起一股淡淡的悲伤，她轻声道：“我在索马里欠了一笔债，一笔好大的债，在还清这笔债之前，我哪里也不能去。否则我就不是凯贝琳了。”

就在这个时候，师少鹰身上的手机突然响了，师少鹰疑惑地望着手机上显示的电话号码，把手机丢给了凯贝琳：“应该是找你的。”

只要有心，不难通过那家商店找到电话号码。

按下手机接通键，一个低沉的声音传进凯贝琳的耳朵：“我是阿卜杜希尔！”

没有刻意摆出高高在上掌握生杀大权的姿态、没有放声咆哮，他的声音平静得就像是暴风雨来临前的海面，但是那股杀人如麻无数次从生与死的沼泽中挣扎出来的无情，那种犹如野兽盯上猎物的残忍却像一把无形的剑，通过两个手机之间的电波直刺进凯贝琳的心脏，让她的心跳霍然加速。

这就是阿卜杜希尔，一个在埃勒城手下有几千名武装海盗，可谓是强极一时，就连索马里政府和得到基地组织撑腰的青年党武装叛军都无可奈何，名字早已列入世界各国情报部门机要档案库，现在却依然活得有滋有味的大海盗头子！

汗水不知道在什么时候已经浸湿了凯贝琳握住电话的手心。

没错，她是够坚强、够勇敢，但是当两个人的意志、自信与人生经历糅合出来的气势毫无花巧地对撞在一起时，她只能勉强守住自己的意志，气势却已经无可避免地落入下风。

“把他活着带回来，用他的命来换你手下三十二条人命。”

就算是这个时候，他的声音依然平静得似乎在和凯贝琳商议准备用一条鱼换三棵大白菜。

凯贝琳咬住了嘴唇：“不要为难他们。”

“砰！”

电话彼端突然传来了一声枪响，过了几秒钟后，阿卜杜希尔的声音再次通过电波传进凯贝琳的耳膜：“把他活着带回来，用他的命来换你手下三十一条人命。”

凯贝琳真的呆住了，她只是用了“不要”这样一个词，阿卜杜希尔就痛下杀手，他是在用一条人命提醒她，他们两个人根本没有处于对等立场上，他下达了命令，凯贝琳就必须去全力执行，否则她手下的那些兄弟就要一个个死在阿卜杜希尔的枪下。

“砰！”

电话彼端传来了第二声枪响，静静等了三十秒钟没有得到回复，阿卜杜希尔又开了第二枪，他用第二条人命又告诉了凯贝琳一个事实：他的耐性并不好，无论他说了什么，凯贝琳都要迅速回答，绝不能犹豫，更不能拖拖拉拉。

阿卜杜希尔现在的声音依然是那样平静：“把他活着带回来，用他的命换你手下三十条人命。”

凯贝琳的嘴唇已经被咬得渗出血珠，但是这次她不敢有任何犹豫：

“是！”

“你总算学乖了。”阿卜杜希尔淡然道，“你知道我住在哪里，把他带过来。要快，只要超过一个小时，每过十五分钟，你能换回去的人就少一个。”

凯贝琳根本不敢和阿卜杜希尔争辩，她只能回答道：“明白了。”

电话挂断了。

只剩下凯贝琳神色木然地呆呆站立在海水中，直到这个时候她才知道，自己还是太小看阿卜杜希尔了，太小看阿卜杜希尔的杀人如麻和不容任何人违拂的绝对强硬。她在用“人”的思维模式去推断一只疯狂的、永远处于饥渴状态所以永远不会满足的猛兽，本来就是一个巨大错误！

阿卜杜希尔的经历甚至可以称得上是一段传奇，一段让人无法恭维的乱世传奇！

阿卜杜希尔在12岁时就成为一名“娃娃兵”，早在1991年索马里巴雷政府被推翻，整个国家陷入战乱，阿卜杜希尔就被彭特兰省的军阀抓去当了一名娃娃兵。和其他心惊胆战一进入军营就只知道无助哭泣的娃娃兵不同，阿卜杜希尔很快就展现出他乱世枭雄的特质，在打仗时以心狠手辣不留活口而闻名。

到了15岁那年，阿卜杜希尔跟着军队回到他生活的村庄，知道自己的父母在饥荒中被饿死和病死，他一怒之下将枪口对准了村民，在大开杀戒后放火烧掉了整个村庄。这种近乎疯狂的血腥暴力赢得了军阀司令的赏识，阿卜杜希尔被提升为排长。

两年后，年仅17岁的阿卜杜希尔就被提拔为分队司令，但是这样的成就并没有让阿卜杜希尔满足，反而滋生出他更大的野心。到了21岁那年，阿卜杜希尔率领自己的死忠部下叛乱，将一手提拔他的军阀大头目乱枪击毙，一跃成为索马里彭特兰省的头号军阀。

直到接管了前任司令官的所有部队，阿卜杜希尔才知道，原来想要养活拥有七八百号人的杂牌军竟然是这样难！

士兵们要吃饭、要发饷，打仗后还要再发赏金，必要的时候还要向他们提供包括阿拉伯茶叶在内的各种软毒品来提升士气。枪声一响，一美元一发的子弹更要像下雨一样往外泼，如果没有持续的资金补给，他们这支地方军阀杂牌军迟早要因为财政赤字散伙。

可是索马里又是全世界最贫穷的国家之一，这里没有工业，农业只能养活全国不到一半的人口，常年战争也摧毁了他们的旅游业，除了向外出口骆驼和乳香，几乎没有一点经济来源。阿卜杜希尔再杀人如麻，面对一贫如洗的索马里百姓，也不可能从石头里榨出油来。

所以阿卜杜希尔索性放弃占山为王，带着近五百号相对精锐的部下进驻埃勒，把目光投向了辽阔的大海和大海上来来往往的货船与远洋捕鱼船，从此为这个城市的海盗文化打下了坚实基础。

阿卜杜希尔把自己的部下重新编排，设置了“舰队大帅”“少帅”“财政官”等职务，对从军阀杂牌军转为海盗的部下进行“专业化”管理，以军事组织的管理手段，打造出一支“骁勇善战”的海盗团队。

一开始，阿卜杜希尔手下的“舰队”说白了不过就是几艘他从渔民手中抢过来的大型渔船，在将这些大型捕鱼船改造成“母船”后，再用上任军阀打家劫舍、敲诈勒索积累下来的钞票买了几十条快艇，把它们分发给“母船”使用。

这样埃勒的海盗们就拥有了远洋出击能力，一旦发现目标，海盗们就会跳上快艇包抄上去，用步枪和火箭筒威胁目标停船。

这套母船加快艇的抢劫方式，成了索马里海盗的标准战术；母船和快艇则成了他们的制式装备。

可以说，埃勒城能有今天的繁荣，和阿卜杜希尔这位曾经的武装军阀改行当了海盗，并选择这里为大本营有着最直接的关联。越来越多的海盗明知道埃勒远离亚丁湾，每次抢劫都要劳师远征，仍然在此云集，和他们想要依附在阿卜杜希尔身边，抱着大树底下好乘凉的想法有着莫大关系。

也就是因为拥有这样的实力、拥有这样的底蕴，又拥有这样一段“传奇”经历，阿卜杜希尔的儿子雅克才敢在埃勒城里横行霸道、予取予夺。

凯贝琳再勇敢、再坚强，和阿卜杜希尔这样一个拥有军阀背景，靠着杀人无数踩着上司的尸体一路走到今天的大海盗头子相比，还真是相形见绌了很多。

这是一场不对称的战争。

不对，这根本不算是战争，对方只需要伸出一根小手指，就可以轻而易举地把凯贝琳和她手下的海盗团像臭虫一样捏死，她甚至连反抗的力量都没有。

看了一眼师少鹰，凯贝琳真的想告诉师少鹰，阿卜杜希尔杀机已现，不会放过他们两个人。可是如果她放走了师少鹰，那些相信她、追随她，和她一起出猎，获得赎金后又一起把物资送到索马里北部山区各个村庄的兄弟，就要被阿卜杜希尔一个个地打死。

面对一道如此残酷的生命选择题，换成你是凯贝琳又会如何去选择？

师少鹰一直静静地看着凯贝琳脸上的表情，看着她抓紧了双拳又慢慢松开，可是转眼又握紧了双拳，犹豫了良久又再次松开……师少鹰突然笑了，他伸手拉住了凯贝琳的右手，说道："走吧！"

发现师少鹰竟然拉着自己走向不远处的快艇，凯贝琳下意识地想要挣脱师少鹰的手，师少鹰却紧紧地拉着没有松开。

"我很高兴，你能在面临威胁时没有立刻向我发起攻击，就凭这一点，"师少鹰回过头望着凯贝琳，扬声道，"从今天开始，你就是我师少鹰最好的兄弟！"

"你……"

望着师少鹰那张带着阳光般灿烂笑容的脸，凯贝琳真的呆住了。

"妈的！"师少鹰嘴里突然莫名其妙地蹦出一句脏话，他一脸不满自言自语地道，"我刚才竟然悲壮地想到了'兔子蹬鹰'这个成语。从什么时候开始我师少鹰竟然自甘菲薄成一只可爱的小白兔了？如果真要当兔子，我也是一只彻头彻尾的流氓兔！如果有老鹰想冲下来抓我，我百分之百不会用脚去蹬它，因为我这只流氓兔一转身，怀里就会抱起一挺高射重机枪！"

很显然，师少鹰自说自话已经到了一种境界，他的嘴角连续向上撇了两次，借助这种面部表情，以火箭升空的方式逐级加重了语气："还是双……管……的……高……射……重……机……枪！我射死你丫的！嗒嗒嗒嗒嗒嗒……嘟……嗒嗒嗒嗒嗒……"

听着师少鹰嘴里发出一连串重机枪"扫射"的声音，被师少鹰紧紧握住手腕被迫向前走的凯贝琳用另外一只手捂住了自己的额头，不知为什么她现在觉得真的是……好丢脸啊！

可是师少鹰仿佛没有发现凯贝琳的反应，他突然放声大笑，伸手比画出一个胜利的手势：“哦耶！”

看他的样子，仿佛真的已经用双联装127毫米重机枪把一只从空中扑下来，想要以他为食的老鹰给凌空打爆了似的。

当两个人爬上了那艘快艇，以近乎飞行般的速度破开海面向回飞驰时，凯贝琳惊讶地发现，虽然还是紧张，但是在内心深处那股因为必须要面对阿卜杜希尔愤怒火焰的恐惧，竟然淡了。

她不由侧头看了一眼静静地站在她身边的师少鹰，明明知道前途未卜，明明即将面对一个可怕的敌人，可是迎着扑面而来的劲风，他那高高昂起的头，他那并不特别强壮的身躯却犹如索马里北部山区里那巍峨的山峰，只是傲然而立就自然而然地扬起一种似乎亘古以来就已经拥有的厚重与不屈。

第十一章　生与死的回响（上）

快艇还没有停稳，凯贝琳就看到岸边站着二十几个手持自动步枪的武装人员，这些人当中绝大部分凯贝琳都见过，甚至能叫出将近一半人的名字，他们都是阿卜杜希尔身边的护卫队成员，是阿卜杜希尔最信任的绝对亲信。

凯贝琳再次看了一眼师少鹰，低声道：“对不起！”

师少鹰伸手在凯贝琳的手背上轻轻拍了一下，然后跨过船舷走到了岸上，二十几支自动步枪立刻一起对准了师少鹰。一个看起来三十多岁、脸上带着刀疤、眼睛里闪动着暴戾气息的男人快步走过来，一边走一边倒转手中的步枪，走到师少鹰面前二话不说一枪托就狠狠砸下来，可是在枪托砸到师少鹰脸上之前，师少鹰一脚就把他踢出五六米远。

紧跟在师少鹰身后走上岸的凯贝琳真的是看傻了眼，她真的不知道师少鹰为什么到了这个时候还敢这么放肆、这么嚣张。忍不住再次看了一眼被师少鹰一脚踢中小腹，疼得当场晕过去的那个男人，不要说是四周那些吓得倒吸凉气的围观者，就连凯贝琳都在心中暗叫了一声“要命”。

那个男人在15岁就跟着阿卜杜希尔打天下，现在是阿卜杜希尔亲卫队的副队长。据说他在战场上从敌人和无辜平民身上放出来的血就能清洗两条街，连雅克看到他都要客气地称上一声“兄长”，可就是这样一个在埃勒城里可谓是声名显赫的人物，却被师少鹰用踩臭虫般的动作一脚踢得生生痛晕。

最令人意外的是，剩下的人看着副队长被人一脚踢晕，虽然脸上已经扬起噬血的暴戾，可是却没有一个人开枪，做完这件事情后，师少鹰竟然还能一个零件不缺地站在那里。

师少鹰用充满不屑的眼神，打量了一圈身边那些恨不得扑上来把自己乱刀剁成肉泥的海盗，在众目睽睽之下，他施施然地走到副队长身边，一抬脚将他踢到路边的阴沟里。做完这一切后，师少鹰弹弹手指，淡然道：“一个小瘪三也敢在老子面前犯刺，你真他妈的以为自己是根葱啊！”

发现所有人都用奇怪到极点的眼神望着自己，师少鹰指着人群中一个身穿西装、皮鞋擦得锃亮的男人，淡然说道：“那个谁，你丫的应该是个翻译吧？告诉这帮鸟人，还他妈的傻愣在那里干什么，带路啊！”

没有人敢在埃勒城这么嚣张！或者可以说没有人可以在埃勒城这么嚣张后，还能活着离开！

但是师少鹰可以肯定的一点是，阿卜杜希尔既然给凯贝琳下的命令是“活着”把师少鹰带回埃勒，他要的就是一个活生生的师少鹰！无论他是想把师少鹰活剐了也好，还是想把师少鹰先奸后杀、杀了再奸的爆菊花也罢，谁敢在他动手之前把师少鹰乱枪击毙，只怕那个人就要面对阿卜杜希尔最愤怒的火焰洗礼，直至被烧得连点渣都不剩！

眼前这些海盗再色厉内荏、再气势汹汹，他们对阿卜杜希尔有多怕，他们就有多么不敢对着师少鹰扣动手中武器的扳机！至于那个副队长，也不过是因为和雅克私交比较好，又和阿卜杜希尔的关系够近，所以敢用当众揍师少鹰来表明他对阿卜杜希尔的忠心罢了。

几辆汽车就停在距离港口不远的位置，那名翻译指着其中一辆汽车，就连他自己都没有注意，他竟然对着师少鹰用了敬语：“请上车。”

不管怎么说，敢在埃勒城里和阿卜杜希尔结仇，甚至敢当众像捏只臭虫似的把阿卜杜希尔亲卫队副队长踢进阴沟的人，都是一个值得尊敬的角色。至于师少鹰为什么会如此有恃无恐，背后又有什么力量支持，那就不是他一个小小的翻译需要去考虑的了。

师少鹰和凯贝琳被分别带上了两辆汽车。当他们这支车队驶出港口，望着突然宽阔起来的街道，再看看街道两侧那些窗户紧闭的民居，以师少鹰的眼力他当然能够发现，在那些窗户后面，一双双好奇的眼睛正在透过窗帘悄悄打量着他们。面对这一切，师少鹰摇头叹息道：“我刚才觉得雅克已经够横行霸道了，没想到阿卜杜希尔才是真正的‘螃蟹派’掌门人。雅克不过是用香烟、糖果和他老爹的威风封住一条街道，而阿卜杜希尔一句话却能让整个城市都进入戒严状态。牛×，牛×，真是牛×啊！”

师少鹰的话当然是对坐在自己身边的那个翻译说的，可是在这个时候，那个看起来也就二十来岁，打扮得衣冠得体，说不定还在国外某所大学里深造过的翻译就像是耳朵突然聋了般，目不斜视眼观鼻、鼻观心地端坐在一旁，摆出了“我看不到，我听不到，我什么都不知道”的姿态。

师少鹰深深吸了一口气，突然放声狂吼道：“小心，炸弹！”

师少鹰虽然从来没有练过诸如“狮子吼”之类的佛门神功，但是身为一名曾经的特种兵，他的肺活量已经达到潜水员的水准，可以想象在汽车这样一个封闭式环境中，他突然发出这样的一声狂吼，对周围的人来说会形成何等强烈的冲击。

听着师少鹰近在咫尺的狂吼，虽然不知道他究竟在吼些什么，但是驾驶汽车的司机却下意识地拼命一踩刹车。因为整个城市都被戒严，街道变得彻底空旷，所以速度极快的汽车带着尖锐的摩擦声整整向前滑出四十多米才勉强停住。除了师少鹰早有准备，在司机刹车的同时就用双手撑在椅背上没有出丑之外，其他人当然也包括那位犹如老僧坐禅般入定的翻译在强大惯性的作用下，不由自主地向前扑倒，一时间整辆汽车里人仰马翻乱成一团。

看着先是狠狠在椅背上撞了一下，然后不顾一切伸手抱住脑袋的翻译，师少鹰放声大笑，笑了好半晌，他才在其他人愤怒得几乎要燃烧起来的目光瞪视下弯下腰，附在翻译的耳边低声道："不好意思啊，我就是想和你开个玩笑。但是发现你的耳朵不太好使，所以声音就稍稍大了一点。你不会介意吧？要不然这样吧，你给我留个电话和地址，等我啥时候回国了，买个助听器给你邮过来。"

那个当翻译的男子脑袋撞在椅背上，现在脑袋还昏沉沉地发涨，听到师少鹰的话他又惊又怒，就在这个时候师少鹰突然又发出一声惊叹："呀，你流鼻血了。"

当翻译的年轻男子终于忍无可忍，脱口叫道："你这个骗子，去死吧！"

一句话吼完，突然觉得嘴唇上方有什么温温热热的东西在流淌，他伸手一抹，手背上一片殷红，原来刚才在急刹车时他一头撞在前面的椅背上，真的撞破了鼻子。

"我给你开玩笑，你就相信，吓得像个即将被几十条大汉轮插的小姑娘似的只知道抱头哭泣；我给你说真话，你就骂我是骗子。"

师少鹰伸手抚摸着自己的脸，啧啧叹息道："你见过我这么光明磊落、这么坦坦荡荡、这么阳光灿烂的骗子吗？年轻人，你缺乏分辨是非的能力不要紧，你还年轻，还有大把的时间去学习人生经验，可是如果你不能正视自己这个缺点固执己见，那你就真的无药可救了。"

盯着师少鹰那张带着微笑的脸，翻译捏紧了双拳，他真的想一拳狠狠打过去，可是一想到阿卜杜希尔的严令还有亲卫队副队长的惨样，他怎么也不敢把自己的拳头送出去。他真的怀疑，在这个时候究竟是师少鹰得罪了阿卜杜希尔，还是他得罪了阿卜杜希尔正在被押解回去领罪！

十分钟后，车队驶进了一幢拥有巨大院落的别墅前。

直到这个时候师少鹰才知道，原来他在进入埃勒城之前，通过望远镜看到的那幢至少拥有十几个保镖的别墅的主人就是阿卜杜希尔。

看着一群人大大咧咧踩着草坪上嫩嫩的小草走过，师少鹰忍不住再次摇头叹息了，他用手肘轻顶了一下身边的翻译，低声道："喂，你说，这好白菜怎么都让猪给拱了呢？”

翻译目不斜视地带着师少鹰往前走，似乎已经打定主意，哪怕师少鹰在他耳边放鞭炮，他也绝不再理会师少鹰的挑衅。可是师少鹰在他耳边只是轻轻说了四个字，就让他的坚持彻底破了功：“呀，有炸弹。”

年轻的翻译这一辈子还真是头一次见师少鹰这种人，如果有选择他真的想立即掉头就走，回家后蒙头大睡上三天，然后永远忘掉师少鹰这个人，忘掉他脸上那令人看了就觉得难受的微笑，更要忘记师少鹰卷起舌头，用长长的声调拖出来的某一个单词——炸弹！

就在众星捧月般的簇拥下，师少鹰大大方方施然然地走进了这个城市最高领导人的座馆。

一走进这幢建筑物的大门，没有观察里面的装修风格，甚至没有观察房间里究竟有多少个手持步枪的保镖，师少鹰所有的注意力，在瞬间就被一个坐在沙发上的男人吸引了。

他只要往后一仰，整个人就能用最舒服的姿势半躺在那张价格绝对不菲的沙发上，可是他却像坐在一张最普通的木凳上般，身体挺得笔直！如果是别人用这种姿势坐在沙发上，旁人一定会认为这个人在犯傻，可是他这样坐上去，却丝毫不显得别扭。

你什么时候见过一把剑会把自己的身体放软，贴靠在沙发上？

这个男人大概有40岁，剃了一个短短的平头，在高高的颧骨上，是深深的眼眶和一双几乎没有情绪波动的眼睛。他根本不需要皱起眉头，也不需要刻意描画，两条代表性格坚韧不屈的眉毛就已经飞挑如剑。高挺的鼻梁、棱角分明的脸部线条、紧紧抿起的嘴唇，让他明明冷漠得像是一块冰，却透出一种和奶油小生截然相反的帅气。

他在嘴唇和下巴部位留着一撮并不算特别长的胡须，师少鹰一向不喜欢男人留胡须。可是看到这个男人，他必须承认，有时候男人留下胡须，非但不显得邋遢，反而会透出一种成熟的稳重。

至于他的身体，带给师少鹰的第一感觉，就像是一台精心保养始终处于最佳状态的机器，精确、高效，蕴藏着爆炸性的力量与敏捷。哪怕他只是静静地坐在那里，师少鹰都能感受到一股由于肉体力量太强悍，而在他身上洋溢的进攻与反击力！

根本不需要任何人介绍，师少鹰就知道，面前这个男人就是阿卜杜希尔！除了他，在整个埃勒城都不会有人拥有如此强烈的气势；除了他，也不会有人敢大模大样坐在这座建筑物大厅的正中央！

在师少鹰打量阿卜杜希尔时，阿卜杜希尔也在打量着师少鹰。他也在好奇，这个男人凭什么能得到凯贝琳的青睐；凭什么能在力量的角逐当中，一语吓得自己的儿子落荒而逃；又凭什么能全身没有一点伤痕，依然高高昂着头走到自己面前。

这三点无论能做到哪一点，都足够让他阿卜杜希尔另眼相看，更何况这个男人一次就做到了三点！

两个男人相隔着十几米距离彼此对视，他们仔细观察着对方的神情气度，搜寻着对方在举手投足间透露出来的隐性信息。他们彼此在对方身上嗅出了危险的味道。

彼此对视了足足三分钟，阿卜杜希尔终于开口了，他的声音低沉而厚重，对着师少鹰说了句什么。

阿卜杜希尔和师少鹰的目光落到了翻译的脸上，这个可怜的孩子明显有点心不在焉，直到两个人犀利的目光落到他身上，他才猛然惊醒。这孩子在走神的时候总算还是本能地竖起了耳朵，勉强做出了还算正确的翻译："你是怎么吓退雅克的？"

"我告诉他我是美国特工，然后又警告他，如果再不知道见好就收，小心有头睡觉没头起床。"

通过翻译听完师少鹰的回答，阿卜杜希尔脸上露出一丝恨铁不成钢的怒意。他当然清楚自己儿子的禀性，也明白师少鹰透露出来的信息的确能吓得雅克落荒而逃。

阿卜杜希尔的目光突然变得锐利起来，他紧盯着师少鹰的双眼，沉声道："那你是不是美国的特工呢？"

"我现在真的很希望自己是美国特工，只要打个电话就能喊来特种部队支援。”师少鹰倒是光棍一条，双手一摊实话实说，“只可惜就算我打一百个电话，也不会有人赶过来救我。”

阿卜杜希尔沉默了片刻，说道：“你很诚实。”

“雅克那种小瘪三，说白了就是个贱骨头，你对他露出笑脸他只会变本加厉，我只有摆出强硬姿态，连哄带吓才能让他知难而退。至于你，我不认为那种小伎俩会有用。”说完这几句话，师少鹰瞪着翻译，说道，“你最好把我的话原意一字不落地翻译过去，千万别自作聪明，我想阿卜杜希尔绝不会喜欢一个敢在中间弄虚作假欺骗他的翻译。”

被人当面痛骂自己的儿子不成器，阿卜杜希尔却依然平静，像他这种一次次从死亡线上挣扎着逃回人间的老兵，早已经学会了用冷静的态度面对一切。他轻哼一声，手一扬将一张纸抛到地上，师少鹰上前两步看过去，虽然他看不懂阿拉伯文，但是上面那张相片倒是很眼熟，那赫然是一张索马里政府针对师少鹰发布的通缉令！

“我前两天得到一个消息，说有一个男人在摩加迪沙附近和青年党的那批民兵交手，单枪匹马就杀了上百人。我一直不相信，觉得有人在夸大事实，可是看到你，我突然有些相信了。”

“好说。”师少鹰淡然道，“我相信换成你，也有可能做到相同的事情。”

师少鹰绝不是恭维。

一个12岁就参军的老兵，战场和死亡就是他最好的教官，他能踏着无数人的尸体走到今天这个位置，先成为一个军阀司令，再成为整个索马里最大的海盗头子，实力、天分、运气外加永不满足的野心，这些条件缺一不可！

“我12岁就学会了杀人，13岁那年就尝到了女人的滋味，到了15岁的时候就有了自己专属的情妇，到现在为止，我早已经记不清我究竟干过多少个女人。”阿卜杜希尔说起自己的经历，他没有任何炫耀的意味，只是在平淡地叙述着一个事实，“但是我只有雅克一个儿子，无论他多么不争气，他仍然是我唯一的儿子。虽然他是自己出了车祸，但是你和他的死有直接关系，就凭这一点，我就不能让你大摇大摆地离开。”

“现在我来了。”师少鹰沉声道，“那么凯贝琳手下的那群兄弟呢？”

站在师少鹰身后的凯贝琳呼吸猛地变得急促起来，一个多小时前，她只是用了几个阿卜杜希尔不喜欢的词语，阿卜杜希尔就下手无情连杀了她两个手下，现在师少鹰当面质问，阿卜杜希尔又要杀几个？

第十二章　生与死的回响（中）

但是，阿卜杜希尔没有当场翻脸杀人，他轻轻一拍手，在几名护卫的监视下，几十个脸上带着瘀青，明显曾经受过暴力对待的熟悉面孔被人押着从地下室里鱼贯而出。

他们看到凯贝琳和师少鹰都低下了头，每个人都咬紧了嘴唇，亲眼看着阿卜杜希尔用不经意的态度将他们的同伴脑袋打开了花，自己却没有任何办法，只能无助地跪在地上，在心中乞求下一个死的人不是自己的滋味绝对不好受。

师少鹰向每一张熟悉的面孔点头，他慢慢数着从地下室里走出来的人，三十个活的海盗，两具被他们抬出来的尸体。加上大厅里原本就有的护卫队和保镖，大厅立刻就显得拥挤起来。

师少鹰扭头看了一眼凯贝琳，看到她对自己点头，师少鹰轻轻呼出一口气，把目光再次落到阿卜杜希尔脸上："请问，他们可以走了吗？"

阿卜杜希尔一挥手，守在大门前的卫兵就一左一右各退出一步，拉开身后的铁栅门，为大厅里的人让出一条只有三尺多宽的路。

看到这一幕，师少鹰突然对凯贝琳道："告诉他们不要紧张，千万不要拥挤，一个接着一个地走出去。如果他们为了生存而在门前挤成一团，他们今天谁也别想活着走出这个大门。"

通过翻译知道了师少鹰对凯贝琳的叮嘱，阿卜杜希尔原本没有任何情绪波动的双眼中突然跳出一缕淡淡的惊讶，但是这缕情绪波动也只是一闪而逝。他坐在沙发上，冷眼看着凯贝琳的手下老老实实排成一条长队，一个接着一个地走出大门。

透过铁栅栏看到那些走出大门的人突然不顾一切地撒腿飞奔，有些人甚至因为惊慌过度双腿发软没跑几步就重重地摔倒在地上，可是其他人却没有伸手去扶，而是越过同伴的身体继续飞逃，阿卜杜希尔脸上露出了一丝不屑的嘲讽。等到凯贝琳的手下都离开后，他问道：“你怎么知道如果他们在大门前挤成一团，我就会下令把他们全部射杀？”

师少鹰回答得很简单：“如果我坐在你的位置上，也会这么做。”

阿卜杜希尔突然笑了。他的笑容并不怎么动人，可是只要看看周围那些人脸上有若见鬼的表情，就可以知道，阿卜杜希尔的笑容是多么珍贵。

“你是这么多年来，第一个能让我另眼相看的人，所以我突然想给你一个机会了。如果你能从我设定的游戏中取得胜利，我允许你从我手中换回一条命；可是如果你输了，你和凯贝琳会付出比死亡更惨痛的代价。”

阿卜杜希尔现在脸上的表情，分明就是猫戏老鼠式的残忍，他盯着师少鹰的眼睛，淡然说道：“我不想问你敢不敢接受这个挑战，因为换成是我，会毫不犹豫地接受。”

师少鹰一个“好”字出口，身后突然传来什么摔倒在地上的声音，他霍然扭头就看到凯贝琳已经躺在地上，一个保镖手中还握着一支电击器，显然就是他趁凯贝琳不注意，一举将凯贝琳击晕的。

师少鹰猛地握紧了双拳，可是他却没有扑过去，也没有用愤怒的语气质问阿卜杜希尔究竟想干什么。师少鹰清楚地知道，从这个时候开始，一场由阿卜杜希尔制定规则，又是由阿卜杜希尔来担任裁判的游戏已经开始了。他与其去质问并提出抗议，还不如冷静下来，让自己的身体和精神处于巅峰状态，去面对即将到来的一场绝不轻松，更没有任何公平可言的“游戏”！

看着师少鹰深深吸气又慢慢把肺叶里的空气吐出去，就在这一呼一吸之间，整个人就突然变得沉静如水再无任何破绽，阿卜杜希尔不动声色地略一点头，转身走向了地下室。

直到跟在阿卜杜希尔身后走进地下室，师少鹰才知道他看到的这个“座馆”只是冰山一角。

一个在埃勒城横行一世靠着违法抢掠获得大量财富的海盗头子；一个12岁当了“娃娃兵”，一路用血腥手段与背叛走到今天这个地位的军阀；无论他在别人面前表现得如何强势和不可撼动，也绝不可能活得坦坦荡荡。

这座别墅的地下室，在某种程度上就代表了阿卜杜希尔缺乏安全感的内心。

整个地下室依托螺旋形的楼梯不断向下延伸，在鲜为人知的地下世界开辟出一个又一个空间。更多的卫队成员就驻扎在这里，一旦这座别墅遭到攻击，这些对阿卜杜希尔绝对忠心，而且身经百战的卫队士兵就会从地下室里冲出来加入战斗，对入侵之敌形成绝对意外的致命打击。

跟在阿卜杜希尔的身后沿着螺旋形的楼梯一层层往下走，师少鹰看到了专门为卫队开辟出来的休息室和游戏室，看到了专门的发电室，看到了医疗室，至于在地下室里开辟出来的仓库，里面更是放满了诸如燃料、食品、药品、弹药之类的补给品。哪怕是占据绝对优势的强敌压境，只要对方没有重型火炮，阿卜杜希尔手下的卫队就能死守住别墅，在相当长的时间内不必担心补给问题。

这根本就是一座任何时间都处于备战状态的军事堡垒！

阿卜杜希尔一直走到了地下室的最底层，这里看起来就像是古罗马时代的角斗场，在一个直径三十米的巨大圆形场地，铺着一层黄沙。四周的墙壁足足有五六米高，通体都是用水泥加固，根本找不到一丝缝隙，就算是最敏捷的猿猴也休想在没有外力的情况下从里面爬出来。

在这样一个类似于角斗场的圆池子一角，有一扇用铁栅栏封住的小门，阿卜杜希尔从口袋里取出一只遥控器，在上面某个按键上一按，沉重的铁栅栏缓缓被钢缆拉了起来。

仍然陷入昏迷的凯贝琳被两个卫兵抬进场，丢到沙地上后，其中一个卫兵蹲下身，几把就将凯贝琳身上的衣服扯了个精光。看着凯贝琳再无一丝掩饰的傲人身体，那个卫兵眼睛里喷着火，却没有做更多的动作，只是伸出舌头轻舔了一下自己发干的嘴唇就跟着同伴快步离开了圆池。

阿卜杜希尔再次打量了师少鹰一眼，在师少鹰的脸上没有愤怒、没有挣扎、没有悲伤，他的呼吸依然正常，甚至在他的嘴角依然带着那缕让人有些捉摸不透的微笑。

“你不关心她吗？”

“我只要不输，凯贝琳就没事。”

阿卜杜希尔必须承认，自己有一点点惊讶了。到了这个时候，还能保持如此强大斗志与自信的人，自己这一辈子接触过的人当中屈指可数！

阿卜杜希尔把师少鹰带进了一个房间，在这个房间里最醒目的就是一张在牙科医院里最常看到的手术台。稍稍与众不同的是，在这张手术台上，有着四个用来束缚人双脚与双手的手铐。

阿卜杜希尔一指手术台：“坐上去。”

师少鹰坐到手术台上后，不需要任何人吩咐，主动将自己的双脚与右手锁住，然后把空出来的左手也放到了手铐旁边，任由一直跟在阿卜杜希尔身后的那个小翻译走过来，把他的左手也紧紧锁住。

一个身高超过两米二的巨人被人带进房间，这个巨人明显是雄性荷尔蒙分泌过度，全身的毛发长得又长又浓又粗，猛地看上去就像是一只没有进化完全的类人猿。这样一个人物一被带进来，师少鹰的目光就不由自主地落在他的小腹部位。

不是师少鹰有什么特殊嗜好，而是这个男人身上连一寸布料都没有。同样是男人，看着对方某个部位的尺寸，师少鹰真的想问问对方，是不是从一出生就开始吃牛鞭马鞭猪鞭狗鞭，一直吃到现在，否则为什么尺寸会那么惊人，惊人得就算是毛驴看到了都要自愧不如！

“西班牙绿头苍蝇，听说过吧？”

那个翻译现在得意极了，他拿出一个上面印着英文字母的小纸盒，在师少鹰面前晃来晃去的，最后在师少鹰的注视下，他站到一个小凳子上，将整盒西班牙绿头苍蝇都倒进那个巨人的嘴里。

师少鹰懒洋洋地晃了晃身体，似乎想要让自己在这张手术台上躺得更舒服些：“知道，世界顶级的春药嘛，你给‘类人猿’吃这玩意儿，不是想让他一会儿爆我菊花吧？”

翻译明显地一愣，一方面是因为师少鹰的态度太从容，大大出乎他的预料；另一方面是他根本不理解“爆菊花”的含意。

就在这个时候，师少鹰突然兴致大发，唱起了一首曾经在华夏大地网络平台上被腐女们疯传一时的歌曲《绝世小受》。

“面色红润万人倒，小哥莫非用大宝？灰色世道没××套，这月黑风高怎生好？小哥别急，少安毋躁，我有祖传药。杨花妖娆左眼直跳，林中藏春猫？喵喵喵喵……我有好戏瞄。树后窥到，水蛇蛮腰，我口干舌燥心儿狂跳……我是极品小攻，我每天晚上都哭，我的小受做了翻译，他偏偏又长得像猪，不行我也写书……求求各位大哥大姐，放过我的翻译小受……”

师少鹰毕竟不是同道中人，什么《绝世小受》也只是听过一遍，唱到最后他直接把一首好好的歌儿和《我是芙蓉姐夫》混杂在一起唱成了超级大杂烩，可是他偏偏依然乐此不疲。

那个年轻的翻译在一旁彻底黑了脸，他从来都没有想过，有人光是唱一首乱七八糟的歌就能把他气得七窍生烟，在这个时候他真的想扑上去，脱下自己的鞋子在师少鹰笑吟吟的脸上猛拍，可是他不敢，他身后可是阿卜杜希尔，杀人如麻、狠辣无情，只要稍不合意就会痛下杀手的阿卜杜希尔！

“你别得意得太早了！”

翻译已经气急败坏，他扑到一台电视机前，在调控台上调整了几下后，被人丢进圆池里还陷入昏迷状态的凯贝琳就出现在电视里。“你以为这个黑巨人是给你准备的吗？不，他是给你的女伴准备的，只要你在游戏中输了，我们就会把这个吃了几倍药量，兴奋得无论怎么攻击都不会感到疼，哪怕是你对着他那儿踢上一脚也不会昏倒的黑巨人放进池子里，然后让你睁大眼睛陪我们一起看好戏！”

翻译把脸凑到了师少鹰面前，他想从师少鹰的脸上找到哪怕是一丝的惊惶与紧张：“想想看吧，你的凯贝琳能在这个黑巨人的近身‘肉搏’中坚持多久？半小时、一小时，还是两小时？忘了告诉你，这个黑巨人的最高纪录是三个半小时！”

“拜托，能不能把你的脸向后挪十二厘米，你的口水都喷到我脸上了。”

师少鹰眼睛眨也不眨地看着翻译那张已经顶到自己鼻子上的脸，淡然说道，"别以为我是斯文人就不会骂人了，你母亲的。"

翻译还在眨着眼睛，思索"你母亲的"这四个字的含意，师少鹰就一脸平淡地继续叙述下去："在二十年前，你母亲和我曾经有过一次促膝长谈。为什么要促膝长谈呢？因为我们够亲密。有多亲密呢？简单说来就是她知道我'长短'，我知道她'深浅'，所以我们两个人经常进行没有任何障碍的'交流'。

"你母亲当时给我说，她有烦恼。有什么烦恼呢？就是因为她是非洲人，而我是亚洲人，如果我们两个太要好，交流出来一个结晶的话，很可能就是一个杂交品种。我当时就劝她，没关系啊，杂交是好的，杂交是必要的，实在不行的话，这个孩子将来可以学中文，做一个减少世界沙漠化、水土流失、臭氧层大洞扩散的中文翻译嘛！后来你的母亲就是因为我的劝说，才保留了肚里的孩子。别说，这个孩子挺争气，最后还真当了一丫的翻译。"

师少鹰不愧是网络小说中的顶级军文作者，那故事是张口就来，最要命的是他的眼睛实在是够毒，他早就发现这个翻译的眼睛颜色和身边的人略略不同，就连肤色都显得略略白那么一点点，所以他这个信口拈来的故事是直插眼前这个年轻翻译内心最脆弱的部位，当真是字字如刀、句句见血！

一直在静静旁观的阿卜杜希尔轻轻皱了一下眉头，他虽然听不懂师少鹰和翻译说了些什么，但是很明显，在占尽上风的他一言可决定师少鹰生死的情况下，他手下的人仍然在师少鹰面前吃了瘪。

也许一般人会认为，师少鹰在这个时候还敢挑衅，是寿星公上吊嫌命太长了。但是像阿卜杜希尔这种站在人群最顶端的枭雄就能看懂，师少鹰正在凭借打击他的手下积累气势！

两军对决气强者胜，这句话可以直接延伸到任何领域。

气势的提升需要胜利的不断培养与刺激，胜利是最芬芳的美酒，更是最强的兴奋剂，强大的胜利能让一头绵羊在瞬间变成雄狮，自古以来便是如此！

更何况师少鹰本来就是一头雄狮！一旦放任师少鹰把气势积累到巅峰，这个男人就会拥有必胜的信念。真到了那个时候，无论面对什么，他都会用一种俯视的态度来看待，想要再将他本来就比别人更坚韧的坚强与自信击溃，就变得越发困难！

阿卜杜希尔只是轻哼了一声，就让暴怒欲狂的翻译冷静下来，老老实实走回他的身后。把那名身体某个部位已经产生变化的黑巨人送出房间后，一个拎着医药箱的男人走了进来，他甚至没有理会房间里的阿卜杜希尔，目光就直接落到了师少鹰身上。

这个男人绝不是索马里土著，他看起来四五十岁，有一头灰色的头发和弯曲如钩的鼻子。可能是平时思考过度，他脸上的皮肤就像是风干后的橘子皮，显现出一种和他实际年龄不相符的苍老。

他眼睛中闪动着一种绝不正常的光芒，那种审视师少鹰的热度与专注，让师少鹰竟然有了一种身上的衣服都被这个家伙用目光撕扯干净的感觉。

这个男人把手中的医药箱放在师少鹰身边的桌子上，他打开医药箱后，长长短短几十种包括手术刀之类的金属医疗器械就展现在师少鹰面前。

这个男人说着一口流利的英语，当然，想要师少鹰听懂还需要告诉那个被他气坏的翻译："猜猜看，我是干什么的？"

师少鹰张大了嘴巴仰起头："我右边有颗牙齿被虫蛀了，麻烦您老人家帮着看看，能不能给我弄颗烤瓷牙。"

"聪明，竟然一下就猜对了。"那个人笑了，他一笑脸上的皱纹就挤到了一起，他笑得明明很灿烂仿佛很阳光似的，但是不知道为什么，旁边的人看了心里就会升起一种不寒而栗的冰凉，至于他的声音就好像是捏住了嗓子说话，透着一股犹如铁片刮过石头般的尖锐颤音，"我以前的确是一个出色的牙医。直到十几年前，我无意中弄痛了一个客人，听到他的呻吟声，我心跳突然加快了很多，竟然不由自主连续出错，我才换了一个新的职业。不过呢，我还是喜欢你叫我牙医。"

师少鹰立刻从善如流："牙医你好！"

牙医点点头，伸手慈祥地在师少鹰的脸上摸了一下："你也好，乖。"

牙医的手就像是婴儿皮肤般细腻而柔软，师少鹰真的不知道眼前这个老怪物是如何保养，才能形成这种极端的反差的。强忍着想吐的感觉，师少鹰又补了一句：“牙医再见！”

“好，好，好！”

牙医连连点头，他的眼睛已经因为快乐而眯成了月牙的形状：“坚强、自信、张扬，眼神中还隐隐透着一股遇强则强喜欢以力破局的强横，我已经好久没有遇到像你这样上等的材料了。一会儿我一定会好好地疼你……对了，你知道阿卜杜希尔的游戏规则吗？”

师少鹰摇头。

“看到我身后的那个漂亮女人了吗？”

牙医努了努嘴，在他身后站着一个身穿护士服的女人。金发、蓝眼、修长而曲线分明的身材、热情的眼神，的确称得上“漂亮女人”。

“她今年24岁，是我的老婆。我和阿卜杜希尔定的游戏规则是，如果你输了，铁栅门一开，那个黑巨人就会冲到你的女人身边；如果我输了，你的女人会被放出来，而我的老婆会被丢进去。你说作为一个善良的牙医，我是应该赢呢，还是应该输呢？”

无论师少鹰再坚强、再自信，听着这样一个游戏规则，他的瞳孔也会忍不住猛然收缩。

师少鹰曾经听说过一个故事。有一个国王为了抵抗异族侵略，准备倾全国之力建造一道土制的城墙将敌人拒于城外，因此他下了一道死命令：由工匠们用木槌负责夯出土墙后，再派一队士兵去重新敲打，如果士兵能将工匠敲好的土墙再夯下去一寸，他就杀工匠；如果士兵无法把土墙敲下去一寸，他就杀士兵。然后无论杀了谁，都把被杀者的鲜血浇到土墙里，使土墙更坚固。

这条用血与泪凝聚出来的土墙，比世界上任何一条土造的城墙都更坚固。在沙漠里迎着风沙侵蚀，历经千年不毁，可见这条不是你死就是我亡的生死令之可怕。

阿卜杜希尔这场游戏，可谓是那条生死令的翻版，牙医想要保住自己的老婆，他就必须用尽一切手段来打击师少鹰，直至赢得胜利。

真正懂得刑讯逼供的人都应该知道，牙医才是这个世界上最可怕的刑讯高手。他们清楚知道人类最敏感的神经，而且能在对目标造成最小物理伤害的前提下，对目标造成最可怕的精神重创。

更何况，站在师少鹰面前的这个牙医，明显精神不正常。他喜欢病人在自己的面前发出痛苦呻吟，并以此为乐。他就是一个虐待狂，一个掌握了高级刑讯技术而且乐此不疲的虐待狂！

第十三章　生与死的回响（下）

“我娶这个老婆，就是拿来当赌注的。可惜我从来都没有输过，对此我老婆还很不满，总是抱怨我阻止了她的享受。怎么样，这次你努力一下，让我也尝尝输的滋味，顺便让我的老婆也能下去好好快乐一下？”

听了翻译过来的话，师少鹰忍不住再次打量了一眼牙医，还有他身后那个女人。明明知道自己被当成赌注，那个女人的脸上非但没有委屈和悲伤，反而满是期待的兴奋，迎着师少鹰的目光，她甚至还回过来一个“鼓励”的眼神。师少鹰终于忍不住叹息了：“龙生龙，凤生凤，老鼠的儿子会打洞，你们两个还真是天造的一双地设的一对。”

阿卜杜希尔从翻译手中接过纸和笔，随意在上面写了四个数字，然后把纸亮到师少鹰面前：“记住了吗？”

师少鹰在心里默背两遍后点了点头。

当着所有人的面，阿卜杜希尔将那张字条搓成一团，放进一只玻璃瓶里，最后有人将那只玻璃瓶端端正正地挂到了绳子上。

“游戏规则很简单，牙医会想尽一切方法从你嘴里逼问那四个数字，你无论是撒谎也好，闭口不言也罢，绝不能让牙医知道正确答案。如果你能在牙医手中坚持五个小时，牙医输；如果你中途招供，自然，你的凯贝琳就要成为巨人胯下的猎物了。”

可能是对此类玩弄人性的游戏乐此不疲，阿卜杜希尔难得地话多起来：

“为了增加游戏的趣味性，我还给牙医设置了一点点障碍，我不管他用什么方法来对付你，第一，不能要了你的命；第二，不能伤害到你的身体，至少不能从外表上伤害你的身体。听到这两项，你是不是觉得这个游戏其实也很公平？”

牙医当着师少鹰的面戴上了一副一次性消毒手套，他随口问道：“现在进入问答题环节，你知道什么样的刑讯手段最难以忍受，又不会在人体的表面留下伤痕吗？”

牙医问得直白，师少鹰也回答得坦率：“手指，人类的手指是触觉最灵敏的地方，把钢针顺着指甲缝刺进去，再用烛火炙烤或者电击，足以在短时间内让一个人疼得心脏停止跳动。”

“不错的回答，可惜一听就是军人作风，粗暴简单野蛮得要命，没有半点艺术应有的美感和浪漫。我们先从最简单、也是最温和的方法开始吧！”

牙医手中多了一支注射器，他将里面的液体通过静脉注射推进师少鹰的身体。师少鹰不满地皱起了眉头：“喂，我说你刚才还一脸专家的脸孔，怎么一动真格的就直接露馅了？”

牙医随口问道：“怎么？”

“打针之前要先用酒精棉球消毒，这是最基本的卫生常识，你丫的连这一步都没有做，就这点水平连乡镇卫生所的实习医生都比你强，还装什么大尾巴狼啊？”

听完翻译过来的话牙医笑了，他觉得师少鹰真的很有趣，比他以前接触过的任何一个“病人”都有趣得多：“猜猜看，我给你注射的是什么？”

师少鹰沉思了片刻：“葡萄糖？”

牙医伸手轻轻在师少鹰的胳膊上掐了一下：“麻不麻？”

师少鹰笑容可掬：“不麻！”

“那我再来一针好不好？”

师少鹰板起了脸：“不行，就凭你用的这种‘葡萄糖’，至少得再来两针才行。”

牙医用商量的口吻问道：“你确定要我再给你补上两针？这样的话，我怕你的身体会承受不住。”

“反正你一会儿也会再补足两针的，还是干脆一步到位吧！”师少鹰轻轻一抬下巴，用嘴角努了努胳膊的位置，“这次记住要用酒精棉球消毒啊！”

牙医竟然真的用酒精棉球在师少鹰的胳膊上擦了擦，但是他并没有像师少鹰说的那样再注射双倍药剂，而是将一剂药液推进师少鹰的血管当中。他静静地站在师少鹰面前，直到两三分钟后师少鹰的目光渐渐迷离，就连双眼的瞳孔也开始扩散，他才伸出两根手指在师少鹰的面前比画了一下：“这是几？”

牙医的面孔，就像是隔了一层有水流不断在上面刷过的玻璃，变得缥缈虚幻起来。师少鹰睁大了双眼，可是他无论如何努力，眼前的人物都无法重新凝聚在一起。而翻译的声音，就像是从另外一个异次元世界中传送过来的回音，直接在师少鹰的大脑中产生了一种让他觉得无所适从的震荡，让他几乎无法思考，本能地做出了回答：“二。”

牙医又伸手在师少鹰的胳膊上轻轻掐了一下：“麻不麻？”

过了三四秒钟，师少鹰才感觉到自己的皮肤上传来一阵过电般的麻痹感，在这个时候似乎就连他的痛觉神经也变得迟钝起来。犹豫了片刻，师少鹰回答道：“麻。”

“我们先来几个简单的问题，你叫什么名字？”

大脑已经彻底进入了一种最简单的状态，师少鹰用近乎梦游的声音回答道：“我叫师少鹰。”

真正的刑讯高手都知道循序渐进的道理，他们往往会从对方叫什么名字这个最简单的问题开始，然后一步步地挖掘对方不愿意为人道的个人隐私，直到把目标的防御和抵抗一点点剥除后，再询问他们最关切的问题。

牙医的审问技术也没有脱离这个范畴：“你第一次和女人上床是在哪里？”

“幼儿园。”

“噗……”

房间中突然传来一声压抑的闷笑，但是笑声很快就被人用手捂住了。牙医回过头狠狠瞪了自己那个漂亮而丰满的老婆一眼，用眼神警告她不要再发出任何声音后，盯着师少鹰问道：“今天是星期天，你带着自己的妻子和母亲一起到湖上泛舟游玩，湖面的风景很美，你们玩得很开心、很开心。”

听着那个翻译在耳边的低语，身体里被注射了两倍的致幻剂，大脑已经失去清醒的思考能力，只能被迫跟着牙医诱导思考的师少鹰，脸上露出了快乐的表情。似乎他现在真的和妻子以及母亲一起在湖面泛舟游玩，享受着人生最幸福的时刻。

“突然，湖面上起了大风，你们的船被风给吹翻了。你眼睁睁地看着自己的妻子和母亲都掉进了冰冷的湖水里，她们都不会游泳，只能一边在水里挣扎，一边向你呼救。”

听着耳边传来的声音，师少鹰的脸上露出了紧张的神色，牙医趁机抛出了一个很多人都知道，却往往无法回答的问题：“你会游泳，但是这里离岸边太远了，你只能从自己的妻子和母亲中选择一个来救，否则你们三个人都会淹死，请问你会选谁？”

这个狗屁问题曾经在世界各国的电视台，由主持人向参加节目的人提问。无论你回答是救妻子还是救母亲最终结果都一样，救了母亲就是不爱自己的妻子，救了妻子就是有了老婆忘了娘的白眼狼，总之出这种扯淡问题的人，本身心理就有问题，就是想用种种方法证明人性的黑暗与丑陋。

如果师少鹰回答出“谁距离我最近我就先救谁”这样一个答案，牙医会毫不放松地继续追问，师少鹰“希望”谁距离自己最近！

把两个同样重要的亲人放在天平上，然后选择把其中一个推向死亡，暴露出自己人性中不愿被旁人触及的阴暗面，这样负面情绪就会在内心深处滋生，直至被牙医用诱导的方式撬开心防。

面对这样一道难题，师少鹰却回答得不假思索：“救我妈！”

“为什么？”牙医的声音猛地严厉起来，“你难道不爱自己的妻子吗？如果你不爱她，为什么要娶她？难道你的母亲就比自己的妻子更重要？”

师少鹰睁着一双已经不能再聚焦的眼睛，面对牙医义正词严的斥责，他足足愣了半分钟才回答道：“我还没结婚，没老婆，就算是船翻了，也不会翻出一个老婆，当然要救我妈。”

……

听完神色怪异的翻译复述出来的话，整个房间里突然陷入了一片死一样的安静。给牙医打下手的那个女人转身走出了房间，她小心翼翼地关紧房门，过了大约半分钟，响亮的笑声直透过房门，狠狠刺进在场每一个人的耳朵：“哈哈哈……”

牙医的脸色终于变了，他盯着师少鹰，说道：“说，那个数字是多少？”

师少鹰一脸迷茫：“什么数字？”

“少装糊涂，就是那个四位数的数字。”

师少鹰思索着，慢慢说道：“1，0，3，5。”

不等牙医脸上露出胜利笑容，师少鹰就继续道：“没错，就是1035，我5岁时从我爸口袋里偷了十块三毛五，当时我爸气坏了，说要打我1035棍子，让我长足记性。”

说到这里，师少鹰脸上露出了一个狡黠的笑容：“其实我从我爸口袋里偷了十块五毛五，我还私藏起来两毛钱，没让我爸知道，他最后少打了我20棍。”

这他妈的什么跟什么啊！

牙医咬着牙，将第三支药液通过静脉注射送进师少鹰的身体，又等了两分钟，直到三倍的药剂在师少鹰血液中生效后，他再次问道：“你叫什么名字？”

“我叫傅吟雪。”

面对这个不同的答案，牙医却并没有动容，反而是点了点头。在他看来，师少鹰很可能一开始用了假名字，直到现在才开始说真话。

“你第一次和女人上床是在哪里？”

听到转译过来的中文，师少鹰眼睛一翻，突然沉声道：“蝼蚁，你想死吗？”

虽然听不懂师少鹰究竟说了些什么，但是迎着他那双隐含着最疯狂热情与杀气的眼睛，就连变态的牙医都被吓得忍不住倒退了两步。他真的无法想象，一个人在被注射了三倍剂量的致幻剂之后，为什么还会突然爆发出如此强烈的气势！

望着师少鹰那双杀气腾腾的眼睛，感受着他身体里洋溢着的那股无论面对任何绝境，都能以力破局的横行霸道，一直静静旁观的阿卜杜希尔略略一皱眉头，对翻译命令道：“再问他一遍，他究竟是谁？”

听到这个问题，师少鹰嘴皮子一翻，老老实实做出了回答：“我叫战侠歌。”

阿卜杜希尔的目光落到了牙医的身上：“你确定给他注射的是致幻剂？”

牙医用力点头，他望着全身气势突然间发生了天翻地覆的改变，多了几分慵懒、有了几分洒脱，更透着几分玩世不恭的男人，突然又问了一遍：“你第一次和女人上床是在哪里？”

刚才听到这个问题就杀气腾腾的师少鹰，这一次竟然哂然道：“这位兄台，你在问别人这么隐私的问题之前，是不是应该先给我做个表率呢？你看这样好不，让我先问你一个问题，你回答得让我满意后，我再回答你的问题好不好？”

得到肯定的答复后，师少鹰道：“你怎么长得这么猥琐，让我看了就有种想在你脸上送两朵茄子花的冲动？我说兄台啊，长得丑不是你的错，你的脸看起来就像是外星人基因变异的杂交种，又像是癞蛤蟆被车轮碾过后的残次品。这真的没有关系，但是长得丑又不自觉，总喜欢出来吓人，那就是你的不对了。”

刚刚重新走进房间的年轻女人，在听到翻译过来的话后，她二话不说又一脸严肃地走出房间，小心翼翼地替所有人关紧了大门。

牙医真的咬牙切齿了：“你究竟是谁？”

“在下雷震！”

第四次回答相同的问题，师少鹰说出了第四个不重样的名字。牙医忍不住看了一下自己刚才使用过的药剂瓶，没错，的确是含有麦角酸成分的致幻剂。再说了，他也没听说过，现在哪个国家研发出了能让人专门说谎的“说谎剂”啊！

“你第一次和女人上床是在哪里？”

师少鹰淡然看了一眼牙医，没有回答。

足足等了一分钟，牙医终于忍不住了："你为什么不回答？"

"人与人相处虽贵在真诚，然君子有所为有所不为，虽然时逢乱世人命如草，但'非礼勿听，非礼勿询'依然是吾辈之行事准则。大庭广众之下，岂可信口雌黄！"

师少鹰说的这段半文半白的话，实在是太过拗口，年轻的翻译眨了半天眼睛，索性转过头望着牙医道："他说你太猥琐，而他又是一个有身份的人，他懒得和你多说。"

牙医深深地吸了几口气，直到自己完全镇定下来，才开始以一个医生的专业角度去仔细观察师少鹰。

师少鹰的心跳减慢，瞳孔扩散，体温也略略降低，这一系列生理特征都说明，三倍剂量的致幻剂已经在他体内产生作用，破坏了他对现实的执着。这些细节，绝不可能是一个人在清醒状态下模仿出来的，更不可能逃过牙医的双眼。

牙医尝试着又问了一遍："你叫什么名字？"

"我叫风影楼。"

在翻译出这句话后，年轻的翻译忍不住用手摸了一下自己的额头，在心里发出一声轻叹："我的真主啊，怎么又来了？"

面对这太出乎意料的一幕又一幕，在门外连续笑得两次肚子抽筋的女人终于忍不住低声问道："他究竟是怎么回事？"

"两种可能。"牙医思索着道，"要么，他本身就是一个重度精神分裂患者，在他的身体里有几个意识同时存在；要么，他从事过类似于电影导演、小说作者之类的工作，曾经不止一次以自己的思维和身份背景为原型，塑造出一些非常鲜明的角色。就是因为以自己为原型，所以在拍摄电影或者写作时，他总会把自己代入主角的第一人称进行思考，久而久之，自然而然在他的内心深处，潜藏了那些作品主角的隐性性格。"

作为助手和妻子，女人听懂了："你给他注射了太多的致幻剂，在打乱了他对现实执着的同时，他的主性格失去了对身体的主控权，所以那些隐性性格就趁机复苏了？”

牙医恨恨地点头：“没错！他现在就像是处于梦游状态。最可恶的是，有这么多性格存在，真正知道那个数字的却只有其中一个，知道数字的主性格只要藏在身体里不出来，我就算把他全身的骨头都拆碎，也不可能逼问成功！”

“嘿嘿嘿……”

老老实实躺在手术台上的师少鹰嘴里发出一连串笑声，当着所有人的面，他突然说出了两句看似不相干，却又发人深省的真言：“精神病人思维广，脑残儿童乐趣多！”

“你第一次和女人上床是在哪里？”

这已经是牙医第五次向师少鹰提出这个问题了，在他的心里已经放弃了利用致幻剂来审问师少鹰的方法，甚至已经开始考虑等药效过后，用哪套更激烈的方法撬开师少鹰的嘴巴。可是令人意外的是，师少鹰的脸上突然露出了一丝羞赧的红色，他的声音被压得很低很低：“你过来，我只能悄悄告诉你一个人。”

牙医下意识地上前两步：“为什么只能告诉我一个人？”

师少鹰现在是有问必答：“因为我想让你靠近我。”

“为什么要我靠近你？”

师少鹰凝视着牙医，在这个时候，他的脸上明明带着孩子般的羞涩，语气却平静而认真得让人不敢忽视：“因为我要杀了你。”

“噢？”

听到这个回答牙医笑了，他仔细打量了师少鹰一番，现在那些手铐依然紧紧锁住师少鹰的四肢，牙医用嘲讽的语气问道：“你全身都被固定在手术台上，现在唯一能动的就是自己的嘴巴，你凭什么杀我？”

因为注射了太多的致幻剂，师少鹰现在脸部的皮肤都变得僵硬起来，可是任何一个人都能看出来他分明是在微笑：“你猜！”

牙医忍不住再往前走了一步：“那个数字是多少？”

师少鹰回答得很快：“5418，1452，7878！”

牙医皱起了眉头，低声喝道：“究竟是哪个？”

“都是啊！”

师少鹰一脸的坦然，一脸的天真，一脸的知无不言、言无不尽：“5（我）4（是）1（你）8（爸），1（你）4（是）5（我）2（儿），7（去）8（吧）7（去）8（吧）。”

“哗啦……”

当众自尊心一再受到挑衅的牙医终于忍无可忍，劈手将身边一桶清水全部倒在了师少鹰的身上，用绝对缺乏艺术美感与浪漫的野蛮手段，直接结束了“致幻剂”这种比较温和的审问方式。

“我会让你后悔为什么要出生在这个人世上，我会让你尝尽我最拿手的招牌菜，我会让你……”

牙医一边咬牙切齿地不停低语，一边在医药箱里翻找，准备下一次审讯的工具。就在这个时候，他的妻子突然指着师少鹰发出一声低叫。

牙医霍然回头，看到师少鹰全身就像中了风似的不停颤抖，隔得很远都能听到他牙齿不断碰撞的“嗒嗒嗒”声，连续颤抖了半分钟后，他突然眼睛一翻，整个人直挺挺地倒在手术台上再也没有了任何声息。

牙医猛扑上去，伸手一探师少鹰的脉搏，三倍的致幻剂，这是一个绝对危险的标准。它们在干扰了师少鹰大脑清醒的同时，也让师少鹰全身的生理机能降到最低点，在这个时候师少鹰甚至比一个婴儿更脆弱，突然受到冷水刺激，他本来跳动速度就降到最低点的心脏，竟然直接停止跳动了！

“还愣着干什么，快点帮忙啊！”

听到牙医的低吼，那个呆呆站在一旁的女人才如梦初醒，她飞快地打开另外一个皮箱，从里面取出一套便携式心脏起搏器，而其他人在这个时候已经在牙医的指挥下，把师少鹰从手术台上抬下来，平放到地板上。

把松柏油涂到师少鹰的胸膛上，随着牙医“一、二、三，放”的指挥，女人手中的起搏器猛地放到师少鹰的胸膛上，师少鹰整个人的身体都被电得狠狠一弹，可是他的心脏却并没有恢复跳动。

“再来一次！”

牙医的声音都变了，他并不是害怕在刑讯逼供中把人玩死，他害怕的是自己违反了阿卜杜希尔制定的游戏规则，阿卜杜希尔一定会让他生不如死！

“一、二、三，放！”

便携式心脏起搏器再次放到了师少鹰的胸膛上，师少鹰的身体再次狠狠一颤，接连受到电击，他已经停止工作的心脏终于在起搏器的触动下又重新开始了跳动。

看着师少鹰眼皮连跳了几下，慢慢睁开了双眼，牙医如释重负地长长松了一口气，他俯下身体，扒开师少鹰的眼皮，检查师少鹰的瞳孔。就在这个时候，师少鹰的嘴唇嚅动了几下，可惜牙医听不懂中文，师少鹰的声音又太轻，轻得站在两步外的翻译都无法听到：“现在，我的手不是解开了吗？”

咔啦……

犹如木棒折断般的声音突然在房间里响起，在所有人目瞪口呆的注视下，心脏刚刚恢复跳动没有多久的师少鹰竟然双手一伸，扣住近在咫尺的牙医下巴，猛地用力一扭，牙医的头部就以极不自然的角度扭曲起来。

“哼，蝼蚁！”

师少鹰的声音在牙医弥留之际，在他的耳边回响，听着这个熟悉的声音，在人生最后的一两秒钟时间里，受到死亡刺激的牙医的思维前所未有地高速活跃起来，所以在这短短的瞬间，他竟然想明白了一切……

师少鹰反过来利用了致幻剂的力量，在牙医把整桶水泼下来的时候，硬是用意识欺骗了自己的身体，让他的身体认为他刚刚掉进一个湖里，四周都是水，他却无法挣脱，最终被活活淹死。

到了这个时候，师少鹰的身体本能地判定他无法承受这种伤害，内分泌减少，心脏自然而然地停止了跳动，而那个属于“风影楼”的意识也自然而然陷入了沉睡。取而代之的，就是他们中间杀气最强、最擅长以力破局的傅吟雪！

可以说，在师少鹰身体里的几个意识当中，是由最擅长刺杀的风影楼为牙医设了一个陷阱，又由傅吟雪在身体最虚弱的时候凭借他最疯狂的遇强杀强遇神杀神的斗志，强行激发出身体的最强潜能，一举将牙医击杀！

作为一个普通人，如果没有三支致幻剂打破对现实的执着，使身体进入催眠状态，师少鹰绝对无法控制自己的心脏，更无法利用心脏复苏后的瞬间发起反击！要知道催眠不但会让人变得易于控制，反过来也能激发出人类未曾被发掘出来的潜能，创造出平时看起来不可思议的奇迹！

三支致幻剂！

牙医从一开始就已经落入了师少鹰的陷阱，甚至就连房间里不知道谁放的那桶水，都被师少鹰看到并列入他的刺杀计划。他从一开始就在想办法激怒牙医，激得牙医失去控制，激得牙医给自己注射了足够的致幻剂，又激得牙医给自己淋了整桶凉水，直至对牙医发起最后一击。

牙医死得不冤！

图书在版编目（CIP）数据

第五部队之海盗公敌. 2 / 纷舞妖姬著. — 北京 ：
中国友谊出版公司，2014.4
ISBN 978-7-5057-3070-0

Ⅰ. ①第… Ⅱ. ①纷… Ⅲ. ①长篇小说－中国－当代
Ⅳ. ①I247.5

中国版本图书馆CIP数据核字（2014）第049046号

书名 第五部队之海盗公敌. 2
作者 纷舞妖姬
出版 中国友谊出版公司
发行 中国友谊出版公司
经销 新华书店
印刷 北京慧美印刷有限公司
规格 710毫米×1000毫米 16开
17.5印张 274千字
版次 2014年4月第1版
印次 2014年4月第1次印刷
书号 ISBN 978-7-5057-3070-0
定价 32.80元
地址 北京市朝阳区西坝河南里17号楼
邮编 100028
电话 （010）64668676